무라야마
도미이치
회 고 록

村山富市

무라야마 도미이치 회고록

回顧錄

야쿠시지 가쓰유키 엮음 · 박원석 옮김

HU:iNE

서문

「무라야마 도미이치 회고록」(村山富市回顧録)의 한국어판 서문

일본 사회당 국회의원으로서 제2차세계대전후 두번째로 내각총리대신을 맡은 무라야마 도미이치씨가 스스로의 정치가인생을 솔직하게 이야기한 오럴히스토리「무라야마 도미이치회고록」(2012년, 이와나미 <岩波>서점출판)이 이번에 한국어로 간행되게 되었습니다.

일한관계가 과거에 볼 수 없었던 만큼 악화하여, 양국수뇌의 상호방문이 이루어지지 않는 상태로 되어 있는 가운데, 근린 여러나라들과의 외교관계개선에 큰 역할을 하였던 무라야마씨의 증언이 번역되어, 한국국민여러분 앞에 제시되게 된 것은 무라야마씨에게는 물론 편저자인 저에게도 뜻밖의 기쁨이고, 관계하신 여러분에 대한 감사의 마음으로 가득합니다. 특히 한국어판출판의 의향을 전해주신 명치대학 교우회 대한민국지부장(명치대학한국동창회회장) 박원석씨에게 사례말씀을 드리는 바입니다.

이 책은 무라야마씨에게서 성장과정에서부터 지방의회의원, 국회의원, 더 나아가 자사사(自社さ)연립정권에서 내각총리대신을 맡으신 시기까지, 시대를 좇아 자세하게 이야기하신 내용을 정리한 것입니다. 애당초 외교문제와는 무연하였던 무라야마씨입니다만, 한국에서 무라야마씨의 이름이 알려져 있는 것은 전후50년이라는 매듭이 되는 해에 발표한「전후50년의 수상담화」(이른바 무라야마담화)와 옛 종군위안부였던 여러분들에 대한 보상사업을 시작하기 위한「여성을 위한 아시아평화국민기금(아시아여성기금〈女性基金>)」의 창설이라고 생각합니다. 옛 종군위안부문제에 대한 일본정부의 대응에 대해서는, 한국내에서는 엄격한 비판이 지금도 뿌리 깊습니다. 그것은 역대 총리대신이 일관성있는 대응을 하지 않았기 때문에 한국내에 불신감을 낳게 한 것도 큰 원인이라고 생각합니다.

그러나, 일본외교의 기본이「무라야마담화」임에는 변함이 없습니다. 무라야마씨는 역사문제에 관하여 많은 페이지를 할애하여 이야기하고 있습니다. 그것은 일본국내의 리베럴한 세력의 기본적인 생각과 일치하고 있습니다. 그리하여 이러한 생각에 입각한「무라야마담화」는 정부의 외교방침으로서 각의결정되어, 이후의 일본외교의 기조로 되어 있는 것입니다.

이 책의 내용에 대하여 새삼스럽게 자세히 언급하는 것은 피하고, 부디 여러분께서 꼼꼼히 읽어주시기를 바랍니다. 여기에서는 90세를 넘기신 지금도 왕성하게 활약하고 계시는 무라야마씨의 근황을 전하고자 합니다.

무라야마씨는 2000년에 국회의원을 은퇴하고는 자택이 있는 오오이타시를 중심으로 생활하고 계십니다만, 강연이나 회합에 출석하기 위하여 도쿄를 비롯 전국각지를 빈번하게 행보하시고, 한 해에도 여러 차례는 해외에도 나가시고 계십니다. 그렇기는 하지만 정계를 은퇴하신 몸으로 그 언동이 주목받는 일은 적어졌습니다. 그런데 전후70년, 일한기본조약체결 50주년이라는 매듭이 되는 해가 된 2015년, 무라야마씨에게 오래간만에 매스컴의 각광이 집중하였습니다. 그것은 총리대신인 아베 신조씨가 종군위안부문제에 대하여 국가의 관여를 인정한 「고노담화」(1993년) 나, 「무라야마담화」에 대하여 적극적으로 평가를 하지 않고, 독자적으로 「전후70년의 담화」를 낼 생각을 표명하였기 때문입니다.

아베씨의 역사관에 위기감을 느낀 무라야마씨는 각종 미디어에 등장하여, 때로는 고노 요헤이씨와 함께 기자회견에 응하기도 하면서, 아베씨를 철저히 비판한 것입니다.

「내 이후의 총리대신이 모두 무라야마담화를 계승한다고 국제적으로 약속하여 왔다. 아베 신조씨도 제1차내각에서는 계승한다고 했다. 그런데 제2차내각에서 태도가 변했다. 아베수상이 무엇을 생각하고 있는지 국제적으로 이렇게도 주목받고 있다. 최근에는 아베씨도 무라야마담화를 계승한다고 하고 있으나, 그렇다면 70년담화속에 솔직하게 명확하게 명시하는 편이 좋은 것이 아닌가. 국제적인 의문, 오해를 해소하는 것이 중요한 것이 아닌가.」

「아베씨의 심정은 알고 있습니다. 무라야마담화에 애당초 반대다. 그렇지만 심정이 다르다고 하여 국제정세를 무시할 수는 없다. 수상이니까 국민을 위하여 무엇이 좋은가를 생각해야 한다. 일본군이 중국을 침략했다. 한국을 36년간이나 식민지지배했다. 역사적인 사실은 부인할 수 없는 것이니까.」

무라야마씨의 말은, 침착하면서도 열정적인 생각이 담겨있었습니다. 무라야마씨는 왜 이다지도 에네르깃슈하게 역사문제에 대응하는 것일까요. 실은「무라야마담화」는 과거의 역사에 대한 반성이나 사죄뿐만이 아니라, 장래의 일본의 처신에 대해서도 서술되어 있습니다. 그것은「독선적인 내셔널리즘을 배제하고, 책임있는 국제사회의 일원으로서 국제협조를 촉진하고」라고 하는 대목입니다. 키워드인「독선적 내셔널리즘」에 대하여 무라야마씨는「자기들이 다른 나라보다도 우월하다고 자만하여 다른 나라에게 피해를 끼쳐버리는 일」이라고 정의하고 있습니다. 그리고 오늘날의 자민당의 일부나 우익에 그러한 생각을 가진 사람이 많다고 이야기하고 있었습니다.

인터뷰에서는 당시의 아베씨의 주장에 대하여「다른 나라에 대하여 어떻게 한다는 것이 아니고, 일본국은 이렇게 하는 것이 좋다, 이렇지 않으면 안된다는 주장이므로, (중략) 비틀린 내셔널리즘이라든가 독선적 내셔널리즘이라고는 말할 수 없는 것이 아닐까라는 느낌이 든다」고 얘기하고 있었습니다. 그런데 제2차내각발족후의 아베씨의 언동은 무라야마씨가 경계하고 있던「독선적 내셔널리즘」그 자체라고 비치고 있는 것일까요. 그러니만큼 90세를 넘긴 무라야마씨가 각광을 받고 있는 것입니다.

무라야마씨는 아베씨가 추진한 집단적자위권행사를 가능하게 하는 안보법제에도 강하게 반대하고 있습니다. 그래서 국회주변에서 연일 벌어지고 있던 데모에의 참가를 호소하시어, 젊은이들과 함께 오래간만에 땀을 흘리신 것입니다. 지금, 무라야마씨는 리베럴세력의 대표적인 인물의 한 사람으로 자리잡혀, 많은 사람들이 무라야마씨의 말씀에 공감하고 있습니다.

어느 나라의 정치도 밖에서 보는 것만으로는 알기 어려운 복잡한 측면을 가지고 있습니다. 한국에서는 자주 일본의 정치가 우경화하고 있다, 군국주의화하고 있다는 비판이 등장합니다.

물론, 현실은 그렇게 단순한 것은 아닙니다. 한 사람이라도 더 많은 한국의 여러분이 무라야마씨의 증언을 읽어주셔서, 다양한 정치사상, 이데올로기가 난립하는 일본정치의 다면성을 이해해 주셔서, 일한관계의 개선과 발전에 기여해 주셨으면 합니다.

2015년 8월

도요대학 교수 야쿠시지 가쓰유키(薬師寺克行)

목차

시작하면서

무라야마 도미이치

오래간만에 야쿠시지 가쓰유키씨를 만났다. 그가 아사히(朝日)신문 기자 시절 관저에서 몇 차렌가 만나 질문을 받은 일도 있다. 지금은 도요(東洋)대학에서 교편을 잡고 계신다는 것, 차를 마시면서 이야기 중에 정치가로서 내가 할 수 있었던 것을 이야기해 주십사, 는 것이다. 특히 자사사(自社さ) 삼당연립정권 성립의 경위, 총리로서 사회당의 기본정책인 자위대 위헌을 합헌이라고 한 것, 안보반대를 안보유지라고 한 표명, 크게 당의 방침을 확대 변환(擴換)한 것에 대한 시비에 대하여, 더 나아가 과거에는 야당 제 일당으로서 국정에 큰 역할을 해온 사회당이 장기저락에서 벗어나지 못하면서 신당문제로 크게 분열하여, 이젠 사회당으로서 중참(衆參) 10명이 된 경위 등을 내가 이야기하고, 그것을 [무라야마 도미이치 회고록(村山富市回顧錄)]으로서 발간하고 싶다는 것. 주저되는 기분도 있었지만, 선거에 의하여 선출된 공인으로서 해온 일을 세상에 묻는 것은 당연한 일이 아닌가, 라고 생각되고, 나로서도 미수(88세)를 맞이한 이 기회에 기억을 되살려서 정리하는 좋은 기회가 아닌가, 라고도 생각하여 받아들이기로 하였다.

나는 자신이 걸어온 길을 되돌아보고, 정말 묘한 인생이었다고 생각한다. 「우연히 돌아오는 운명의 인생」, 「우연히 돌아오는」이란 사전에 의하면 「자연히 돌아오는 운명」이라고 되어있다. 정말이지 자연히 돌아오는 운명에 등을 떠밀려서 걸어온 인생이었다.

가난한 어촌에서 열한 형제(남 8명, 여 3명)의 육 남으로 태어나, 의무교육을 마치고 상경. 조그만 골목공장에 취직, 정치와는 전혀 무연한 사회에서 성장한 내가, 시의원에서 현의원, 중의원의원이 되어 총리의 중책까지 맡게 되었다. 스스로의 의지와는 전혀 무관하게 우연히 하지 않으면 안 되는 처지에 놓였다. 우연히 돌아오는 운명이라고 밖에 설명할 수 없는 상황에 그때마다 놓였다. 중의원의원이 되었을 때, 당시 당에는 70세 정년의 묵약이 있었기에 70세까지는 맡을 것으로 하여 무엇을 전문으로 할 것인가를 생각, 이제까지 해온 일에 가장 알맞는 것이라고 생각하는 것, 고용, 실업문제, 의료, 연금, 복지문제 등 인간으로서 생애를 통하여 가장 중요하다고 생각되는 일을 전문으로서 하겠다는 뱃장을 정하여, 노동·후생을 담당하는 사회노동위원회에 소속하기로 하였다. 그야말로 한눈도 팔지 않고 오로지 그 길만으로 노력해 왔다. 그럼에도 불구하고 당의 결정으로 예산위원회 이사를 3년 반, 국회대책위원장을 2년간 억지로 하지 않으면 안 되게 되고, 드디어는 당의 위원장까지 하지 않으면 안 되는 난감한 처지에 이르렀다.

당은 과거 55년 체제 하에서 야당 제 일당으로서 국정에 커다란 역할을 하여 왔으나, 냉전구조붕괴라는 극적인 세계정세의 변화 속에서, 선거를 할 때마다 의석수를 감소시키는 장기저락경향에 있었다. 「더는 사회당으로서는 안 된다, 신당이다」라고 당내는 해당문제로 흔들리고 좌우분열의 위기에 있었다. 신당으로 이행한다고 해도 당은 일체가 되어 행동할 필요가 있다. 당의 통일을 지키기 위해서라는 기대를 등지고 위원장에 취임하게 되었다.

정계는 1993년 총선거에서 자민당 미야자와 정권에 패하여, 자민당을 제외한 칠당 일 회파(七黨 一會派)로 옹립한 호소카와(細川) 정권은 8개월로 퇴진, 이어진 하타(羽田) 정권도 불과 2개월이 채 안되어 퇴진, 정국을 어떻게 수습할 것인가 하는 혼미 속에 있었다. 여당이 정권을 팽개친 이상 야당이 책임을 지고 정권을 담당, 사태를 수습하는 수밖에 없지 않은가. 여러 가지 움직임이 있었다고 생각되나, 야당 3당(자민, 사회, 사키가케)이 정권을 담당하게 되었다. 그런 종막에 총리를 무라야마로 라는 난감한 처지에 이르렀다. 마음먹어 본 일도 없고 생각해 본 적도 없다. 여당으로서의 경험도 별로 없고, 대신(장관)의 경험도 없는 사람이 갑자기 총리, 그것은 무리다, 엉뚱한 이야기라고 계속 거절해 왔으나 본회의 투표 결과 수상으로 지명되었다. 자민과 사회가 한 패가 된다, 물과 기름과 같은 것이다, 야합이다, 길게 갈 까닭이 없다, 는 엄중한 비판도 있었다. 그러나 누구도 예측할 수 없었던 이러한 내각이 탄생한 데에는 나름대로의 역사적 역할이 부과되어 있을 것이다. 때마침 전후 50년의 매듭에 탄생한 내각이었다. 전후 미처리, 미해결의 문제를 해결 처리하는, 그 매듭에 결말을 지우는 것, 일본의 과거의 행보와 앞으로의 진로를 명백히 하는(무라야마담화) 등, 이 내각이 아니면 할 수 없는 과제를 해결하면 이 내각에 주어진 사명은 달성한 것으로 될 것이다. 한신 아와지(阪神淡路) 대지진, 오오무의 지하철사린사건, 하코다테 하이잭 사건 등의 결말을 내고 퇴진하기로 하였다.

나에게 가장 미련에 남고 섭섭하기 짝이 없는 것은, 당의 일체성을 지켜서 신당으로, 라는 역할을 짊어지고 위원장에 취임하였음에도 불구하고, 내각을 담당하게 되어 당무에 손을 댈 수가 없었다는 것이다. 우리 당과 지지협력관계에 있던 총평(總評)이 해산하여 연합(連合)으로 이행한 뒤 급속하게 진행된 우경화, 그러한 움직임에 호응하듯이, 정계도 일본신당, 사키가케, 자민당을 탈당한 그룹에 의하여 민주당이 결성되었다. 통일하여 신당을 결성하자는 방침에 반하여 제각기 당을 떠나 민주당으로 이적한 사람도 많다. 선거를 위해서 라고는 하지만 이제까지 활동을 같이 해온 동료인데, 라고 생각하면 섭섭하기 짝이 없다.

이 책은 야쿠시지씨의 질문에 대답한 것이다. 사안에 따라서는 여러 가지 생각도 있었으나 은밀히 숨기는 일 없이 정직하게 응했다는 심정이다.

마지막으로 삼당연립이라는 어떤 의미에서는 어려운 정권을 지지 협력해 주신 여러분에게 심심한 감사를 드린다.

제1장

국회의원으로서의 도정

오오이타에서 도쿄로

❓ 무라야마씨라고 하면 사회당의 투사라는 인상이 있습니다만, 오오이타의 본가는 어업을 하고 계셨던 것 같습니다.

❗ 나는 벳부만에 면한 하마마치라는 조그만 어촌 태생입니다. 이 지역에는 어선주가 6, 7가구 있었는데 나의 본가도 어선주였지. 아버지는 둘째둥이었기 때문에 어선주의 그물을 잡아당기는 그물꾼이었지. 아이들이 많아서 열 한명이나 되었지. 그물꾼의 일만으로는 생활할 수 없기에 생선장수를 하기도 하였지. 어린 시절부터 역시 가난은 안 된다든가, 왜 가난한가라는 것을 조금은 생각하고 있었던 것은 아닐까.

어린 시절에는 그다지 공부 같은 것은 한 적이 없어. 부모님께서 공부 좀 해라 하고 말씀하신 적은 한 번도 없었어. 그러니 학교에서 돌아오면 책가방을 집어던지고 놀러 나가서 저녁때 돌아와. 그리고 식구들과 함께 저녁을 먹는 그런 생활을 하고 있었지. 그런데도 고등소학교에서는 성적이 클래스에서 3등 아래로 떨어진 일이 없을 만큼 좋았지. [나도 한다면 할 수 있는 것이 아닌가]라고, 슬그머니 자신감같은 것을 가졌던 것은 아니었을까.

그러한 마음이 이제까지 살아온 굴대의 하나로 되어 있는 것 같은 느낌이 든다.

❓ 1938년에 고등소학교를 졸업하고 도쿄로 이동하셨습니다. 도쿄에 어떤 인연이 있었던 것입니까.

➕ 졸업했을 적에 도쿄의 골목공장에서 모집이 와있었지. 그 회사의 경영자가 오오이타 출신이니 괜찮지 않은가 하는 이야기가 있어서, 그렇다면 한번 갈까 하여 친구와 둘이서 취직했지. 시나가와구 고탄다에 있던 선반기계가 두 대쯤밖에 없는 골목공장이었지.

종업원은 세 사람뿐이었지. 우리 두 사람 외에는 역시 오오이타에서 온 선배였어. 그리고 두목이 있었지. 그 당시에도 노동기준법 같은 것이 있어서, 청소년에게는 야간에는 일을 시켜서는 안 된다고 되어 있는 것 같았어. 그러므로 저녁이 되면 밖에서 보아도 알 수 없도록 공장에 커튼을 치고 일을 하게 했지. 정말 피곤했던 것을 기억하고 있어. 함께 갔던 친구는 깔끔히 그만두고 돌아가 버렸지.

얼마간 있다가 나는 두목에게「공부가 하고 싶으니 야간학교에 보내 주십사」하고 부탁했지. 그랬더니「너는 선반일을 배우러 온 것이지, 그런 쓸모없는 공부 같은 건 안 해도 돼」라고 하였지. 그래서 오오이타의 본가에「이 공장은 그만두고 싶어. 어디론가 다른 곳으로 옮기고 싶어」라고 편지를 내었지. 그랬더니「돌아오라」고 전해왔지. 나는「싸움에 진 개가 되고 싶지 않으니, 이런 일로 돌아가고 싶지 않다. 도쿄에 남아서 힘쓰겠다.」고 했지. 그랬더니 본가 근처 출신 사람이 나를 공장으로 데리러 왔어. 부모님이 걱정하셔 도쿄에 있는 오오이타의 지인에게 이야기를 하셨다고 생각돼.

그 사람에게 이끌려 간 곳이 주오구 쓰키지의 [이치큐도(一九堂)]라는 인쇄소였어. 이 회사는 지금도 있지만, 그 당시는 종업원이 60~70명은 있었다고 생각돼. 회사 빌딩 1층과 2층이 공장이고, 3층은 직원들 숙박소가 있었어. 거기서 기숙하면서 일하게 되었어. 얼마간이 지나 나는 사장에게 「야간학교에 가게 해 달라」고 부탁했어. 사장은 젊은 사람으로 「젊은 애가 공부하는 것은 좋은 일이다」라고 하며 가게 해주었어. 입학한 곳은 주오구의 스이텐구(水天宮) 가까이에 있었던 도쿄 시립상업학교였어.

메이지대학에 입학

❓ 상업학교에는 4년간 다니고 1942년에 졸업하고 메이지대학에 입학하셨네요.

➕ 졸업할 무렵 「여기까지 왔으니, 내킨 김에 대학의 야간부에 가면 어떻겠는가.」라는 이야기가 되어 메이지대학의 야간부 시험을 치러서 전문부 정치경제학과에 들어갔다. 내가 야간부에 다니던 기간은 그다지 길지 않았다. 낮에는 일을 하고 저녁에는 스루가다이의 대학에 갔으나, 당시는 전쟁 중이라 대학도 학생도 공부에 전념할 수 있는 시기가 아니었다. 대학에는 국민복을 입고 다녔다. 야간부에도 배속장교가 있어, 저녁때 교련을 하고 있었다. 언제 소집당할지 모를 상황이었고, 수업 같은 수업을 받아 본 기억이 없어.

메이지대학시절 나는 철학연구부에 들어갔다. 마루야 긴포씨라는 선배의 권유로 들어갔다. 마루야씨는 30대로 홋가이도 도카치의 이케다마치의 마치장(町長)이 되어 도카치 와인을 개발하여 [와인 마치장]으로 유명하게 된 사람이다. 마치장을 지낸 뒤 사회당의 참의원의원을 2기 복무했다. 그 마루야씨가 「내가 소개할 테니 시켄료(至軒療)로 들어가라」는 말을 하였다. 시켄료에 들어가면 근무하던 인쇄소를 그만두어야 한다. 결국 나는 인쇄소를 그만두고 시켄료로 들어가고, 그 바람에 이제 일을 안하게 되었으니 대학도 이부에서 일부로 변경했다.

❓ 시켄료라는 곳은 학생용의 기숙사입니까.

❖ 원래는 도쿄대학 법학부 교수인 우에스기 신고씨가 대정시대에 만든 사숙 같은 료로, 분쿄구 혼고의 도쿄대학 아카몬 근처에 있었다. 내가 들어갈 즈음에는 호즈미 고이치씨라는 분이 료장이었다. 우리들은 「고이치씨, 고이치씨」라고 부르고 있었지만 아주 훌륭한 분으로, 동남아시아의 유학생들의 영입에 힘을 들이고, 아시아 문화회관을 만든 사람이다. 료에는 메이지대뿐 아니라 도쿄대나 와세다대학의 학생들이 호즈미씨를 흠모하여 들어 있었다. 내가 들어갔을 때에는 7, 8명의 학생이 있어, 함께 청소하거나 취사를 하는 공동생활을 하는 것이지.

❓ 모두 사상적으로 사회주의에 경도하고 있었습니까.

❖ 아니, 그 료에는 우에서 좌까지 여러 사람이 출입하고 있었지. 5·15 사건에 가담했던 해군의 미카미 다쿠씨 같은 계통의 사람들도 출입하고 있었지. 독고(特高)가 료에 오는 일도 있었지. 뭐랄까,

우리들을 표적삼아 오는 것이라고는 보지 않았지마는.

료에서는 자주 [종교적 과학적 사회주의]라는 것을 이야기하고 있었지. 이것은 민족차별에 반대한다든가, 성별을 불문하고 오는 사람을 거절하지 않고, 나가는 사람을 쫓지 않는다는 주의가 아닌가 생각해. 호즈미씨의 생활을 보고 있으면, 특별히 사람을 설득하거나 설교한다든가 하는 일은 일체 없지만 여러 사람이 출입한다. 호즈미씨의 삶을 보면서, 정말 훌륭한 것을 배웠다는 생각이 들고 있어요.

❓ 종교적 과학적 사회주의라는 것은 어떠한 생각입니까.

➕ 과학적사회주의란 것은 흔히 말하지만, 그 위에 종교가 붙어있지. 이것은 마음의 문제가 중요하다는 것을 강조하고 있다고 나는 생각해. 가령 차별을 하지 않는다든가 약자를 평등하게 다룬다든가. 호즈미씨는 아시아 사람들을 더욱 중요시해야 한다든가 평등하게 다루어야 한다고 생각하고 있고, 일상적 생활 속에서 그러한 일을 실천하고 있었다.

❓ 시켄료를 만든 우에스기 신고씨는 미노베 다츠기치씨가 주장한 천황기관설을 비판한 사람으로 호즈미씨는 그 제자시지요.

➕ 정말 우에스기 신고씨는 미노베씨와 헌법문제로 논쟁한 사람으로 어느 편인가 하면 천황절대의 국가주의적인 데가 있는 사람이긴 해. 그래도 호즈미씨는 그런 일은 없었어. 아주 인간적인 사람으로, 함께 생활함으로써 얻은 것이 많았지.

징집되어 미야자키로

❓ 그렇지만 고등소학교를 졸업하고 나서, 선반공, 인쇄회사, 그리고 메이지대학, 더 나아가 아까 몬 앞의 료로, 인생이 극적으로 변해 가셨습니다그려.

❁ 그래 그래, 그래 그래. 그리고 료에 들어가서 반년쯤 지나서 대학도 주간부로 옮겼고. 그랬더니 학도동원이 되어 이시카와지마 조선소에서 일했다. 20세가 되니 증병검사가 있었기에, 나도 증병검사를 받아 물론 갑종합격으로, 잠시 오오이타로 돌아갔다가 미야자키의 미야코노죠의 부대에 입대하였지.

❓ 징병된 것은 1944년의 8월. 패전의 1년 전이었습니다.

❁ 미야코노죠의 기관총중대에 들어갔다. 거기서 나는 간부후보생 시험을 보게 되었다. 그 시절은 의무교육 종료 후, 그 이상의 학교에서 4년간 정도 교련을 받았다는 증명이 있으면 간부후보생의 시험을 볼 수 있었다. 야간부의 학생은 안 되지만 주간부의 대학생은 교련을 받으면 간부후보생의 수험자격이 된다. 나는 도중에서 주간부로 옮겼기 때문에 그런 자격은 얻을 수 없다고 생각하고 있었다. 그런데 상관은 내가 대학에 다니고 있었으므로 자격이 있다고 생각하고 있었던 모양으로 「3년간의 병역의무가 끝나면 돌아갈 수 있다고 생각하면 큰 오산이다. 지금은 전쟁 중이다. 시험을 치러라」고 한다. 상관의 명령으로 시험을 치르게 되었지만, 시험 당일이 되어 「너는 안가도 되게 되었다」고 하네. 중대가 시험자격을 확인하기 위하여 대학으로 조회를 하였는데 대학에 서류가 도착

하지 않은 모양이었다. 대학도 공습이 심해져 있어 그런 계제가 아니었던 모양이야. 그런데 수험생이 모두 모여 시험회장으로 간 뒤에 전령이 와서 나에게 「빨리 시험 치러 가라」는 것이었다.

그래서 치른 것이 합격하였다. 간부후보생시험은 갑종간부후보생(갑간)과 을종간부후보생(을간)이 있었다. 갑간이 되면 장교까지 간다. 을간이면 군조(軍曹) 쯤으로 끝이야. 나는 갑종에 합격하였다. 그래서 구마모토의 교육대에 들어갔다. 간부후보생은 모두 거기로 가서 특별히 교육훈련을 받는다. 되돌아보면 나는 정말 재미있는 인생을 살고 있구나 하고 생각하는 일이 있지.

❓ 그리고 패전을 맞이하게 되셨네요.

➕ 음, 장소는 잊었지만 훈련에 가 있을 때 미국 비행기가 하늘에서 삐라를 뿌렸다. 그것을 한 장 주었더니 포츠담 선언과 「일본은 평화적인 문화국이 된다.」와 같은 것이 적혀 있었다. 그걸 보고 「아, 전쟁도 끝나는 것인가. 패전 후의 일본이 그렇게 된다면 좋은 것이 아닌가」하고 생각하였다.

❓ 당시에는 그런 것을 입 밖으로 낼 수 없었겠습니다.

➕ 낼 수가 없지. 생각했을 뿐이지. 그리고 정말 전쟁이 끝났다. 당시, 나는 군국청년이었기 때문에 패전해서 분하다는 마음도 있었지만 「아, 이것으로 전쟁이 끝난 것인가」 하고 안도되는 것도 사실이었어.

전쟁이 끝나서 구마모토에서 일단 오오이타로 돌아왔지만, 오오이타에 있어도 별일이 없었기에 다시 대학으로 돌아왔다. 마루야씨 등 철학연구부 선배가 전쟁 중 돈을 모아서 스기나미구의 니시오기구보에 집을 매입해서 료를 만들어 놓았다. [슌테츠료(駿哲療)]라는 이름으로 거기에 철학연구부의 학생이 살고 있었다. 나도 도쿄로 돌아와서 슌테츠료로 들어갔다. 그리고 철학연구부의 위원장이 되었다.

❓ 패전 직후의 학생의 생활은 어떠하였습니까.

⊕ 철학연구부에는 시즈오카현에서 술집을 하고 있던 세키야씨라는 선배가 있어, 간혹 닭고기 같은 것을 가져다 준 일을 기억하고 있지(웃음). 당시는 수수가루가 배급되고 있었다. 쌀 같은 것은 배급될 리 없지. 그 수수가루를 온수로 빚어서 납작하게 센베이 같이 해서 전기풍로로 구어서 먹고 있었다. 그런 것들만 먹고 있었기에 닭고기가 오면 그것은 대단한 호식이었지(웃음). 그리고 도쿄근처에 본가가 있는 학생이 있어서 일주일에 한차례나 한 달에 두 차례쯤, 모두 그의 시골집에 가서 영양을 보충하고 돌아오곤 하였지(웃음).

❓ 대학에 복학하셨는데 수업은 있었던 것입니까.

⊕ 수업은 있었지만 그다지 가지는 않았어. 그리고 반년쯤 해서 졸업했지. 복학한지 얼마 되지 않아서였지. 조금 말이 달라지지만, 나중에 총리가 되고 나서 메이지대학의 오카노 가오루 학장이 나에게 명예박사호를 주게 되었다. 그 수여식에서 「나는 메이지대학의 역사상 가장 공부 안하고 졸업한 사내다. 그런 사내가 박사 호를 받는다는 것이란 아무래도 납득이 가지 않는다, 도리에 어긋난다고 생각된다. 그러나 곰곰이 생각하면 메이지대학의 선배에는 역

시 총리였던 미키 다케오씨라는 청결하고 훌륭한 정치가가 있었다. 미키씨에게 배워서 현금의 오탁한 정치를 깨끗이 하라는 사명을 받아서 나는 명예박사호를 수령하는 것이라고 생각한다.」고 인사말을 하였다. 주간부로 옮겨도 학교에 가면 교련뿐이고, 학도동원, 더 나아가 군대에 갔다가 대학으로 돌아와도 반년도 안 되어서 졸업한 셈이지. 도저히 공부를 할 수 있는 환경이 아니었으므로 정말 공부를 하지 않고 졸업하였다.

❓ 이제까지의 말씀대로라면 학생시절에 사회주의나 사회당과의 접촉 등은 전혀 나오지 않습니다만, 학생시절에 어떤 인연이 있었던 것입니까. 재학 중이던 1945년 11월 2일에는 사회당이 창당하였습니다만 흥미는 있었던 것입니까.

❸ 그 무렵, 나는 뭣을 하고 있었을까. 내가 있던 철학연구부는 학생운동은 하지 않았지. 그러나 메이지대에서도 학생운동이 대단히 왕성해지고 있었지. 그것에 참가한 일은 있어. 1946년에 나중에 공산당의 의장을 지낸 노자카 산조씨가 중국에서 돌아와서, 히비야 공원에서 귀국환영집회가 개최되었다. 아라하타 간손씨가 사회를 맡고 있었다. 그곳에 갔을 때에는 굉장했었지. 사람이 가득 모여 있었다. 우리들은 나무 위로 기어 올라가 노자카씨의 강연을 들은 기억이 있지.

❓ 무라야마씨도 나무에 올라갔습니까.

❸ 올라 갔지. 당시는 그만큼 세상의 관심이 높아서 대중들이 모였었지. 또 전전에 검거되어 장기간 옥중생활을 강제당했던 도쿠다 규

이치씨라든가 시가 요시오씨 등이 해방되어 히도츠바시 회관에서 환영 집회가 열렸다. 거기에도 나는 가서 이야기를 들었지. 그러나 전쟁에 저서 기뻐할 기분으로는 아직 될 수 없었으므로, 그들의 이야기는 「내 생각과는 다르구나」하는 인상을 가졌지.

❓ 참가한 집회는 도쿠다 규이치씨나 노자카 산조씨와 같은 공산당뿐입니다.

❗ 노자카 산조씨가 돌아왔을 때의 히비야 공원의 집회는 공산당뿐만이 아니었어. 야마카와 히토시씨나 아라하타 간손씨등도 있었다. 그러나 히도츠바시 회관 쪽은 공산당과 그 지지자들뿐이었다고 생각돼.

❓ 학생시절에 사회주의나 공산주의에 감명하였다든가, 맑스 레닌주의에 빠져들었던 것은 아니었습니다.

❗ 그런 사상적인 것은 거의 없었지. 그러나 전쟁에 지고 나서 민주화의 폭풍우가 불어 닥쳐, 온 나라에서 민주화가 강하게 진행되던 시대였기 때문에 민주주의가 소중하지 않은가 라든가, 일하는 사람에게는 행복하게 살 권리가 있지 않은가라는 것은 의식하고 있었다. 처음에 이야기한 것처럼 나는 어렸을 때에 가난을 뼈저리게 느끼고 있었으니까.

❓ [자본론] 같은 것을 읽고 있었습니까.

❗ 아냐 아냐, [자본론]은 읽지 않았어. 가와가미 하지메의 "가난이야기"는 조금 훑었지. 아라하타 간손씨나 야마카와 히토시씨의 책은

상당이 읽었지. 그리고 정당이 펴낸 팸플릿 등도 읽었지.

사회당 입당

❓ 대학 졸업 후에 기업에 취직하려고 생각해 본 적이 있습니까.

➕ 졸업 후에 무엇인가 하고자 하는 그런 것은 그다지 확실히는 생각하고 있지 않았지. 이것도 호즈미 고이치씨의 영향이었던 것 아니었을까. 호즈미씨도 정직이 없는 사람으로 구도자와 같은 처지의 생활을 하고 있었으니까. 그래도 딱 한차례 선배에게 어딘가 취직할 데를 찾아달라고 부탁한 일은 있지. 그러나 애당초 도쿄에서 취직하려는 마음은 거의 없었다. 그러던 참에 오오이타에서 어촌 해방운동을 하고 있던 친구 마쓰구 고오이치씨로부터 「잠깐 돌아와 줬으면」하는 전보가 도착했다. 전쟁 중, 어촌에는 국가의 통제하에 [어업회]라는 단체가 있었다. 그것이 전후에 해산되고, 대신 어업협동조합을 만들도록 되었다. 그런데 모처럼의 새로운 조직이 전전과 같은 체질로서는 안 된다는 것으로, 어업협동조합의 민주화를 진행시키기 위한 운동이 시작되었다. 그것이 [어촌청년동맹]의 운동이야. 어업권의 해방이라든가 어선주와 그물꾼과의 관계개선 등을 진행시키고 있었지. 나는 마쓰구씨의 전보로 오오이타로 돌아와 그대로 오오이타에 머물게 되어버려, 어촌청년동맹의 운동으로 들어갔다. 어촌청년동맹의 운동을 시작한지 얼마 되지 않은 1947년 4월에 최초의 현지사선거가 있었다. 그때까지의 지사는 관선, 즉 정부가 임명하고 있었으나, 전후 지방자치법으로 지사의 공

선이 규정되어 처음으로 선거가 시행되게 되었다. 사회당에서 자기들의 민선지사를 만들자는 이야기가 있어, 나도 사회당에서 나온 야스다 미키타씨를 응원하였다. 야스다씨는 그 후 중의원의원에 당선된 사람이야. 이 지사 선거가 계기가 되어 나는 사회당에 몸을 던졌다. 즉 입당한 셈이지.

❓ 공산당이 아니라 사회당 쪽이 좋았던 것이네요.

❖ 전전에는 군벌이 일본을 오도했다. 역시 독재정치는 나쁘고 민주주의가 중요하다. 그리고 전쟁 같은 것은 두 번 다시 해선 안 돼. 평화를 지키지 않으면 안 돼. 평화주의와 민주주의의 두 개에 끌려 사회당이 제일 좋은 것이 아닌가 하고 생각했다.

그리고 나는 폭력을 부정하는 입장이므로 폭력혁명이나 프로레타리아트 독재를 지향하는 공산당에는 동조할 수 없었다. 그리고 공산당은 소련공산당의 영향 하에 있었다. 이것에도 동조할 수 없었다. 나는 의회를 통하여 사회를 변혁시켜가는 의회제민주주의를 지지하고 있었으니까.

❓ 그런데 오오이타로 돌아가셔서 수입은 있었습니까.

❖ 오오이타로 돌아와서도 취직도 아무것도 하지 않은 채, 어촌청년동맹이나 사회당 청년부에서 활동하고 있었지. 나의 집은 형제가 많아서 남자형제는 모두 증병되어 전지까지 갔으나 누구 하나 전사한 사람은 없었다. 전후는 모두 시청에 근무하거나 생선장수를 하거나 어로를 하거나 하고 있었다. 그러니 집에서는 나 하나쯤 식객이 있어도 그다지 먹는 데는 곤란은 없었지.

그러다가 1950년이 되어 오오이타현 직원노동조합(겐쇼쿠(縣職))의 서기장이 자치로(전일본자치단체노동조합)의 중앙본부에 전임하게 되었다. 당시 겐쇼쿠는 기관지를 내고 있었지만 사람이 모자라게 되어 기관지 발행업무를 도와달라는 이야기가 나에게 전해 왔다. 나로서는 아무것도 안하고 있는것처럼 받아들여 겐쇼쿠의 서기가 되었다.

❓ 사회당 쪽에서는 어떤 활동을 하셨습니까.

❗ 노동조합의 스트라이크 같은 응원에 참여하였다. 내가 주도한 노동조합운동도 있었지. 예를 들면 오오이타현 히타(日田)의 중요생산노동조합의 파업이지. 히타라는 곳은 임업이 성황을 이루는 곳으로 제재소가 많이 있다. 그곳의 노동자가 히타 중요생산노동조합을 만들고 있었다. 제재는 히타의 중요한 산업이니깐.

일본의 민간기업의 경우, 노동조합은 거의 기업내조합으로 기업별로 조합이 결성되어 있다. 그러나 히타 중요생산노동조합은 특이한 조직으로 제재소별 노동자가 하나가 되어 합동의 노동조합을 만들고 있었다. 1952년쯤이었다고 여겨지는데 이 합동노조가 임금인상투쟁을 시작하였지.

어느 날, 오오이타현 지방노동위원회의 사무국장인 사토 다이치씨라는 이전에 농민운동을 하고 있었던 사람이 「히타에서 중요생산노조가 임금인상투쟁을 하고 있으나 조합이 약해서 말이 되지 않는다. 이래서는 설령 지로위(地勞委)로 가져온다 한들 알선할 방도가 없으므로 어떻게든 특단의 도움을 줬으면 좋겠다」고 전해 왔지.

그래서 내가 히타로 달려갔지. 그때 나는 독신이었기에 자유스러웠다. 즉시 조합에 임원회를 열어 달라고 해 거기에 내가 뛰어 들어가는 것이었다. 오오이타에서 오게 된 이유를 설명하고 「좀 이야기를 들려 달라」고 했다. 모두 아주 난감해 하는 모습이었다. 그래서 나는 「당신들이 스스로 투쟁해서 쟁취한다는 마음을 가지고 한다면 동참하겠다. 그러나 다른 사람에게 의존해서 어떻게 좀 해달라는 운동이라면 쓸모가 없다. 그렇다면 그만두는 것이 좋다. 어느 쪽으로 할 것인가. 잘들 이야기했으면 좋겠다. 만일에 진정으로 「한다」고 한다면 나는 결말이 날 때까지 오오이타로는 가지 않겠다. 여기서 기숙하면서 함께 한다」고 얘기했다. 20대의 풋내기가 그런 얘기를 해 봤자 모두 반신반의할 것이라고 생각되지만 그렇게까지 얘기를 하니 모두 용기를 내어 역시 「하자」로 되었다.

그렇게 한 달 동안 기숙하면서 여기저기 불을 지피고 다녔다. 모두 저임금인 데다 신분은 안정되지 않고 일용직 같은 처우로 일하고 있었으므로 극도로 곤란한 처지에 있었다. 그런데다 불을 지피면 활활 타오르지. 모두 격앙하여 의기충천했다. 조합에 청년부가 생겨서 「우리들은 경영자로부터 학대당하여 왔다. 이래서야 너무하는 것 아니냐고 모두가 일어섰다」고 하면서 기차정거장 광장에 농성하였다. 「단식농성을 하겠다.」고 나서기에 「밥은 먹어라. 배를 곯고 노동운동을 하겠느냐」고 한 적이 있다. 그러나 경영 측과의 이야기가 좀처럼 진척되지 않으므로 파업을 준비하는 수밖에 없지 않은가 하는 분위기가 되었다. 그러나 조합이 일제히 파업에 돌입하면 돈도 없고 오래 가지 못한다. 그럼 부분파업으로 할 것인가 어떨 것인가, 그리하여 모두서 이야기해서 납득 하에 하기로 하였다.

사장이 강경해서 조합원이 극단적인 괴롭힘을 당하고 있던지, 대우가 열악한 회사에서는 조합원이 회사에 대하여 강한 증오심을 가지고 있다. 그런 곳이 아니면 좀처럼 파업은 하지 못한다. 전부가 한꺼번에 파업에 돌입하면 조직적으로도 경제적으로도 지탱하지 못한다고 생각하여, 부분파업으로 하는 이유도 설명하여 납득한 위에 부분파업으로 하기로 하였다. 그래서 3분의 1 정도의 회사를 선택하여 파업을 하였다. 그러나 2, 3일 지나자 「왜 우리 직장만이 파업인가」라는 의문이 제기되었다. 이래서는 조직이 지탱하지 못한다, 한계다, 라고 생각되어 급거 오오이타로 돌아와 지로위에 상황을 설명하고 알선을 서둘러 줄 것을 요구했다. 결국 이 파업은 약간의 임금인상으로 낙착되었다. 그것은 나에게는 좋은 경험이 되었다.

❓ 오오이타로 돌아와 불과 몇 년 만에 조합운동의 노하우를 어떻게 터득하셨습니까.

❗ 그것은 사회당청년부 활동을 하고 있었기 때문이라고 생각해. 끊임없이 노동조합 출입을 하고, 공로협(公共企業体等勞動組合協議會)의 파업 등에도 응원하며 돌고 있었지. 특히 중소기업의 노동운동에 관심이 강했어. 실제로 경험하여 노하우를 터득했어요. 나는 흔히 예로서 말하지만, 노동쟁의라는 것은 오미코시(神輿, 신령가마)를 메는 것과 같은 것이라고. 모두가 분위기에 취해 「어영차어영차」하고 메고 간다. 노동조합원이 그만한 기개를 가지고 활활 타고 있지 않으면 파업은 할 수 없다. 그러나 지도자가 조합원과 같은 기분이 돼버리면 앞을 읽을 수 없게 되므로 안 된다. 지도자는 노사의 힘

관계를 늘 객관적으로 판단하면서, 조직의 점검도 하면서, 결착을 낼 곳을 생각해 두지 않으면 안 된다.

❓ 의논하는 사람이라든가, 존경하는 노동조합운동가 같은 분이 있었던 것입니까.

❗ 없었어. 누군가에게 구체적으로 지도를 받아 본 일은 없어. 역시 스스로가 타개했었던 것일까. 「무라야마라는 사내는 조정능력이 있다. 사안을 처리해 나가는 능력을 가지고 있다」는 등을 선배가 얘기하는 것을 들은 기억이 있다. 히타 중요생산노동조합의 파업 때도 그렇지만 「쌍방의 힘 관계를 생각하면서 어디서 타협시킬 것인가, 어디서 결착시켜야 할 것인가에 대하여 대단히 뛰어난 데가 있는 사내다」라는 것 같았어.

❓ 노동조합운동가에는 「우리들은 정당하다」고 질주하는 원리원칙주의자가 많은 것이 아닙니까.

❗ 그야아 그것이 없으면 안 되지. 요구의 정당성에 확신이 없으면 운동의 조직은 할 수 없지. 입장의 차이로 쌍방에 명분이 있으니까 다툼이 되지. 교섭으로 타결하거나 쟁의에 들어가서 타결하거나 최종적으로는 힘 관계로 결정된다. 패배해서 조직이 만신창이가 되어 재기불능이 되어버리면 운동은 계속할 수 없지. 역시 조직이 중요해. 여러 가지 경험을 통하여 조직이 강해지도록 하지 않으면 안 돼.

❓ 무라야마씨는 20대부터 이미 돌격형이 아닌 조정형이었던 셈이네요.

⊕ 그건 그렇지요. 교섭으로 해결되면 그것이 제일 좋아. 어떻든 힘 관계라는 것을 항상 전제로 하여 사안을 생각해 나가야지. 돌진하는 것만이 능사가 아니지.

❓ 당시 일본국내의 노동운동은 GHQ (연합국 군총사령부)의 민주화정책도 있어서 위세가 좋았죠.

⊕ 우리들이 하고 있던 것은 그런 큰 무대의 운동과는 달라. 조그만 조직의 운동이기 때문에 똑같이는 생각되지 않아.

당내의 좌파·우파문제

❓ 무라야마씨가 입당한 사회당입니다만, 51년 10월 샌프란시스코 강화조약에 대한 대응을 둘러싸고 좌우로 분열하였습니다. 그와 연동하여 사회당 오오이타현련도 분열하였습니다. 당시의 사회당은 어떤 분위기였습니까.

⊕ 그야 정말 당시는 심했어. 파벌이 심했어요. 사회당 입당 후 나는 청년부의 대표로서 도쿄에서 열렸던 당 대회를 방청하기 위하여 출석한 일이 있지. 우파의 실력자였던 니시오 스에히로씨가 서기장이었으나, 헌금문제가 화제가 되어 있었기 때문에 「업자로부터 돈을 받은 것이지」하고 야유가 튀어나왔다. 청년부 대회에 좌파의 스즈키 모자부로씨가 와서 연설하면 이번에는 우파가 스즈키씨의 이름을 흉내 내어 「모사모사(꾸물꾸물)하지 말고 돌아가라!」고 야유

한다. 우파의 가타야마 데츠씨가 와서 연설하면 이번에는 좌파가 「구즈데츠(고철 찌꺼기), 꾸물꾸물하지 말고 돌아가!」라고 하지(웃음). 청년부니까 쓸데없는 야유가 심했어. 오오이타에서 온 나는 그런 소용돌이 속에 들어갈 순 없잖아. 「너무나도 심하구나」하고 생각하면서 바라볼 뿐이었다.

❓ 같은 정당인데 왜 그렇게 격렬하게 하는 것입니까.

❸ 왜 그런 걸까. 아직은 사회당의 세력이 좋은 때이고, 파벌에 보람을 느끼고 있었던 것은 아닐까. 나 같음 도저히 그런 마음으론 될 수 없어. 그러나 사회당은 전면강화를 요구하고 단독강화나 일미안보조약에 반대하는 좌파와 단독강화에는 찬성이고 일미안보 반대의 우파로 분열하였다.

❓ 노동조합도 엉켜있었습니까.

❸ 노동조합 입장에서 말하면, 당시는 관공로(일본관공청노동조합협의회)나 공로협(공공기업체등노동조합협의회)을 중심으로 한 총평(일본노동조합총평의회)과, 전섬동맹(전국섬유산업노동조합동맹)을 중심으로 한 민간노조주체의 총동맹(일본노동조합총동맹)이 있었다. 총평계가 좌이고, 동맹계가 우라는 구도이지.

또한, 당시는 노동운동 이외에 농민운동도 성행했다. 전농(전국농민조합)이나 일농(일본농민조합)등의 조직이 있어서, 농지해방운동에 종사하고 있었다. 그것이 차츰 쌀값투쟁으로 변해 갔다. 나는 청년부장을 하면서 노동자를 당원으로 권유하고도 있었으나, 사회당은 농민운동에 대해서도 영향력을 가지려고 하여, 전농의 운동을 하고 있는 사람들을 입당시키는 운동도 하고 있었다.

❓ 무라야마씨는 당시의 사회당 현본부에서는 좌파에 속해 있으셨지요.

❗ 당시 청년부였으니까. 좌파에 들어 있다고 할까. 방금 얘기처럼 노동조합인들 동맹계와 총평계가 있다. 동맹계는 어느 편인가 하면 노사협조였다. 총평계는 노동자의 권리를 지켜간다고 기업의 범위를 넘어서 운동을 전개하지 않으면 안 된다는 견해이기 때문에 평화나 민주주의의 문제 등에도 관여하고 있었다. 내가 총평계 쪽에 가담하고 있었던 것은 틀림없지.

❓ 좌파우파라는 것은 사상도 틀리는 것입니까.

❗ 당 쪽에서 보면 대중적 국민정당과 대중적 계급정당과의 차이지.

❓ 좌파가 계급정당이지요.

❗ 그래그래. 지금 생각하면 역시 냉전구조가 붕괴한 후는 노동운동도 당의 활동도 더는 계급투쟁 같은 시대는 없어졌다고 생각돼. 나 자신의 사고경향이 변해졌다. 다만 일관되게 힘 관계를 생각하여 유난하게 대응한다는 생각은 간직하고 있었다. 히타의 파업도 그렇고 몇몇 조합의 파업에도 관여해 왔지만, 상대방이 있어서 싸우는 것이지. 그러기 위해서는 자기 힘의 한계를 알지 않으면 안 된다. 유난하게 전술을 판단하지 않으면 통째로 잃어버리게 돼. 정당의 활동도 같지. 냉전붕괴 등 객관적인 정세가 크게 변한 마당에 유난하게 대응할 수 있는 사고경향을 가지지 않으면 안 된다.

나중에 나는 국회의원이 되어 예산위원회 이사나 국대위원장을 맡았지만 그것은 죽느냐 사느냐하는 전쟁이 아니니까 어디선가 타협하지 않으면 안 된다. 힘 관계다. 그런 의미에서는 국회도 노동운동도 별로 다르지 않은 것이 아닐까.

❓ 무라야마씨는 애당초 리얼리스트였었네요. 좌파라고 지목된 데에 위화감은 없었던 것입니까.

➕ 음! 나는 파벌활동을 그다지 열심히 하지는 안했거든.

❓ 당시 사회당이 좌파와 우파로 분열된 최대의 원인은 샌프란시스코 강화조약과 일미안보 조약에 대한 대응이었습니다. 무라야마씨는 어떤 입장이었습니까.

➕ 그야 전면강화지. 역시 한쪽으로 기울어진 입장에 서는 것은 진정한 평화를 실현하는 것으로는 되지 않아. 전면강화를 하여 전쟁에 참가한 전부의 국가로부터 인정받아서 독립국이 되지 않으면 위험하다고 생각했다. 그리고 일본은 중립이어야 한다고 생각했기 때문에 일미안보조약에도 반대였다.

❓ 사회당의 분열은 오오이타 현본부에도 파급되었던 것입니까.

➕ 그야 그렇지. 당본부의 분열의 흐름으로 현본부도 분열한다. 현본부에서 우파가 나갔다. 나는「좌파 다섯사람의 사무라이(무사)」의 한사람으로 거명되고 있었다. 그러나 좌파 쪽도 단독으로 현본부를 유지할 만큼의 힘은 없어. 그러므로 현교조(縣教組)의 협력을 얻어 교육회관 안에 사무소를 차린 적도 있었다.

오오이타의 경우 노동운동은 총평계 쪽이 강했지만 사회당은 어느 편인가 하면 우파가 강했다. 좌파는 농민조합과 노동조합의 양쪽의 활동가로 구성되어 있었다. 이에 대하여 우파는 55년에서 4기 현지사를 지낸 기노시타 가오루씨의 영향도 있어 일반당원을 중심으로 하여 강했다.

❓ 분열 후는 서로 거리에서 만나도 말도 건너지 않는 그런 관계였던 것입니까.

➕ 그런 일 없어. 어디선가 만나면 소리쯤은 걸지.

❓ 사회당은 55년에 통일합니다. 분열의 응어리는 남는 것입니까.

➕ 그건 있었지. 저 사람은 우였다든가 좌였다든가 하는 것은 남지. 그래도 그다지 대립한다든가 하는 일은 없어.

오오이타 시의회의원에 당선

❓ 정계로의 진출에 대하여 여쭙겠습니다. 무라야마씨는 1951년 4월의 통일지방선거 때 오오이타 시의회 의원선거에 출마하여 낙선하고, 4년 후의 55년 4월에 다시 시의선에 나와서 이번에는 당선하였습니다. 31세 때입니다.

➕ 최초의 시의선 때에는 오오이타 지부의 지부장이 기노시타 가오루씨였다. 기노시타씨는 나중에 중의원의원이나 오오이타 현지사도 한 사람으로 당시는 오오이타 시장이었다. 기노시타 지부장 밑에서 시의후보를 결정하는 집행위원회가 개최되어, 우파 측에서 3명

의 후보자가 추천되어 결정되었다. 좌파 측에서도 내야 한다는 논의가 되고「당선가능성은 엄격하다. 이참에 제일 젊은치에게 시켰으면」하게 되어 청년부장이었던 날더러 하라는 것이 되었다. 도쿄에서 돌아 온지 얼마 되지 않았고 내 친족 중에서 선거 같은 것을 한 사람은 없으므로 많이들 반대했다. 그러나 모두가 너무 열심히 얘기하고 돈도 한 푼도 쓰지 않아도 된다는 얘기였으므로「하는 수 없다, 할까」하고 입후보하게 되었다.

❓ 상당히 좋은 데까지 갔었습지요.

➕ 음. 정수가 36명인데 90명 이상이 입후보했다. 500~600표를 얻으면 당선했으나, 360표 정도 얻었었지. 혁신계라고 일컬어지던 낙선한 후보자 중에서는 내가 제일 많았다. 그래서 4년 후의 통일지방선거에서「지난번 아쉬운 데까지 갔으니까 다시 한 번 입후보하면 어때」하기에 이르렀다(웃음). 이번에는 60명 정도가 입후보해서 나는 1,600표 정도 얻어서 5위로 당선했다. 그 다음의 두 번째의 당선 때에는 탑이었다.

❓ 주위로부터 추대되어 정치가가 되려고 각오하셨습니까.

➕ 나는 정치가가 되었다는 의식보다는 우연히 의원이 되었다는 의식이었지.

❓ 의원과 정치가는 다른 것입니까.

➕ 음! 나의 의식은 사회당의 의원이야. 즉 사회당을 대표하는 의원이고 사회당소속의 의원. 나는 사회당이라는 것. 정치가가 되었다는

의식은 그다지 없었다.

❓ 그것은 당의 정책이나 주장을 실현하는 것을 중시한다는 뜻입니까.

❗ 그야 그렇지. 사회당의 의원이니깐. 시의회의원인 때에는 사회당 시의, 국회에서는 사회당의 국회의원이라는 것이지.

❓ 시의선의 선거운동은 어떤 식으로 하셨던 것입니까.

❗ 되돌아보면 나는 거의 지역 의식이라는 것이 없어요. 최초의 시의선 때는 나의 본가가 있는 고장에서 보수계의 후보자가 한사람 나와 있었다. 이웃 근처들에서는 모두 그 사람을 지지하고 있어, 나한테 대해서는 「왜 나왔을까」하는 생각으로 보고 있었다. 그러므로 지역의 의원 같은 의식은 일체 없어. 그런 출발이었으므로 지역에 속박 받지 않고 사회당의 의원으로서 전 시적인 입장에서 의원 활동을 할 수가 있었다. 결과적으로 그것이 대단히 좋았다고 생각해. 거의 출신지에 구속됨이 없이 전 시민을 위하여 활동할 수 있었다. 그런 의미에서 정치적 기반은 전 시적으로 확대되었다.

노동조합에 의존하는 사회당, 쇠퇴한 농민운동

❓ 선거에서 노동조합은 중요하지요.

❗ 노동조합은 중요해. 현청이나 시청 직원은 특정 지역에 살고 있는 것은 아냐. 그러므로 전 시적으로 표가 나오는 것이지.

❓ 노동조합이 응원하지 않았으면 오오이타 시의선은 어려웠던 것입니까.

➕ 그것은 어려워. 돈도 간판도 지반도 없어.

❓ 그러면 지역의 대표라는 의식은 없어도 조합의 대표라는 의식은 강해지는 것입니까.

➕ 아니아니, 그렇지 않고 조합원도 당이야. 사회당이야. 사회당을 지지하는 조합원이 중심이 되어 나를 추대하는 것이기 때문에. 더러는 당과 관계없이 무라야마를 지지하는 사람이 있을지도 모르지만, 기본은 사회당이 전제가 된다.

❓ 사회당은 노동조합의 집표력에 지탱해 왔다. 그 결과 총평이 사회당을 지지했다고 흔히 말합니다. 시의선 때에도 사회당이 노조의존정당이라는 것을 실감하셨습니까.

➕ 그러한 당이었다는 것은 부인할 수 없어. 나도 그렇게 생각하고 있었어. 그러나 당과 노조는 지지협력의 관계이지 지배관계는 아니다. 사회당을 지탱하는 기반은 노동자나 농민이지. 조직에서 말하자면 노동조합과 농민조합이 사회당의 지지기반이 되어 있다. 그것이 세상을 바꿔가는 대중적인 힘이므로 당이 지도하여 그 힘을 집결하여 사회나 정치를 변혁시켜 간다면 그것으로 되는 것이 아닌가라고 생각하고 있었다. 노동자나 농민을 해방시켜 간다는 것이 사회당의 임무이고 역할이라고 생각하고 있었다. 이런 생각은 쭉 일관하고 있었다.

❓ 그 생각은 지금도 변하지 않은 것입니까.

⊕ 기본적으로는 거의 변함이 없어. 그러나 조합도 변해버렸네요. 당본부가 노조에만 의존해 왔기 때문에, 노조의 지지정당이 민주당으로 변한 찰나에 당의 지지기반이 붕괴되어 버리고, 사회당은 조그만 정당이 되어버렸지.

❓ 사회당은 왜 조합 이외에 당원이나 지지기반을 넓히지 않았을까 하고 자주 지적됩니다.

⊕ 그렇게 말하지만 좀처럼 그것이 되지 않았지. 노동조합과 농민조합에게만 의존하고 있어서는 국회에서 3분의 1 정도의 의석 밖에 얻지 못한다. 당시는 중참 국회의원의 선거목표는 개헌저지의 3분의 1의 의석을 확보하는 데에 있었다. 정권을 잡는다든가 하는 것은 꿈속의 또 꿈이었지. 그러므로 지지를 중소기업, 나아가 일반 사람들에게로 넓혀가는 활동을 해야 한다는 논의는 자주 해 왔다. 해왔지만 실천은 도저히 하지 못했다.

❓ 무라야마씨가 시의가 된 1950년대에 이미 당내에는 지지기반을 중소기업이나 일반 새러리맨으로 넓히려는 논의가 있었던 것입니까.

⊕ 있었지. 논의는 하고 있었지만 실천할 수 없었지. 1964년에는 당시 사회당 서기장이던 나리타 도모미씨가 사회당의 조직적 결함으로서 일상적 활동의 부족이나 의원당적인 체질, 노조의존의 3점을 지적하였다. 이른바 [나리타 3원칙]이다. 이러한 일은 이치상으로는 알고 있었지만 실천했느냐 하면 못했다. 왜냐하면 그것은 우리들도 반성하고 있지만 노동조합이 꿋꿋하게 지지해 주고 있는 한 낙

선하는 일은 없다는 마음이 있었기 때문이지. 그러므로 우리의 지지기반을 좀 더 대중 속으로 넓혀 간다는 노력을 하지 않은 것은 아니지만 보수의 벽이 두꺼워 좀처럼 잠식할 수가 없었다.

❓ 그런 일은 개개의 의원만이 하는 것은 아니지 않아요. 사회당이 당 조직 전체로서 대처해야 할 일이지요.

❗ 당에도 그런 힘은 없었지. 그러므로 정당으로서는 신장하지 못한 거지. 사회주의정당은 소련도 마찬가지지만 노동자나 농민을 기반으로 하여 혁명세력을 만들고, 혁명을 성공시킨다는 사고경향이 전통적으로 있다. 일본 사회당도 사회당을 지지하는 주체는 노동조합과 농민조합이고 이 속에 든든한 기반을 만들어 명실상부하게 하나의 세력이 되어 사회적인 영향력을 강화해 간다. 이것이 중요하다고 생각하고 있었다. 이 세력을 기반으로 하여 문화인이나 인테리층 등 일반대중을 폭넓게 결집해 간다는 사고경향 말인데, 실제 운동으로서는 거기까지 손이 뻗치지 않았다. 우리들도 포함해서 그렇지만, 선거에 당선한다는 것이 중요한 목적으로 되어버려, 당조직을 확대한다는 운동을 게을리 했었지.

❓ 사회당의 중요한 지지기반의 하나가 농민조합인 것은 거듭 지적하시지만, 지금은 농민운동은 사라져 버렸습니다. 1950~60년대 당시는 어떤 상황이었던 것입니까.

❗ 농민운동이라는 것은 농지해방운동이다. 소작해방이라든가 소작료를 끌어올린다든가. 지주를 추방하라고까지는 하지 않지만. 그런데 전후 GHQ최고사령관인 맥아더의 지령으로 농지해방이 행해

져서, 지주가 추방되고 모두 자작농이 되었다. 그 결과 농민운동은 쇠퇴되어 버렸지. 농지해방으로 자작농이 생겨나니 농민운동의 중심은 차츰 쌀값투쟁으로 변해 갔다. 그런 운동이 강력하게 행해지던 동안에는 아주 세력이 좋았다. 드디어 농협이 등장하고 농민운동은 차츰 사라져 갔다.

❓ 농지해방이 실현되고 농민운동이 쇠퇴해지면 그에 걸맞게 정치적으로는 사회당을 대신해서 자민당이 농촌에 침투해 갔던 것입니다.

그럼 그럼. 완전히 자민당지배로 되어갔지. 농촌에는 농협이라든가 토지개량조합이 빠르게 만들어져 갔지. 이러한 조직은 국가의 예산이나 보조금을 받아서 존립하고 있는 것이니까. 자민당정권하에 농촌에서는 국가의 영향력이 강해져 왔지. 그리하여 사회당이 손을 내밀 운동은 거의 없어져 버렸다.

❓ 그러한 상황의 변화를 앞에 두고 사회당은 아무 것도 손을 쓸 수가 없었던 것입니까.

나는 그다지 농민운동에 관여하지 않았기 때문에 잘은 몰라도 시대의 변화 속에서 식량은 국가로서는 안전보장문제이므로 자급력을 더욱 확보해나가지 않으면 안 된다는 운동은 할 수 있었겠지. 그러나 그것을 사회당이 주도할 수 있는가 하면 그것은 안 된다. 운동의 주체는 농협이었다. 그래도 농민운동은 중산간지역(中山間地域)농업의 진흥이나 품팔이 노동자 대책 등 폭넓은 운동을 하고는 있었지만.

❓ 농촌에서의 힘을 상실한 결과 사회당은 총평으로 점점 기울어져 간 것이군요.

❸ 오오이타는 그래. 오오이타와 니이가타나 동북지방은 강했다. 그러나 오오이타는 역시 노동조합운동 쪽이 더 강했다. 특히 일교조(日本教職員組合)나 자치로의 조직률은 전국 일위였지. 지금도 오오이타의 교조나 자치로는 전국적으로도 조직률이 높고 중참 양원에 국회의원을 내고 있어.

현의원, 그리고 국정으로

❓ 오오이타 시의를 2기 하신 후의 1963년 4월에 현의회 의원선거에 입후보하여 당선하셨습니다. 현의는 중원의원이 되는 72년까지 맡으셨습니다.

❸ 현의가 된 당시 지사는 사회당출신 무소속의 기노시타 가오루씨가 하고 있었다. 마침 오오이타현은 신산업도시의 지정을 받아서 신닛테쓰나 쇼와덴코 등이 진출하여, 철과 석유의 콤비나트가 조성되는 시기였다. 그래서 공해문제나 바다의 매립반대 투쟁이 빈번히 행해지고 있었고, 그 지원으로 뛰어다니고 있었다. 그런 문제를 제기하여 추궁은 하지만, 이 무렵에는 어느 편인가 하면 당의 업무를 주로 하고 있었다.

❓ 현의시대에 사회당 오오이타 현본부의 서기장이나 부위원장을 하고 계셨군요. 현본부내에서 두드러지게 두각을 나타낸 셈이네요.

나는 아무 것도 하지 않았어. 사람이 없는 거야. 현의가 되면 물론 현직원노동조합의 일은 그만두는 것이므로 이후로는 아무 직책도 없어. 의원과 당의 두 개 뿐. 그런 의미에서는 구속은 없었지.

그리하여 72년의 총선거에 입후보하시도록 되셨습니다.

현의 3기째의 도중의 중의원선거였지. 그때에는 오오이타 1구에 적당한 후보자가 없었지. 그 이전 선거에서 사회당은 오오이타 1구에 2명을 옹립하여 둘 다 낙선했었지. 그 두사람 중 한사람은 그 후의 참의원선거에 당선하고 나머지 한사람은 옹립하기가 어렵다는 것으로 되었다. 「그러면 신인이다. 오오이타시에서 네가 가장 강하니까 맡으라」하고 억지로 떠맡겼다. 그때는 상당히 저항했지. 내 주위에서도 모두 반대했으니까.

주위란 가족분이십니까.

가족은 그다지 이런 문제에 관여하지 않았어. 반대한 것은 현의선거에서 나를 지지해 주었던 사람들이야. 「현의 3기째에 갓 당선했을 뿐이다. 아직 1년도 채 안되었는데 중의원선거에 입후보한다는 것은 유권자에 대하여 결례다. 임기를 채워야 한다.」는 것이야. 나도 당연하다고 생각했다. 상당히 저항했지만 선거가 점점 다가온다. 그럼에도 후보자가 정해지지 않는다. 그렇게 되니 반대하던 지지자의 모두가 「더는 하는 수 없다. 무라야마가 하지 않으면 안되겠다.」고 하게 되었다.

❓ 처음인 국정선거는 어땠습니까.

❗ 그건 선거구가 대단히 넓다고 느꼈다. 오오이타 1구는 현내에서 제일 넓었다. 후보자가 될 때까지는 모두 여러 가지로 얘기를 해 주더니, 결정되고 나니 아무것도 해주지 않는다. 「너 해라」는 말뿐이었다. 나에게 그렇게도 「나가라 나가라」하더니, 후보자가 될 것이 결정되니 모두 꽁무니를 빼고 아무도 협력하지 않는다. 이런 이상한 일이 있을까 하고 몇 번이나 생각했지. 그러나 결정된 이상 선거전을 싸우지 않을 순 없지. 선거공시까지는 자신이 차를 운전하여 여기저기 돌았다. 지금은 입후보예정자가 되면 당이 꼼꼼하게 차도 운전기사도 준비해 준다. 그러나 우리 때는 그런 것이 없었으므로 스스로 운전해야 했다.

❓ 역시 노조 중심의 선거운동입니까.

❗ 노동조합의 집회에 가곤 했지. 히타에서의 집회에 나갔을 때에는 「이제 늦어졌으니 자고 가라」고들 했지만 다음날 예정이 있어서 돌아오기로 했다. 그런데 도주에 눈이 내려 나는 길을 잃고 산중으로 들어가 버렸다. 간신이 방향을 찾아서 히타로 되돌아 왔다. 그러나 이젠 오오이타까지 돌아갈 수 없었기 때문에 도중에서 숙박한 일이 있다. 그때 필사적으로 핸들을 잡으면서 「이거야, 어떤 일이 있어도 이겨야 한다.」고 생각했지(웃음).

❓ 큰일이었습니다. 사무소는 있었던 것입니까.

❗ 그런 건 없어. 연락처는 자택으로 했다가 조합으로 했다가 당으로 했다가야. 단독의 무라야마 사무소란 건 없었어.

❓ 그렇지만 오오이타 1구에 사회당공인 한 사람뿐이기 때문에 당선된다고 생각하셨지요.

❗ 그야, 당시의 사회당은 오오이타 1구라면 누군가 나와도 당선시킬 만큼의 힘은 있었으니, 당선은 할 것이라고 생각하고 있었다. 그래도 처음으로 하는 총선거이니 열심히 했지. 스스로 차 핸들을 잡고 「내일 선거에 나가는 바에야 어떻게든 이겨야 한다」고 노래의 가사를 흥얼거리며 스스로를 격려하면서 돌아다녔지(웃음).

❓ 무라야마씨는 조합추천의 후보자였습니까.

❗ 그럼, 자치로, 현로평(縣勞評)의 후보였지. 나 자신 자치로의 출신인 동시에 당인파야. 그러므로 당과 조합의 양쪽을 걸치고 있었다. 그러나 어느 편이가 하면 조합의 힘이 강했지.

❓ 당시, 사회당의 의원은 조합출신자가 점점 증가하고 있었습니다.

❗ 그래, 점점 늘어나고 있었지. 예를 들어 오오이타현에서 국정선거를 하게 되면 자치로나 현교조 같은 전현적으로 조직을 가진 대규모 조합에서 나오는 입후보자는 당선하기 쉽다. 그러나 그러한 조직과는 전혀 관계없는 자가 갑자기 나와 봤자 선거는 어려웠다. 후보자를 정하는 단계에서 조합이 중심이 되어 움직이기 때문에 당연히 조합출신의 의원이 증가하게 되지 머.

❓ 무라야마씨의 총선거 첫 당선은 1972년이었습니다. 국정선거에 입후보하면 신문 각사는 각각 경력이나 공약, 득표목표 등을 서류로 만들어 받습니다. 좀 훗날 일입니다만 79년 총선거 때, 무라야마씨의 아사히

신문에 회답한 조사표를 보면, 선거 득표목표에 대하여 노조단위나 지역마다에 대하여 아주 상세하게 한 자리 숫자까지 적혀있어요. 이것에는 놀랐습니다. 예를 들어 자치로와 현로평의 할당은 합계하여 18,046표, 오오이타 시 7,443표. 히타시 군은 3,490표와 같이 시군별로 숫자를 들고 있어, 전체 득표목표는 75,850표로 되어 있었습니다(웃음). 실제 득표는 86,000표 정도로 탑 당선이었습니다.

● 자세한 숫자까지는 몰라도, 선거 방법으로 각 시군에 득표목표를 제시해서 확인하고, 그 목표를 향하여 각지구가 추진해주는 것은 어느 선거의 경우도 마찬가지였지.

? 무라야마씨 스스로가 아니고 비서가 기재하고 있습니다. 그리고 [이전 2회의 선거는 사회당후보가 한사람뿐이었으므로 현로평에 업혀서 한 선거였다. 이번에는 두사람이 입후보하였기 때문에, 처음으로 후원회를 결성했다. 이전 두차례도 후원회는 있었지만 정치단체의 신고도 없고 집표활동은 실질적으로 하고 있지 않았다]라고도 기재되어 있습니다. 아주 솔직하게 기재되어 있습니다만, 거꾸로 얘기하면 당시의 조합은 이렇게까지 상세한 숫자를 배정할 수가 있었다는 것이지요.

● 표의 배정은 했겠지만 한 자리 숫자까지 했을까? 그것은 처음 듣는 이야기야.

? 후보자 본인이 모르는 곳에서 노조는 엄청나게 치밀한 선거활동을 하고 있었다는 것이겠습니다.

● 그럴지도 모르지. 아마 지금과 달리 옛날 선거는 실로 상세한 예측을 하고 있었다. 사람의 동원에서 전단지배포까지 무엇이든 노조가

솔선해서 하고 있었으니까. 지금은 그런 일을 하고 있지 않아.

❓ 굉장하네요.

❖ 그야 굉장하지요. 선거로 조합원이 단련된다. 그것이 쭉 전통이었다. 한편 개인후원회라든가 하는 것은 이름뿐이었지. 형식적으로는 당이나 노조의 임원 이외에 자기고장에서 협력해주는 사람의 이름을 기재해서 모양새를 내고 있었지만, 실제로 후원회로서의 활동이라는 것은 없었어요. 자금은 한 푼도 모을 수 없었고 후원회주최의 집회도 한 일이 없어.

❓ 선거자금이나 정치자금은 어떻게 조달했던 것입니까.

❖ 나는 정치자금 모금의 파티를 한 일은 없어. 최근에는 국회의원뿐 아니라 현의원인들 일 년에 한 차례쯤 일만엔 정도의 회비를 받고 파티를 열고 있지. 그러나 나는 돈을 받고 집회 같은 것을 한 일은 한 번도 없지.

❓ 금전적으로는 노동조합이 보살펴 준다는 것입니까.

❖ 그럴 거야, 그러므로 돈은 그다지 쓰지 않았던 것이 아닐까.

❓ 노조는 왜 그렇게까지 열심히 선거운동을 하는 것입니까.

❖ 총평은 노동조합이 단지 임금인상이라든지 노동조건의 개선을 실현하는 것뿐 아니라 사회적 존재라는 것을 강조하고 있었다. 역시 평화나 민주주의를 수호하는 운동이라든가 공해반대투쟁 등 사회적 운동도 노동조합의 임무라는 생각이다. 그러므로 정치투쟁, 선

거도 노동운동으로서 대응하고 있었다. 당시는 오히려 그런 의식 쪽이 선행하고 있었지. 실제로 노조는 그러한 영향력을 가지고 있었다. 지금은 완전히 소용이 없게 되었지만.

❓ 국민의 소득이 증가해서 생활이 넉넉하게 되니 노동자는 노조에 노동조건의 개선 등을 기대할 필요가 없게 된 셈이군요.

➕ 그럼, 모두 중류계급으로 된 거지. 중류의식이야. 맑스의 [경제학비판]이라는 책에 「존재가 의식을 결정한다.」고 씌어 있다. 노사관계나 노동자를 에워싼 환경, 즉 사회적 조건이 변하고 그 결과 모두의 의식도 변한다. 그러면 노조도 변하고, 계급의식을 가지고 활동하는 것에서 노사협조노선으로 옮아갔다. 그러면 안 되는 것이지. 자본주의 사회에서는 빈부의 차나 신분차가 만들어져 확대해 간다. 그것을 시정해 가는 것이 노동조합의 역할이고, 그런 일에 충실하게 되어야 한다. 예를 들어 2008년 연말에 히비야 공원에서 화제가 된 파견촌(派遣村)같은 문제. 헌법 제 25조를 방패 삼아 노조중심으로 그런 운동이 한층 더 일어나도 좋은 것이 아닌가고 생각해. 오늘날은 격차가 확대되어 노동자의 권리의식도 없고 일방적으로 자본에 사용되게 되었다. 2010년에 일본 기자클럽에서 강연했을 때 나는 「노동조합은 나쁘게 되었다. 그래선 안 돼. 사회나 정치가 긴장감을 갖는다는 의미에서 노동조합의 역할은 있는 것이라고 생각한다. 노동조합운동은 그런 역할을 하지 않으면 안 된다」고 얘기했지.

❓ 그렇지만 고등소학교 졸업 후, 선반공이 되고 국회의원이 되기까지 줄줄이 길이 열려가는 극적인 인생이셨네요.

❗ 어린 시절에 조금 공부해서 성적이 올라간 경험에서 「나도 하면 된다.」는 자신감이 생겼다. 거기에 이상한 자연히 돌아오는 운명이 겹쳐졌다. 철학연구부에 있을 때에는 주위의 권유로 위원장이 되었다. 군대에 갈 때 기차를 타고 미야고노죠까지 갈 때에는 반장을 맡았다. 육군에서는 확실한 자격이 없는데 시험을 치러서 간부후보생에 합격해 군조까지 되었다. 간부후보생이 되지 않았으면 일등병이나 상등병 정도로 끝났을 것. 스스로가 생각해 보아도 정말 묘한 자연히 돌아오는 운명이 계속되었다.

조금 뒷이야기지만 1993년에 내가 사회당의 위원장선거에 나가 있을 무렵, 오오사카에서 당의 회합에 참석하고 신간선으로 돌아가기 위하여 정거장 대합실에 있었더니, 들어온 남성이 내 얼굴을 보고 「무라야마선생님 힘드시겠습니다.」하고 말을 걸어 왔다. 당시는 호소카와정권으로 사회당이 여당의 제 일당이었으므로 위원장선거가 자주 신문에 나오고 있었다. 그래서 나에 관해서도 알고 있구나 하고 생각했다. 나는 「아니, 위원장선거에 나간단 건 전혀 생각도 안 해봤다. 모두에게 억지로 떠밀려 이런 일이 되어버렸다. 인생이란 자연히 돌아오는 운명일까요.」라고 했다. 그 남성은 「누구에게나 인생은 자연히 돌아오는 운명이 있습니다. 그럴 때에는 피하거나 도망치면 안돼요. 역시 극복하고 나가야 해요. 그러면 새로운 전망이 열립니다. 길이 개척됩니다.」고 한다.

좋은 얘기를 하는 사람이라 생각하면서 들었다. 그 사람의 얼굴은 TV인가 어디선가 본 일이 있다고 생각되었으나 이름은 생각나지 않았다. 그래서 정거장 직원에게 「아까 그 사람은 누구였더라」고 물었더니 「그분은 후랑키 사카이씨입니다.」라고 가르쳐 주었다. 후랑키 사카이씨는 오오사카의 예술대학 강의에 왔다가 돌아가는 길이었던 모양이다. 앞서도 얘기한 바 있지만 「우연히 돌아오는」이란 사전에 「자연히 돌아오는 운명」이라고 있다. 정말 나는 자연히 돌아오는 운명에 등을 떠밀려 걷게 만들어졌다고 생각된다.

❓ 무라야마씨가 가두연설을 하고 있는 젊은 시절의 사진을 보면, 어찌나 논리를 휘둘러 상대방을 논파하는 공격적인 운동가로 보입니다만, 실제로는 어떠했던 것입니까.

❸ 나는 많은 격론 토론을 하는 타입은 아니야. 어느 편인가 하면 언제나 소극적이었지. 누군가의 의견에 대하여 내가 반론하여 논쟁하는 일은 별로 없어. 노동쟁의를 하고 있을 때에는 정황분석을 해서 앞으로의 대응을 논의하는 때는 있어. 그럴 때에는 「이쯤해서 조정하는 수밖에 없지 않느냐」고 결착을 종용하기도 한다. 그런 역할을 하고 있었을까. 어딘가에 타협하는 전망을 가지고 있지 않으면, 단지 힘만으로 밀어붙여도 일은 해결되지 않는다. 그러므로 나는 누군가의 의견에 반론하여 다투는 그런 일은, 어쩌다 있긴 해도, 거의 없었지. 그런 자세는 국회의원이 되고 나서도 별로 변하지 않았지.

제2장

파별전성시대의 사회당

「새로운 흐름 회」에 참가

❓ 국회의원 시절의 이야기를 여쭙겠습니다. 사회당이라고 하면 좌파, 우파로 나뉘어 당내에 여러 파벌이 만들어져 주도권다툼만 하고 있던 인상이 강합니다. 무라야마씨는 당선 후 「새로운 흐름 회」라는 그룹에 들어가셨습니다. 이것은 파벌입니까.

파벌이 아니야. 뭐라고 할까, 덴 히데오씨라든가 나라자키 야노스케씨, 요코미치 다카히로씨 등이 중심그룹으로, 사회당에 활력이나 새바람을 일으키려고 새로운 흐름을 만들어 가자는 운동이었다. 당에 자극을 주어 활성화해 가면 나름대로의 역할이 있다고 생각하여 들어갔다. 그렇지만 그다지 큰 그룹이 아니었고 나는 그다지 오랫동안 한 것은 아니었다.

❓ 「새로운 흐름 회」는 1973년 2월에 발족하였습니다만, 국회의원이 20여 명이나 참가했기 때문에 주목받았습니다. 설립취의서는 나리타 전 위원장이 호소한 사회당의 조직적 결함인 일상적 활동의 부족이나 의원당적인 체질, 노조의존에 언급하고, 당의 체질과 발상을 바꾸지 않으면 안 된다는 것을 강조하고 있습니다. 이른바 「나리타 3원칙」과 같습

니다.

조금 전에 언급했지만, 나리타 3원칙은 내용 그대로이고 옳다고 생각해.

3원칙에서 말하는 「일상적 활동의 부족」이란 것은 어떤 의미입니까.

이것은 의원의 활동은 있으나 당으로서 대중을 조직해 나가는 활동이 없다는 것이다. 예를 들어 국회의원이나 지방의원은 각 지역에서 주민으로부터 여러 가지 요망을 들어서 그것을 정치에 반영시키는 노력을 하고 있다. 그런데 당으로서는 그러한 활동이 부족하다는 것이다.

당연한 일입니다만, 의원활동은 선거를 의식하지 않을 수가 없잖아요.

단적으로 말하자면 그렇지. 의원은 요구를 듣고 다니는 일 이외에 의회나 국정에 관한 보고회를 개최하거나 회보를 내거나 하고 있다. 그것은 시의나 현의, 국회의원의 활동인 것이고 일반 사람들은 그것을 사회당의 활동이라고는 보지 않는다. 그러므로 적극적으로 당이 중심이 되어 각종 활동을 하고, 각종의 의원이 그것에 동참하여 오도록 하지 않으면 안 된다는 것이 「일상적 활동의 부족」이라는 것이다.

즉 당은 의원의 활동에 추종하고 있을 뿐이고 당의 독자적 활동은 없었다. 본래는 당의 독자적 활동이 있고, 그 활동의 선두에 의원이 서 있으면 좋다는 것이지. 그러나 의원이 중심이고, 의원 개인의 선거에 연결되는 운동을 하고 당은 전면으로 나서지 않았다.

노동조합운동도 마찬가지로 사회당이 적극적으로 각 조합의 운동속으로 들어가서, 때로는 지도도 하는 그런 역할을 해 나가지 않으면 안 된다. 그런데 그러한 일상적인 활동이 전혀 이루어지지 않았었지. 그러한 활동을 통하여 대중이나 노조 내에 당원을 증가시키고, 당의 조직을 확대한다는 운동이 없었다.

❓ 왜 그런 다 잘 아는 일이 부족했던 것입니까.

● 하나는, 의원이나 노조나 선거가 중심이었기 때문이야. 반성을 겸해서 얘기한다면, 나 자신인들 자치로가 있었기 때문에 선거도 할 수 있었고 운동도 할 수 있었다. 자치로가 없으면 아무 것도 할 수 없었다. 그러한 구조에서 벗어날 수가 없었어. 그 위에 당 쪽에는 전종(專從)의 임원이나 직원, 당원이 부족해 제각기 임무를 가지고 있었으므로 뜻대로 활동할 수 없었지. 내가 청년부장 시절 오오이타 현본부 등 지방조직의 활동가란 대체로 파벌의 활동가였다(웃음). 모두 중앙의 파벌로 연결되어 있었다. 그러한 파벌의 속박이 당 전체의 발전을 저해했지.

❓ 확실히 「새로운 흐름 회」는 「맑스 레닌주의나 사민주의라는 노선논쟁은 이미 의미가 없다」 「논의만 하고 있지 시민운동과의 연대가 전혀 되어 있지 않다」는 등 주장을 하여 기존의 파벌을 비판하고 있었습니다.

● 그래요. 당과 시민운동의 관계는 미약했다. 역시 교조주의는 안 좋아.

❓ 그 결과 「새로운 흐름 회」는 어느 편인가 하면 우파로 보여지고 있었지요.

➕ 좌우 어느 쪽도 아니고 탄력성을 가지고 유난하게 대중운동을 해 간다는 자세였었다. 애당초 나는 우파, 좌파라는 것에 그다지 관심이 없었지. 「새로운 흐름 회」에는 아마 도이 다까코씨도 입회하고 있었다고 생각돼. 이해하기 어려울지 모르지만 어느 편인가 하면 덴씨나 나라자키씨 같은 왕성했던 사람들이 중심이 되어 깃발을 흔들고, 거기에 모두가 모였다는 느낌의 그룹이었다. 그러므로 어떤 굴대가 있었던 것은 아냐.

파별전성

❓ 사회당은 55년에 좌우 양파가 합해졌습니다만, 그 후로도 당내는 결코 같은 반석위에 올라앉은 것은 아니었습니다. 무라야마씨가 의원이 되신 무렵에도 각각의 그룹이 활발한 활동을 하고 있었습니다.

➕ 당시, 당내에는 첫째 사사키 고오조오씨 파벌의 흐름에 속하는 좌파의 사회주의연구회가 있었다. 우리들은 사연이라 부르고 있었지. 그리고 중간파라고 일컬어지던 가츠마타 세이이치씨의 정책연구회, 80년대에 들어서 우파 중심의 정권구상연구회(정구연)도 생겼다. 거기에 극좌파의 사회주의협회도 있었다. 우파라든가 좌파라든가 하는 것을 의식해서 활동했던 것이 언제쯤까지였더라. 당본부의 서기조차 저는 정구연이다 라든가, 저는 사연이다 라든가 색깔구분이 명확했었다. 그렇다고 할까, 서기 쪽이 국회의원보다도

오히려 파벌운동에 열중했던 시기도 있었다. 그 무렵 나는 그다지 당본부에 가지 않았어. 파벌활동에 열심히 발을 들려놓는 일도 하지 않았다. 오로지 중원의 사회노동위원회를 중심으로 의회활동을 하고 있었지.

❓ 사회당 국회의원은 일상적으로는 그다지 파벌활동을 하지 않았던 것입니까.

➕ 글쎄, 당의 임원 인사가 있을 때에는 열심히 움직이고 있었지. 그러나 일상적인 활동 시에는 어지간히 파벌의 중심이 되어 있는 무리들을 제외하면, 일반 국회의원이란 사람들은 그다지 파벌활동을 열심히 하고 있던 것은 아니지.

❓ 되돌아보면, 무라야마씨가 국회의원이 되신 70년대부터 80년대는 사회당 파벌의 전성시대였습니다.

➕ 음, 어떤 의미에서는 그래. 나 자신에게는 그러한 것에 대해서 약간 저항감이 있었는지도 몰라. 그렇게 말하면 좋지 않겠지만, 당의 서기국 같은 곳은 파벌로 응고해 있어서 서기가 파벌 이외의 일은 아무것도 모르는 상황이었다.

❓ 당본부의 서기는 본래 당 전체의 사무를 담당하고 있을 터인데, 자기가 속하는 당내파벌만을 위해서 활동하는 것입니까.

➕ 그래그래. 파벌에 보람을 느끼고 있는듯한 사람들뿐이었어(웃음). 나 같은 사람은 그런 것과는 무연이야. 피한 것도 아니야. 볼일이 없으니 가지 않았지. 그러나 파벌이 커다란 존재였던 것이 사회당

의 발전에 재앙이었다고 생각해. 당 대회 같은 걸 개최하면 문자 그대로 파벌간의 다툼뿐이었으니까. 그래도 내가 예산위원회의 이사를 하게 된 80년대 후반이 되면서 서기국의 공기가 많이 변해서 파벌의 색깔이 차츰 희석되어 있었다.

❓ 국회의원이 되어서 무라야마씨가 열심히 대응하신 것은 당내의 파벌활동이 아니라 사회노동위원회였던 것이지요.

🅜 나는 어떤 일이건 간에, 등을 떠밀려서 그것을 받아들여서 해 왔지만 국회의원에 당선된 때에는 처음으로 스스로 무엇을 할 것인가에 대하여 판단해서 결정했다. 시의, 현의를 거쳐 왔기 때문에 국회의원이란 건 마지막이야. 그러므로 이제부턴 스스로 무엇을 할 것인가를 생각하지 않으면 안 된다고 느꼈다. 그것은 역시 사는 것이 중요하다는 것이지. 살기 위해서는 일을 한다, 결혼하면 가정생활을 유지한다, 그리고 누구나 나이를 먹는다. 그렇다면 사회보장정책이 중요한 것이니 그것을 중심으로 한 업무를 하고 싶다. 그것은 사회노동위원회 외에는 없다고 생각해서 자신이 희망해서 사로위원회에 받아들여지게 되었다.

국회에서는 매년 어느 위원회에 속하고 싶은가의 희망을 낸다. 나는 제일 희망이 사회노동위원회, 제이 희망도 사회노동위원회로 사로위 이외로는 가지 않겠다는 의사표시를 하고 있었다. 이것은 나의 고집으로, 어떻게든 억지로 사로위에 받아들여지고 있었다. 사회당에서는 당연한 일이지만, 사로위원회의 희망자가 많았지만 요망을 받아들여 줘서 결국 10수년 동안을 했다. 나는 다른 곳으로 먼눈파는 일 없이 사로위원을 계속했고, 이사도 몇 번인가 했다.

❓ 사회노동위원회에만 전념하셨는데 1987년에 국회에서 가장 각광받는 예산위원회의 이사에 취임하셨습니다.

➕ 그건 당의 사로부 회장을 하고 있을 때였다. 사회당은 당시 예산위원회에 2명의 이사가 있었다. 우에다 데츠씨와 가와마타 겐지로씨가 하고 있었다. 그런데 어떤 이유에선지 가와마타씨가 사임하고 이사 한사람이 결원이 되었다. 국대위원장은 오오이데 다카시씨였는데, 당의 부위원장이나 국대부위원장 등과 상의해서 예산위원회 이사를 무라야마가 맡도록 하자는 것으로 된 모양이었다. 나는 「어림없는 얘기다. 이제까지 한 번도 예산위원회의 위원이 된 일이 없고, 희망한 일도 없다. 끝까지 사로에서 할 생각이니 수락할 수 없다」고 거부했다. 사로부회도 부회를 열어 무라야마를 예산위원회 이사로 보내는 것에는 반대라는 결의를 했다. 그런데 예산위원회가 임박해 왔다. 당내에서는 예산위원회 이사가 우에다씨 한사람으로서는 걱정이라는 말이 나와 있었다. 우에다씨라는 사람은 달변 만능한 사람이지만 무슨 일을 저지를지도 모르는 데가 있었거든. 예산위원회는 국회의 핵심 위원회인 만큼, 이대로는 당 전체의 문제로 되어버릴지도 모르기 때문에, 사로회부회에서도 「무라야마씨, 이렇게 되면 수락할 수밖에 없다」는 것으로 되어 맡을 수밖에 없게 되었다. 그런데 1년 후에 리크루트 사건이 발생하여 예산위원회는 엄청난 일을 겪게 되었다.

아사누마 이나지로씨, 사사키 고오조오씨 등 거물을 말하다

❓ 리크루트 사건에 대해서는 나중에 여쭙겠습니다. 그 전에, 조금 거슬러 올라가 1960~70년대의 사회당간부에 대해서는 어떤 인상을 가지고 계셨는지를 말씀해 주십시오.

❗ 당 간부로서 가장 마음속 깊이 남아 있는 것은, 위원장을 하신 아사누마 이나지로씨지. 60년에 히비야 공회당에서 우익 소년에게 자살당하셨지. 그 최후는 비통했다. 아사누마씨는 청빈을 감내하며 계속해서 아파트생활을 하셨다. 인간기관차라고 일컬어지도록 사회당의 운동에 몰두하셨다. 금전에도 오욕되지 않은 분이다. 그런 일관된 자세는 존경받을 가치가 있다. 그렇지만 그 분의 사고경향에 전면적으로 찬성하느냐 하면, 그것은 여러 가지 비판하고 싶은 것도 있었고, 나하고는 다른 점도 있다. 그러나 존경하는 정치가는? 하고 묻는다면 나는「아사누마 이나지로」라고 기재한다.

❓ 아사누마씨는 59년 중국을 방문했을 때「미 제국주의는 일중 공동의 적이다」라고 발언하여 화제가 되었습니다.

❗ 아사누마씨의 중국에서의 발언은 나도 잘 했다고 생각하고 있었던 것은 아니다. 어떻든 가난을 참고 참으면서 운동에 진력하고 있는 모습에 감명을 받는 것이다.

❓ 몇 차례가 만나신 적은 계시는 것입니까.

❗ 오오이타에 오셨을 때에 함께 연설회에 간 일이 있다. 저와 같은

대중적 인기란 건 역시 인품일 것이야. 가장 기억에 남아있는 것은 참원선거의 응원을 위하여 오오이티현의 아마가세라는 온천장에 와 주셨던 때 일이다. 호텔 로비에 뭇 사람들이 아사누마씨의 얼굴을 보고 싶다, 말씀소리가 듣고 싶다고 모여 있었다. 아사누마씨는 말문을 열자마자 「여러분들의 얼굴을 보니 이제 이야기를 할 필요도 없다는 느낌이 든다. 뚜렷하게 여러분의 이마에 후보자의 이름이 씌어 있다.」고 한다(웃음). 사람을 조롱하는 듯한 아무렇지도 않은 얘기지만, 어떤 다른 사람이 같은 얘기를 해도 아무런 반응이 없었을 것이다. 그런데 아사누마씨가 그 특유의 걸걸한 목소리로 말을 하면 「옳소 옳소」하면서 왠지 모두 화답한다(웃음). 아사누마씨에게는 그러한 뭔가 사람을 매혹시키는 힘이 몸에 스며있는 듯 느껴졌지.

❓ 조금 이전 이야기입니다만, 역시 사회당위원장을 하신 좌파의 스즈키 모사부로씨는 어떠하셨습니까.

❗ 내가 청년부에 있을 무렵, 스즈키 모사부로씨는 몇 차례가 오오이타에 왔었지. 그분도 역시 힘차게 절규하며 연설하는 사람이었다. 키가 작은 탓인지 발돋움하는 듯한 모습으로 연설하고 있던 것을 기억하고 있어. 이 길을 일관하게 걸어 온 정치가로서 나는 존경하고 신뢰하고 있었지. 역시 전쟁 중부터 계속, 그 엄격했던 상황 속에서도 주의주장을 지켜냈다는 것은 대단한 일이라고 생각해. 이렇게 자유로운 생활을 하고 있는 나 같은 사람에게는 도저히 흉내조차 낼 수 없는 일이라 생각해.

❓ 사사키 고오조오씨는 어떠하셨습니까.

➕ 나는 사사키 고오조오씨와는 거의 접점이 없었다. 사사키씨 등의 파벌인 사회주의연구회에 들어간 일이 없으니까. 그러한 섹트적인 활동에 그다지 공감하지 않았었지.

❓ 사사키씨가 섹트적으로 보였습니까.

➕ 역시 사연(社硏)을 중심으로 활동하고 있었으니까. 북국(北國)지방 사람다운 심한 도호쿠 사투리였지만 그분의 연설이나 주장에는 공감을 느끼는 점이 많았던 것으로 생각해.

❓ 사사키씨 등의 다음 시대의 중심인물이 된 가츠마따 세이이치씨나 나리타 도모미씨등은 어떠하였습니까.

➕ 나리타씨나 가츠마타씨는 어느 편인가 하면 파벌 색깔을 가진 사람이 아니었다. 우는 아니지만 그다지 좌의 색깔을 가지고 있지도 않았다. 가츠마타씨는 가타야마내각에서 경제안정본부총무장관을 지낸 와다 히로오씨의 비서를 한 사람이지. 와다씨도 가츠마타씨도 이른바 당인파는 아니다. 결국은 당의 오랜 역사 속에서 성장한 사람이 아니고 도중에 들어온 관료의 경험을 가진 사람으로 파벌을 초월한 존재로서 영입되었던 셈이다. 연설도 정책을 중심으로 이론적으로 정연한 이야기를 하고 있었다.

❓ 가츠마타씨가 위원장이었던 것은 1967년 8월에서 68년 10월까지의 1년여로 짧았지만, 후임인 나리타씨는 68년 10월에서 77년 12월까지의 9년여나 위원장을 지냈습니다.

❸ 나리타씨도 파벌활동을 열심히 하는 타입은 아니었다. 오히려 파벌을 초월하고 있었다. 당을 어떻게든 재생시키지 않으면 안 된다고 생각하여 유명한 「나리타 3원칙」을 표명하여 진력하고 있었다. 오로지 당을 위하는 마음만으로 해 온 사람이었지. 어느 편인가 하면 나리타씨는 학자 타입의 사람이었습니다.

❷ 어떻게 오랫동안 위원장을 할 수가 있었던 것입니까.

❸ 역시 정책이겠지. 항상 중립적 입장에서 파벌을 초월하지 않으면 안 된다는 마음을 가지고 있었지. 그래서 협회파도 나리타씨를 지지하지 않을 수 없었던 것이 아닐까.

❷ 단지 이용하기 쉬우니까 라는 것은 아니었습니까.

❸ 이용하기 쉽다는 면도 있었을지 모르지만, 협회파에는 이론적 지도자 중에 위원장후보에 적당한 인물이 없었기 때문에 비교적 사고경향이 가까운 나리타씨를 옹립했다는 면이 있었을지도 몰라.

❷ 나리타씨의 뒤에는 요코하마 시장을 하고 있던 아스카타 이치오씨가 위원장으로 추대되었습니다. 1977년 12월에서 83년 9월까지 위원장을 맡았습니다.

❸ 행정실적으로 평가받던 사람, 그런 사람을 위원장으로 끌어내어 당의 이미지를 바꿔서 당의 저락경향에 굄돌을 괴겠다는 기대가 있었다. 따로 위원장 적임자가 없었기 때문에 아스카타씨라는 지방자치단체의 수장으로서 이미 실적도 있고, 혁신수장회를 조직하여 주민자치를 추진하는 등 사회적으로 평가받고 있는 새로운 얼

굴을 위원장으로 데려오는 수밖에 없었다. 그것이 당을 위해서 좋은 것이 아닌가 하여 추대된 거지. 그러므로「새로운 흐름 회」도 모두 아스카타씨를 지지했다.

에다 사부로씨의 구조개혁론

❓ 위원장으로는 되지 못했습니다만 서기장을 지내고「구조개혁론」을 주장한 에다 사부로씨도 인상에 남는 분입니다. 자본주의의 점진적 개혁을 제기하는 에다씨는 서기장이던 1962년에「에다 비전」을 제기하였습니다.「미국의 평균적 생활 수준의 높이, 소련의 사회보장제도, 영국의 의회제민주주의, 일본의 평화헌법」을 일본의 미래상으로서 거론하였습니다. 이것에 대하여 사회주의협회파 등 좌파가「미국예찬」이라고 비판하는 바람에, 에다씨는 서기장을 사임하였습니다. 그 이후 77년에 탈당할 때까지 에다씨에 대한 좌파의 맹렬한 공격이 계속되었습니다.

➕ 그것은 당내항쟁이지. 나는 이 당내항쟁에 적극적으로 참가하여 깃발을 흔든 것은 아니지만, 에다씨에 대해서는 전체적으로, 이것은 개량주의라고 반대 입장이었다. 구조개혁이라는 발상은 그런대로 이해는 하고 있었지만, 개량주의로 되면 안 된다고 생각하고 있었다. 사회주의란 것은 나름대로의 골자가 있는 것인데, 에다씨의 생각은 당을 오도하는 것이 아닌가 하고 생각되었다.

그리고 사회당과 총평과의 관계를 생각하는 경우, 이제까지 일관해서 이야기하고 있듯이 사회당의 지지기반은 노동조합과 농촌이고, 그 하나의 큰 기둥인 총평으로부터 떨어져 나가는 방침은 아직은 선택할 수 없다는 생각도 있었다. 그러한 견지에서 사회당이 개량주의를 선택하는 것은 아직은 무리라고 생각하고 있었다.

❓ 개량주의는 불가하다는 이념적인 이유와 총평이 반대하니까 옳지 않다는 현실주의적인 이유가 병행하고 있었습니까.

지금 되돌아보면, 역시 노동조합문제가 최대의 이유였었지. 사회당은 어디까지나 노동자가 기반이 된 정당이다. 총평이 반대하니까 라는 것이 아니고, 총평의 지지를 받지 못하는 것은 결국은 노동조합의 지지를 상실해버리는 것으로 된다. 그런 방침은 선택해서는 안 된다는 것이 구조개혁론에 반대한 하나의 큰 이유였었지.

❓ 한편, 에다씨는 그 무렵 전 국민적으로 인기가 높았습니다.

높았었지. 「미국의 평균적 생활 수준의 높이, 소련의 철저한 사회보장제도」 등은 달콤한 얘기지만 현실적으로는 그런 일은 어려워. 좋은 점만을 거론하고 있으므로 관념적으로는 그렇게 생각할 수는 있어도, 구체적으로 실천하려고 하면 그런 것은 상정하기 어렵다. 또한 그 무렵에는 사회주의협회가 강력했다. 당 대회의 대의원 같은 것도 협회파가 많았다. 에다씨는 그런 것에 떠밀린 면도 있었지.

❓ 당시 좌우의 대립은 정말 결렬했던 것 같습니다. 국회의원이 자동적으로 당 대회의 대의원이 되는 것이 아니고, 대의원은 각 지방에서 선출하고 있었다. 그 결과 사회주의협회파의 활동가가 과반수를 점하여, 에다씨가 단상에 등단하면 회의장내에서 비아냥거림을 당하고 있었습니

다. 그런 상황에 무라야마씨는 한 걸음 거리를 두고 있었던 것입니까.

● 거리를 뒀다고나 할까, 어느 한 쪽에 발을 들여놓고 불태워주는 그런 짓은 하지 않았지. 사회당내에는 전통적으로 우의 흐름과 좌의 흐름이 계속 있었다. 그것에 의하여 사회당은 만들어져 왔다. 우의 주장에도 좌의 주장에도 좋은 점이 있는 것이니만큼, 양쪽을 잘 활용하는 것이 왜 안 되는 것인지 하고 생각하였었다.

❓ 그런 사람은 많았던 것입니까.

● 있었다고 생각되지만, 역시 뭐라고 할까 파벌이 앞서버려. 역시 조직적으로 준비해서 운동하는 쪽이 강하니까. 권력투쟁이란 것은 조직적인 집단을 만들지 않으면 힘이 되지 않아.

❓ 정권전략으로 말하면 에다씨는 「사공민(社公民)노선」을 주장하고 있었습니다. 그러나 당내의 좌파는 공산당도 포함하는 「전 야당공투」였습니다. 이러한 노선문제를 어떻게 보고 계셨습니까.

● 「사공민노선」이라고 하지만, 나는 3개 정당이 하나로 수렴되어 간다는 것은 있을 수 없다는 생각이었지. 공명당은 종교정당이어서 사회주의란 것에 반대이므로 함께는 될 수 없다. 그러나 자민당에 대항하기 위한 국회대책으로서는 야당공투는 역시 필요하고, 그러니 「사공민공투」이외에는 없다고 보고 있었다. 그래서 예산위원회의 이사를 하고 있을 때나 그 후의 국대위원장을 하고 있을 때, 사공민의 틀을 대단히 중요시하고 있었다.

❓ 무라야마씨는 전 야당공투의 입장이 아니었던 셈이네요.

⊕ 그럼. 사공민이었지. 그러므로 끊임없이 공명당과 연계하여 해 나가려고 했다. 그렇지만 3당이 짜고 자민당과 대항해도 막판에 가서 무너지는 때도 있었다. 물론 자민당도 이런 수 저런 수로 격렬하게 저항해 온다. 그러면 3당 연계를 유지하기 위해서 이쪽도 저절로 약한 주장으로 기울어 간다. 민사당이 빠지거나 공명당이 끌리거나 말이야. 그럴 때엔 사회당이 고립하는 일은 피해야 한다. 그러기 위해서는 이쪽도 약간은 타협하지 않을 수 없으니 고생해왔다. 그러면 당내에서는 「그렇게까지 타협하지 않아도 되지 않느냐」 라든가 「그렇게까지 추락하면 끝이다」는 비판이 나왔다. 아주 어려운 일이었어.

❓ 공산당하고 연계한다는 것은 안됐던 것입니까.

⊕ 공산당은 안 돼. 공산당은 우리들하고는 달라. 공산당을 넣으면 이번에는 민사당도 공명당도 빠져나간다. 그러므로 공산당은 넣을 수가 없어.

❓ 국회대책이나 대 자민전략으로서는 에다씨의 주장 쪽이 정도였다는 것이네요.

⊕ 이것은 어디까지나 국회 내에서의 다툼이야기야. 편법으로서 야당공투를 짜 나갈 수 밖에 없다. 그러므로 만일에 공명당이나 민사당이 좋다고 한다면 공산당과도 함께 짰을지도 몰라. 그러나 공산당을 넣는데 대해서는 공명당도 민사당도 반대했기 때문에 못 했지. 이것은 정당의 본연의 모습, 노선하고는 다른 이야기야.

❓ 에다씨는 1976년의 총선에서 낙선하고 77년 3월에 사회당을 탈당하였습니다. 탈당할 때의 기자회견에서 「저는 밖에서 사회당을 도울까합니다. 오늘날 맑스 레닌주의, 프로레타리아트 독재가 아니면 안 된다는 것은 시대가 다르다. 당대회에서 이건 더는 같이 해나갈 수 없다고 생각했다. 그런 여러분과 같이 해나가려면 대단한 에너지와 시간이 필요하다. 그 사이에 국민과 관계가 없는 곳에서 다투어나가지 않으면 안 된다. 그러므로 이제부터 우리들은 무당파, 시민층을 모으겠다.」고 협회파를 비판하였습니다.

❗ 당연히 무당파 층이나 시민 층을 끌어들이지 않으면 당은 확대되지 않는다. 그러나 역시 당을 떠나면 안 된다고 생각해. 일단 자기가 그 길로 들어섰으면 붙잡고서라도 당에 남아서 노력해 줬으면 했다. 에다씨의 경우는 철저히 자기주장이 거부되어, 더 이상 설 자리가 없었는지도 몰라.

그러나 선거를 한다는 것은, 국민에 대하여 자기가 속하는 정당은 이것이고, 이러한 신념으로 이러한 정책을 편다는 것을 선언하는 것이며, 유권자에게 약속하는 것이다. 도중에서 그 약속을 깨고 당을 나간다는 것에는 나는 반대다. 누구에게나 좋을 때도 있고 나쁠 때도 있지만, 나쁠 때에도 역시 버티면서 노력하는 데에 유권자의 정치가에 대한 신뢰가 있다고 생각해. 어떤 일이 있어도 당을 나간다든가 바꾼다는 것에는 나는 저항을 느낀다. 그런 사람은 보수 혁신을 불문하고 신뢰하지 않는다, 신뢰하지 못해요.

❓ 탈당 후 에다씨는 간 나오토씨 등과 함께 신당을 만들려고 하고 있던 때에 돌아가셨습니다. 전국민적으로 인기가 있던 에다씨가 탈당하는

데 대해 당내에는 위기감은 없었던 것입니까.

에다씨의 탈당은 단독으로, 에다파의 의원이 같이 나가는 당의 분열은 아니었다. 물론 저렇게 인기가 있던 에다씨가 나갔기 때문에 당에는 마이너스가 됐을지는 몰라도 그다지 큰 타격은 아니었다고 생각돼. 그러므로 그다지 위기감은 없었다. 우리들도 「저렇게까지 되면 더는 할 수 없구나」 하는 담담한 마음으로 보고 있었다.

에다씨의 탈당소동 등이 있고 나서 78년의 당대회에서 사회주의협회파는 정치활동을 정지당했습니다. 이것이 옳았던 것입니까.

그것은 더는 도리가 없었지. 지방의 활동가도 조용해졌지. 그런 것이었을 거야. 어쨌든 교조주의란 것은 외곬 신조라 부러지는 것도 빨라. 역시 버드나무에 바람은 아니지만 유난한 자세로 있는 것이 좋아. 훗날 일이지만, 1996년 사회당의 후신인 사민당이 분열했을 때, 본래 사회주의협회에 있던 무리들이 거의 모두 민주당으로 가 버렸다. 홋가이도(北海道) 같은 게 전형적인데, 협회파가 버티고 있던 곳이나 강했던 곳이 모두 민주당으로 가 버렸다. 내게 묻는다면 「뭐야 너희들은」 하는 심정이지.

사회주의협회파

❓ 무라야마씨는 에다씨에 대해서는 비판적이었습니다만 사회주의협회에 대해서도 엄격하십니다.

❖ 나는 저런 교조주의는 안 된다고 생각하고 있었다. 그러므로 협회파의 입장에 가담해본 일이 없다. 협회파는 맑스 레닌주의라든가 프로레타리아트 독재를 내걸고 있었지만, 나는 프로독재 같은 것에는 반대였다. 애당초 「독재」라는 말이 싫어. 역시 민주주의야.

❓ 맑스 레닌주의란 것은 어떻다고 생각하고 계셨습니까.

❖ 그다지 공부를 하지 않아서 진수를 알진 못해. 나는 현실의 자기 행동 속에서 여러 가지를 배워왔기 때문에, 솔직히 말해서 사회주의이론을 진지하게 체계적으로 공부해본 일은 없어요. 그런 것이 필요하다고도 그다지 느끼지 않았다. 현실의 업무 속에서, 어떻게 해 갈 것인가에 대해서만 쫓기고 있었으니까.

❓ 사회주의협회 대표로 규슈대학 교수인 사키사카 이츠로씨는 같은 규슈(九州)사람입니다.

❖ 사키사카 이츠로씨는 오오이타에 온 일도 있고, 그 학습회에도 불려간 일도 있어. 나는 그분을 학자로 생각하고 있었지만 그분의 이론에 찬동하는 데까지는 배우지도 못했다. 심취한 것은 아니다. 나는 역시 사회당 좌파의 이론적 지도자였던 야마카와 히토시씨의 [사회주의에로의 길]같은 것에는 많이 공감했다. 그의 생각은 폭력혁명의 부정이다. 아라하타 간손씨 등과 함께 행동하고 있었으

나 프로레타리아트 독재나 폭력혁명에 반대하고 있었다. 그러므로 [사회주의에로의 길]을 읽고 제일 좋다고 생각했다.

❓ 사회주의협회는 70년대에 서서히 힘을 붙여 왔습니다. 자료를 보면 5만 명의 사회당원 중 2만 명이 사회주의협회에 가입해 있던 시기도 있었습니다. 당연히 당 대회에 많은 대의원을 내보내면서 서기국에서 힘을 가지게 되는 것이군요.

⊕ 오오이타에서는 사회주의협회의 힘은 별것이 아니었으나, 후쿠오카, 사가, 미야자키 등 규슈를 중심으로 활동가가 많은 조직이었다. 그러나 이들 현에서는 반대로 국회의원은 적었다. 어쨌든 활동가가 많은 조직이었으므로 당 대회가 되면 대의원의 과반수를 차지하곤 했지. 그래서 에다씨를 비롯한 우파의 정책이나 주장을 모조리 부정하는 역할을 하고 있었다. 그 결과 에다씨는 사공민으로 달려갔지만 사사키 고오조오씨도 협회파에 대항하기 위하여 한때 에다씨와 화해한 일도 있었지. 그리하여 협회파의 운동을 견제할 필요도 있어 당내에 「새로운 흐름 회」가 생겼다. 그래서 나는 「새로운 흐름 회」에 들어갔었지.

❓ 그렇게도 많은 당원이 사회주의협회에 모인 것은 무슨 까닭입니까.

⊕ 역시 사키사카이론의 영향일 거야. 젊은 활동가를 모아서 열심히 학습회 같은 것을 하고 있었으니까.

❓ 무라야마씨는 파벌간의 대립이 과격한 당내상황을 보고 사회당의 미래에 불안감을 가지지는 않으셨습니까.

● 사회주의협회가 하고 있는 것은 어디까지나 파벌활동이고 사키사카씨가 하고 있는 것은 하나의 학설의 운동으로 당 전체의 운동이 아니다. 당은 당으로서 똑바로 존재하고 있고, 별개의 것이라고 생각하고 있었다. 나의 경우, 국회의원이 되기까지는 되도록 당 활동을 하려고 당의 임원, 시의회의원, 현의회의원이 되었다. 물론 오오이타현본부 내에도 우파와 좌파가 있었다. 우파는 앞에 얘기한 기노시타 일가가 중심이었다. 나는 오오이타에서는 좌파라고 하던 그룹에 속했었지. 그리고 1972년 중의원에 처음 당선했을 때, 당내는 정말 파벌활동이 심해서 당본부의 서기 중에는 파벌에 보람을 느끼며 파벌을 위하여 활동하고 있는 인간이 많이 있었다. 그러나 국회활동에 파벌적인 운동을 끌어 들일 수는 없는 것이거든. 국회는 어디까지나 국회라고 생각하며 하고 있었다.

❓ 당 임원이 되면 그렇게 만은 할 수 없는 거 아닙니까.

● 내가 당 임원이 된 것은 91년의 국회대책위원장이 된 때가 처음이었다. 국회대책위원장이란 것은 당대회에서 선출되는 중앙집행위원이었었지. 그때까지는 중앙집행위원이 된 일은 없어. 중의원의 예산위원회 이사가 된 때에도 당 임원은 아니었다. 그러므로 당내의 파벌다툼에 말려들지 않고 지내왔다.

지금 되돌아보면, 그런 것이 좋은 것이었는지 어떤지 생각에 잠겨버려. 좀 더 당을 위해서 역할을 하는 것이 좋았을지도 모르지만(웃음). 70년대나 80년대의 당대회란 것은 완전한 파벌대회였다. 무책임한 일인지도 모르지만, 나는 그것을 이렇게 저렇게 하려고 생각하지 않았어. 그러한 일은 내 손이 닿지 않는 곳의 이야기였다.

다만 당에 관해서는 노동조합이 확실하게 기반을 만들고 있으면 걱정 없다고 생각하고 있었다.

❓ 무라야마씨가 그 무렵에는 아직 젊고, 당선 횟수가 적었으므로 당내에서는 움직이기 어려웠던 것입니까.

❗ 그것도 있을지도 몰라. 어쨌든 나는 국회활동을 열심히 했다. 그 무렵 내가 당대회에서 어떤 발언을 하거나, 눈에 띠이게 되면 「국회에 갓 나간 치가 그런 쓸데없는 짓 하지 말아라」「더 공부해라」고 말들 했겠지. 다만 젊은 의원이 모두 그런 것은 아니고, 젊은 의원이라도 이와타리 도키오씨 같은 사람은 이런 일에 능숙했기 때문에 이것저것 하고 있었던 것 같아.

❓ 어쨌든 무라야마씨는 파벌활동이 아니고 의원활동에 전념하고 계셨습니다.

❗ 물론, 당이 어떻게 될 것인가 하는 문제에 관심을 가지는 것은 당연하므로, 당대회에는 출석하지만 운동방침이나 임원선거 등에 적극적으로 참여하여 운동한 일은 없어. 난들 한 표를 가지고 있지만 나한테는 그다지 권유하지도 않았지. 어떻든 당 활동보다 국회의원으로서의 활동에 전념하는 것을 염두에 두고 있었으므로, 그 당시는 어지간히 중요한 회의가 아니면 당본부에도 출입하지 않았다.

❓ 스즈키 모사부로씨는 사회당내의 파벌항쟁에 관해서, 1968년 잡지[주오고론]에 「파벌은 사회주의에 유해무익하다」고 서술하고 있습니다. 「여러 가지 이론을 구사하여 이론 위에 서있는 집단인체 하고 있어도 출

세주의를 노출시킨 배타주의. 그것이 본체다」라고 비판하고 있습니다.

❸ 그것은 그래. 나도 그렇게 생각해. 스즈키씨도 도전하고 있었군. 스즈키씨는 전전(戰前)부터의 정치가로 노농계였다. 그 흐름을 받은 이가 사사키 고오조오씨이고 에다 사부로씨였는데 에다씨는 도중에 헤어졌다. 그리고 위원장을 지낸 나리타 도모미씨도 같은 흐름에 가까웠다.

❷ 에다씨가 탈당까지 몰렸기 때문에 반대로 당내에서는 사회주의협회에 대한 비판이 강해졌습니다.

❸ 그래, 에다씨의 탈당에 대한 반동이 나타났다. 그리고 협회파는 영향력을 점점 상실해 갔지.

정권구상연구회

❷ 사회주의협회에 대항하는 중심이 1980년에 만들어진 [정권구상연구회]였습니다.

❸ 정구연은 협회파에 반대하는 그룹을 총결집하여 만들어졌다. 구 에다파의 의원이나「새로운 흐름 회」의 의원들이 참가했다. 나도 들어갔다. 당시는 협회파가 다수를 점하여 강했기 때문에 당대회에서 강령 등을 변경할 수도 없었고 에다씨도 추출되어버리는 꼴이 되었다. 그래서 협회파에 대항하기 위해서 결집한 거야. 그러므로 모인 사람들이 정책적으로 일치하고 있었던 것은 아니었지.

❓ 정구연은 좌파가 주장하고 있던 공산당을 포함한 「전야당공투노선」은 아니고, 에다씨와 마찬가지로 「사공민노선」을 들고 나왔습니다. 현실적인 국회운영은 90년대 초까지 「사공민노선」이 계속되었습니다만, 무라야마씨가 국대위원장이던 1992년 6월의 PKO 협력법안채택시에 끝났다고 전해지고 있습니다. 사회당은 우보전술(牛步戰術, 지연작전)로 철저히 반대하였습니다만, 공명당과 민사당은 찬성으로 돌아버렸습니다.

❸ 그 무렵의 국대위원장은 자민당이 가지야마 세이로쿠씨, 공명당은 간자키 다케노리씨, 민사당은 간다 아츠시씨였다. 틀림없이 사공민노선은 그때 처음으로 무너졌었지. 공명당과 민사당이 자민당에 붙었었지. 그래도 이것은 PKO법안에 대한 싸움에서 무너진 것뿐이지 전체적으로 무너진 것은 아니지.

「55년체제」란 것은 내가 국대위원장이 되기 전의 시기를 말하는 것이라고 생각해. 이 시기는 자민당과 사회당만으로 국회를 움직이고 있었다. 그러나 점점 공명당이나 민사당의 의석이 늘어나 강해져서 자사양당만으로 국회를 움직일 수 없게 되었다. 그뿐인가, 「자사담합이다」라고 「55년체제」에 대한 비판이 강해졌다. 그런 비판이 나왔기 때문에 내가 국대위원장이 되었다고 생각해. 당시 국대는 악의 권화(權化)처럼 말해지고 있었다. 그것을 시정하기 위하여 내가 그 자리에 가게 된 거야.

❓ 왜 무라야마씨입니까.

❸ 왜 그랬을까. 어쨌든 「55년체제」에서 국대는 자사간에 어떤 의미에서는 「홍정」을 해 왔다. 정치는 타협이 필요하지만 타협점을 찾을 때에 납득해 줄 수 있는 것을 만드는 것이 중요하다. 그런데

「55년체제」의 거래는 경위가 불명확해서, 많은 의원들이 납득할 수 있는 것이 아니었다. 그러므로 나는 노사관계도 그렇지만, 현실을 생각하고 힘 관계도 고려하면서 타협해 왔다. 그것은 거래와는 달라. 그리고 명확한 절차를 밟아서 해 왔다. 대화의 경과, 프로세스를 항상 명백히 하는 것이 중요해. 나는 당내에서 비판을 받는 일은 없었지.

❓ 정권구상연구회는 야마구치 쓰루오씨가 대표주선인이 되어 발족하였습니다. 야마구치씨의 이름이 널리 알려지게 된 최초의 사건이네요.

❗ 야마구치씨는 의원운영위원회의 이사를 오랫동안 한 사람으로, 국회대책이나 국회운영상의 결정사항 등에 대하여 아주 자상하여, 살아있는 사전 같은 분이었다. 모르는 일이 있으면 모두 야마구치씨에게 묻고 있었다. 군마현의 선거구출신으로 같은 군마에는 다나베 마코토씨도 있다. 두 사람은 전혀 타입이 다른 정치가로, 또한 같은 현출신이라는 탓도 있어서 그런지 그다지 사이가 좋지 않았던 것 같았어. 다나베씨는 전체(全遞)출신이고 야마구치씨는 일교조출신이었다. 나 자신은 야마구치씨와는 의운이나 국대 일로 접점이 없었던 것은 아니지만, 개인적으로 그다지 친해진 것은 아니다. 그다지 웨트한 타입이 아니었으므로 사생활을 포함해서 친교를 갖는 일은 없었다.

다나베씨는 사로위원회에 함께 있기도 하고 당의 사로부회장도 하고 있었으므로 내가 사로위원회에 갓 들어갔을 무렵에는 선배님 선배님하면서 신세를 졌다. 다나베씨하고는 한잔하러 간적도 몇 번인가 있지.

❓ 그런 사람교제를 하니까, 다나베씨는 자민당의 실력자였던 가네마루 신씨와 깊은 관계를 맺었던 것이네요.

❗ 그래그래. 그런 일은 야마구치씨는 할 수 없었던 것 아닐까.

포스트 협회파 시대

❓ 1980년대에 들어 협회파의 역량이 없어졌습니다만 사회당내는 변화하였습니까.

❗ 변해 왔다. 파벌항쟁이라는 것은 점점 모습이 희박해졌지. 당 대회도 파벌의 세력다툼이라는 공기가 차츰 없어지게 되었다. 격렬하게 논쟁을 하는 일도 줄어들었다. 그 반동으로서 당의 활력이 없어져간 면이 있었을지도 몰라. 적잖은 당원이 파벌에 보람을 느끼면서 노력하였던 만큼, 그것이 없어지면 전체적으로 당의 활력이 일시적으로 저하하는 일도 있었다고 생각해.

❓ 협회파의 힘이 떨어졌다고 해서 나리타 3원칙에서 지적된 바와 같은 「일상생활의 부족, 의원당적 체질, 노조의존」이라는 사회당의 결점이 극복되어가는 방향으로 변한 것은 아닌 것 같습니다만.

❗ 「나리타 3원칙」은 이치로서는 알고 있었지만 실제로 실천해 왔느냐 하면, 오늘날에 이르기까지 하고 있지 않았어. 이러한 문제를 극복한다는 것은 아주 어려워.

또한 역시 냉전이 붕괴되고 세계가 글로벌화해 가는 것에 대응하여, 일본국내에도 계급투쟁 같은 주장에 힘이 없어지게 되었다. 사회당이라든가 사회주의란 것이 점점 고립되었다. 이러한 변화는 사회당에 대하여 심각했다고 생각돼.

❓ 냉전의 붕괴에 더하여, 고도경제성장의 결과 많은 국민이 풍요롭게 되어 노동조합운동이라든가 계급투쟁이란 것을 이해하기 어렵게 되어 버렸습니다. 즉 사회당을 에워싼 외적 환경이 크게 변한 것입니다.

❸ 1989년에는 일본노동조합총평의회(총평)가 해체되고 일본노동조합총연합회(연합)가 결성되었다. 총평시대의 노동조합은 관공로(官公勞)나 공로협(公勞協)이 주도권을 잡고 쭉쭉 끌고 갔다. 그런데 연합이 되니 민간노조가 중심이 되었다. 민간노조는 기업내조합이고 노사협조노선이기 때문에 노동조합운동은 차츰 후퇴하였다. 그것과 병행해서 사회당의 존재는 점점 희박해졌다. 사회당의 장기저락경향은 멈추지 않고, 더는 안 되겠다는 상황이 되어 드디어 신당문제가 나온 거지.

❓ 즉, 사회당은 80년대에 협회파와 반협회파의 당내대립이 계속되고, 그것을 겨우 극복하여 이데오로기나 이론뿐이 아닌 현실주의적인 정당으로 변화해 왔다. 그런데 정신을 차리고 보니, 세계도 일본국내도 사회당보다 훨씬 이전에, 그리고 더욱 크게 변화해 있었다는 것이네요.

❸ 그래그래. 그래서 결국 사회당은 그러한 변화에 따라갈 수 없게 돼버린 거지.

❓ 시간이 지나서, 나중에 분석해 보니 사회당이 시대에 따라가고 있지 않았다는 것은 말할 수 있습니다. 그러나 무라야마씨를 비롯한 많은 사회

당의원은 국회의원으로서 각종 활동을 하거나 선거구에서 유권자와 만난다든가 하고 있었으니, 시대의 변화를 감지하여 무언가 해야 한다고 생각하고 있었던 것은 아닙니까.

❸ 선거를 가지고 얘기하면, 총평이 없어지고 연합으로 변해도 노동조합은 아직 건재하고, 오오이타에 대해서 얘기한다면 무라야마지지도 변하지 않으므로 그다지 걱정도 안하고 있었다. 그러나 냉전이 종식되고 소련이 해체되며, 베르린의 장벽이 무너져서 동구라파가 해방되어, 자본주의와 사회주의의 대립구조가 없어지고 자본주의가 전세계에 전파되었다. 사회주의가 전체적으로 후퇴하면, 당연히 사회주의정당인 일본사회당도 영향을 받아서 점차 고립돼 갈 것이라는 것은 알고 있었다. 그러나, 그럼 이러한 상황변화에 대하여 당이 어떻게 할 것인가라는 논의는 당내에서는 없었지.

❓ 없었던 것입니까.

❸ 그렇단 말이야. 나 자신을 반성해보면, 사회가 아무리 변화해도 자기 선거에는 그다지 영향은 없을 것으로 생각하고 있었으므로 나리타 3원칙에서 거론하고 있는 당의 개혁에 그다지 적극적으로 대처하고 있지 않았다. 당의 체제도 그렇게는 되어있지 않았다.「당개혁이 필요하다」고 적극적으로 자기가 주제넘게 깃발 흔들려는 활력이나 기운(機運)이란 게 그다지 없었지.

❓ 젊은 사람은 시대의 변하에 민감하다고 생각합니다만 어땠습니까.

❸ 아니, 당원 중에 젊은 사람이 없는 거야. 적단 말이야. 그것이 사회당의 또 하나의 결함인 게지. 그러므로 개혁에 대한 당내의 활력

이 보이지 않았지. 아마 그런 것도 우리들의 책임이지만. 우리들이 깃발 흔들면서 했어야 한 것이라고 생각해.

이런 일은 지금이니까 말할 수 있는 거야. 그 무렵 나는 어쨌든 국회황동에 매몰돼 있었다. 국회의원에게는 국회활동을 통하여 당의 지지기반, 즉 당세를 확대하는 역할이 있다는 것은 물론이고, 모두 말로는 하지만 그다지 행동으로써 적극적으로 대처한 일은 없다. 이런 일은 사회당에만 한정된 일은 아니지 않을까. 자민당인들 같지. 정권을 잡고 있었으니 냉전붕괴나 글로벌리즘의 진전 속에서 여러 가지 일을 하지 않을 수 없었다. 그러나 당의 체질은 기본적으로는 변하지 않았다. 역시 정당이 변한다는 것은 어려워요.

❓ 여러 차례 선거에 당선한 사람은 자기 지위가 안태하므로 움직이지 않는 것이군요.

❸ 그래, 선거기반이 안정돼 있는 인간은 당 개혁을 할 의욕은 나지 않아. 안좌해버려. 선거에 낙선될 듯하면 이것저것 열심히 하지만 그렇지 않으면 하지 않아. 나도 「너는 선거구가 안정돼 있으니 국회 일을 하라」고 하여 그것만 했다. 당 개혁에 관련되는 일을 하려고 하면 못하는 것도 아니었겠지만 의욕이 나지 않는 거야.

❓ 당시, 노동조합의 조직률은 급속히 떨어지고 있었습니다. 특정정당을 지지하는 사람의 비율도 하락하고 무당파 층이 증가하고 있었습니다. 그러나 사회당 뿐 아니라 자민당도 무당파 층으로 지지를 확대하는 노력을 게을리 하고 있었습니다. 결국 사회당은 노조, 자민당은 업계단체 등 건실한 지지조직에 달라붙어 있었던 셈이네요.

⊕ 지금은 그만 노동운동이 없다고 해도 무방해. 총평시대에는 평화운동이나 공해반대투쟁 등 정치적 과제에도 노동조합의 역할로서 열심히 대처하고 있었다. 지금은 완전히 없어져 버렸지. 기업내조합중심으로 기업이 우선이므로 기업의 틀을 넘는 운동, 기업의 손실이 되는 운동은 일체 하지 않는다. 내게 말하라고 한다면, 노동조합은 기업 내에 매몰해 버려 사회적 존재의의가 없어져 버렸다.

예를 들어 간(菅)내각이 법인세를 인하한다고 하니, 제일 먼저 찬성한 것이 연합이에요. 또한 1986년에 시행된 노동자파견법도 그렇고. 저 법률은 경기(景氣)의 안전판 같은 것이고, 정규직사원의 신분을 지키기 위한 안전판을 만들어 놓은 것 같은 것이다. 경기가 좋아서 노동력이 필요할 때에는 기업은 파견노동자를 고용하나 나빠지면 그만 두게 한다. 그러기 위해서 만들어진 것이니, 노사가 일체가 되어 만든 법률이라고 해도 좋다. 이런 얘기를 하니 나를 연합은 싫어하지(웃음).

어떻든 지금은 노동운동은 없는 것과 같아. 그러나 자본주의사회에 있어서의 노동운동의 역할은 역시 중요해요. 여러 민간단체 중에서 노동조합은 조직적으로 확고해서 사회적으로 커다란 발언권을 가지고 있는 최대의 조직이니까. 그런데 그 역할을 다하지 못하고 스스로를 지키는 데에 열중하고 있어.

? 노조가 정치투쟁을 할 수 있을 시대는, 노조에게도 여유가 있었던 것 아닙니까. 지금은 기업이 망하면 조합도 없어져 버립니다.

⊕ 그야 기업내조합이기 때문에 기업이 망하면 조합은 없어지지. 그러나 정치투쟁은 기업에는 직접적으로는 무관하다. 더는 노조에게

그러한 의욕이 없어져 버렸지. 그러한 일을 하려는 지도자도 없어졌다. 기업 안에 틀어 박혀 노동조건 개선만을 하면 된다는 운동으로 되었다. 결코 일본사회가 풍요로워진 것은 아니다. 생활보호 수급자 이하의 조건으로 일하고 있는 노동자가 수두룩합니다. 노동자의 생활과 권리를 지킨다는 기본적 입장을 고려해서 노력하는 노동운동이 필요합니다.

제3장

국회의 등단무대에서

예산위원회 이사와 리크루트 사건

❓ 다음은 예산위원회 이사 시절의 이야기를 여쭙겠습니다. 이사가 되신 것은 1987년 12월로 국대위원장이 되실 때까지의 3년 반 동안 일하셨습니다. 그 동안에 여러 가지 사건이 집중되었네요.

❂ 리크루트사건, 사가와큐빈사건, 그리고 천황붕어도 있었지.

❓ 당시는 다케시타 내각이었습니다. 88년 6월에 리크루트사건이 표면화했습니다. 자민당 간부를 중심으로 정계, 관계, 재계의 많은 요인이 리크루트 코스모스사의 미공개주식을 양수하여 거액의 매각이익을 얻고 있었다는 것이 사건의 내용이었습니다. 다케시타 노보루수상을 비롯하여 미야자와 기이치, 아베 신타로씨 등 자민당의 실력자가 줄줄이 엉켜 있어, 전후 정계의 최대의 스캔들이 되었습니다. 국회에서는 예산위원회 이외에 중의원에 리크루트사건 조사특별위원회가 설치되어, 무라야마씨는 이 특별위원회에서도 이사가 되셨습니다.

❂ 리크루트사건은 리크루트사가 하고 있는 취직정보지의 발행에 대하여 규제하는 직업안정법이 관련되어 있었다. 그러므로 당시 노

동성의 직업안전국장으로 후에 사무차관이 된 가토 다카시씨도 미공개주식을 받았다고 체포되었다. 노동성이라든가 직업안정법이 거론되면 국회에서는 사로위원회다. 그러므로 당내에서는 사로위원회의 멤버가 사건에 관여되어 있지 않은가 하여, 나는 상당히 조사한 일이 있다. 그랬더니 리크루트 측 사람이 인사차 찾아왔을 때에 인사치레로 과자상자를 들고 온 것을 받은 일이 있다는 이야기는 있었지만 그 이상의 문제는 없었다. 「야, 과자상자 정도면 어쩔 수 없잖아」하게 된 것을 기억하고 있지. 사로의 관계자는 아무도 문제되지 않아 다행이다, 다행이다 하고 있었다.

❓ 예산위원회에서는 어땠습니까.

❗ 리크루트사건이 점점 확대되어, 당연히 예산위원회에서 다루어 집중심의를 하기도 했다. 사회당내에서는 예산위원회 등에서 질문을 하고 싶다는 희망자가 많아서, 당내에 조사특별위원회를 만들어 여러 기지를 조사했다. 위원회의 모습이 TV에 방영되는 일도 있어서, 하여튼 질문희망자가 많았지. 나는 이사였지만 자신이 잘난 척 앞장서서 질문할 필요는 없다고 생각했다. 위원회에서 질문하고 싶다는 사람이 많았기 때문에, 그들을 위해서 조사하고 질문하는 분위기를 만드는 것도 내 일이라고 생각해 무대꾸리기에 전념하는 역할을 적극적으로 했다.

당시 예산위원회의 사회당 이사는 나와 우에다 데츠씨의 두 사람이었다. 그런데 우에다 데츠씨가 도중에 건강상태가 좋지 않다고 출석하지 않게 되었다.

❓ 위원회에 출석하지 않는 것입니까.

⊕ 무슨 일이 있었는지 잘은 몰랐어. 우에다씨로부터 간혹 전화가 걸려왔지만 「중요한 때에 몸을 상해 죄송해」하고 있었다. 나는 「그만 됐어요. 당신의 공석은 저가 열심히 하겠어요. 몸조리 잘 하십시요」라고 했다.

❓ 우에다씨에 대해서는 후에 리크루트 사건의 재판과정에서 리크루트로부터 현금을 받았다고 검사가 증언하였어요. 사회당은 독자적으로 조사를 하여 「사실무근이다」는 결론을 내리고 있습니다.

⊕ 사실관계는 나도 모르지만 그런 일도 있었기에 출석하지 않게 되었을까. 한참동안 이사는 사임하지 않았지만 도중에 다른 의원과 교대했다. 어쨌든 나는 이사로서 무대설치에 전념했다. 야당의 추궁이 효과적으로 진행될 수 있도록 무대꾸리기를 하는 것도 이사의 중요한 역할이다.

허무했던 나카소네 전 총리의 증인신문

❓ 리크루트사건에 관하여 국회에서는 리크루트회장 에조에 히로마사씨나 나카소네 전 총리 등의 증인신문까지 진행되었습니다. 야당의 요구는 격렬했어요.

⊕ 야당이 일치해서 요구했었지. 나카소네씨는 스스로 기자회견을 열어 설명을 한 것으로 생각했으나, 오히려 누더기가 나온 셈이지. 그래서 막판에 증인신문이 이루어졌지. 사회당은 「금전에 관한 문제

는 정책이전의 문제이고, 정치가의 신의를 묻고 국회의 신의를 묻는 문제이므로, 필요하면 증인신문을 해야 한다」고 주장하고 있었다. 이것을 관철하기 위해서는 사공민 3당이 연계해야만 한다. 사회당 단독으로는 요구해도 아무것도 실현되지 않는다. 그런데 사공민 3당이 결석하는 일이 있으면 간단하지 않다. 자민당인들 여러 가지로 생각한다. 그래서 증인신문등에 응해왔지. 그러므로 국회대책으로서는 사공민의 연계를 중시하지 않으면 안 되었다.

❓ 사건수사는 검찰청이 하는 것인데, 아무리「국회에서 진상규명을」이라고 해봤자 증인 신문등은 정치적인 퍼포먼스에 불과하지요. 무라야마씨는 당시 예산위원회의 이사로서 이 사건을 어떻게 하려고 생각하셨습니까.

❸ 이 사건을 정치적으로 어떻게 이용할 것인가 라든가, 어떻게 할 것인가에 대한 전망은 없었다. 물론 사건은 경찰이나 검찰이 수사를 진행하고 있었기 때문에「뭔가를 국회에서 집착하여 신문같은 것을 할 필요는 없지 않은가. 사법에 맡겨야 한다」는 의견도 있었다. 그러나 사법은 법에 저촉되는가 아닌가를 조사하여 재판하는 것이 업무. 한편 국회는 정치가의 정치적 도의적 책임을 추궁하는 것이 역할이라고 생각했다. 따라서 사건은 정책이전의 문제이고 정치에 대한 신뢰문제로, 정책을 심의하기 전에 규명할 것은 규명하자는 것이 우리들의 주장으로, 이 자세는 시종일관 변하지 않았다.

❓ 확실히 국회의원의 불상사가 있으면 정치적 책임, 도의적 책임이란 말을 자주 사용하지요.

● 국회의원은 선거에 의하여 유권자로부터 선출된 처지이다. 무슨 문제를 일으키면 그것을 유권자로부터 문의당하는 것은 당연하다고 생각해. 도의적 책임이라는 것도 마찬가지지. 국민에게서 신뢰를 산 사람에게 정책을 논의할 자격이 있는가 하는 것이다. 그러므로 정책을 논의하기 이전의 문제로서 사실을 규명하지 않으면 안 된다는 이치야.

❓ 물론 자민당은 이것저것 이유를 달아서 증인신문 따위에는 반대하지요.

● 자민당은 예산위원회 이사회의장에서 「사법이 수사하고 있으므로 거기에 맡기면 되지 않느냐. 일부러 국회가 그 때문에 예산심의를 지연시킬 필요는 없지 않느냐. 예산은 국민에게 중요하지 않느냐」고 강력하게 항변한다. 그러나 사공민 3당이 야당연합으로 버티고 있으므로 저항하지 못한다(웃음).

❓ 에조에씨를 정부세조(稅調)의 특별위원으로 선임한 문제에 대하여 대장성은 흙탕물을 뒤집어쓰기 싫어서 「에조에씨를 선임한 것은 우리들이 아니다」고 하고, 나카소네씨는 「아니, 대장성이 선임한 거다」라고 하고 있었지요. 한편 리크루트사건은 점점 확대되어 사무차관경험자도 복수로 체포되었습니다.

● 노동성의 가토 다카시 차관은 직안국장 시절에 직안법개정과 관련하여 리크루트와 관계가 있었다. 그래서 나중에 미공개주식을 받았을 거야. 가토씨는 참 좋은 사내였었는데. 미공개주식은 현금은 아니니까, 그것을 받으면 죄가 된다는 것은 어지간히 주식을 아는

사람이 아니면 모를 거야. 가토씨도 나쁜 짓을 하고 있다는 의식이 없었을 거야.

❓ 리크루트사건 때의 당내나 야당의 공기는 어땠습니까.

❗ 그야 상당히 모두 긴장하고 있었지. 도깨비 목이라도 뗄 것 같은 작정으로 하고 있었다. 매일같이 새로운 정보가 들어왔다. 당내에도 조사특별위원회를 만들었다. 거기에서 정보를 수집해서 그것을 질문에 반영시켜 간다는 것이었다. 그러므로 예산위원회 관계자뿐 아니라 특별위원회의 멤버도 질문에 나섰다. 사회당의 경우 리크루트사건 같은 큰 문제가 생긴 경우에는 언제나 당내에 조사특별위원회를 만들어 대응해 왔다.

❓ 당의 방침은 정권타도입니까.

❗ 먼저, 사건에 관한 사실관계의 철저한 규명이겠지. 그리고 역시 내각의 도의적 책임을 명백히 하는데 있었다. 그래서 위원회에서는 사건에 관계했다고 생각되는 정치가들을 철저히 추궁하는 데에 초점을 맞추고 있었다.

❓ 리크루트사건은 자민당의원이나 관료가 이권이나 금품에 더렵혀져 있음을 증명하였습니다.

❗ 자민당단독정권시대에 이러한 정치체질이 쭉 계속되어 왔던 거야. 현의원 시절에도 똑같은 일은 있었던 것 같아. 다만 그것은 국회처럼 악질은 아니고 케이스도 다르다. 선거 때에 약간 자금을 받은 것 같은 얘기로, 큰 이권이 개재돼 있다든가 하는 일은 그다지 보

지 못했어. 국회의원이 되면 그 점이 달라. 어떻든 체질적으로, 그리고 전통적으로 그런 것이 예전부터 있었던 거 아닐까. 그것은 규명할 필요가 있는 것이고, 부정을 철저히 규명해서 정치의 신뢰를 회복하는 것이 야당의 역할이라고 생각해.

❓ 이 사건은 최후에는 다케시타총리에게까지 파급되었습니다. 다케시타씨의 비서명의로 에조에회장으로부터 차금을 하고 있었습니다. 다케시타총리는 기자회견을 하여, 리크루트로부터의 자금제공총액은 1억 5천 1백만엔이라고 설명하고, 도의적 책임을 통감한다고 하였습니다. 그런데 그 후에 공표내용과는 별도로 5천만엔을 더 많이 차금한 것이 밝히지곤 하였습니다. 그 결과 89년 4월 25일의 퇴진표명으로 내몰리게 되었습니다.

➕ 다케시타정권은 정권기반이 견고하여 강한 내각이라고 하였는데 불과 1년 반으로 무너지고 말았다. 이 무렵부터 자민당이 부슬부슬해진다. 당시의 다케시타파에는 하시모토 류타로, 오부치 게이조, 가지야마 세이로쿠, 하타 쓰토무, 와타나베 고오조, 오자와 이치로, 오쿠다 다카가즈씨 등 나나부교오(七奉行, 7인의 원님)라 일컬어지는 간부가 있어서, 어쨌든 국회대책이 능숙했었지. 이 7인중에 인간적으로 가장 신뢰받던 이는 오부치씨였다는 이야기야.

❓ 1989년의 국회는 4월에 다케시타총리가 사임표명, 야당 측은 더 나아가 나카소네 전 총리의 증인신문을 요구하여 예산위원회의 심의거부. 결국 자민당은 야당을 배제한 채 중의원에서 예산을 단독 채결합니다. 야당의 태도가 완강하였기 때문에 자민당은 나카소네 전 총리의 증인

신문을 받아들여 국회가 움직이기 시작하는 경위를 거쳤습니다.

❸ 그래, 나카소네씨의 증인신문이 실현된 무렵에는 사건도 일단 고비를 넘긴 타이밍이었으므로 신문에서의 야당의 추궁에 박력은 없었지. 나는 그때 개인적으로는 「나카소네씨의 증인신문 따위는 무의미했군」하는 인상을 가지고 있었지. 특별히 새로운 사실이 나오는 것도 아니고 말이야. 그렇지만 나카소네씨의 답변은 능숙했어. 증인신문은 오히려 거꾸로 나카소네씨의 주가를 올린 것 같은 느낌이었어.

❓ 애당초 진상규명이란 것은 국회가 하는 일이 아니니까요.

❸ 그야 그렇지 머. 진상규명이라 하지만 국회라는 곳은 정치적 도의적 책임을 추궁하는 것이지 법적으로 심판하는 곳이 아니니까.

예산위원회-심의거부, 그리고 금품수수

❓ 지민당과 사회당이 중심이 되어 있던 「55년체제」시대의 예산위원회는, 매년 연중행사 처럼 여야당이 대립을 연출하고 있었던 것처럼 생각됩니다. 통상국회에 정부가 내년도 예산안을 제출한다. 1월말쯤에 중원 예산위원회가 시작된다. 여야당의 질문은 첫 한 차례만은 NHK에서 생중계됩니다. 거기에서 번번이 사회당의 서기장 등 능란한 의원이 질문에 나서서 「답변이 이상하다」「납득할 수 없다」는 등으로 심의가 스톱합니다. 수일간의 여야당협의가 있은 끝에, 어떤 합의가 이루어져서 심의가 재개된다. 그리고 위원회에서 가결된다는 패턴입니다.

⊕ 그 당시의 사회당은 예산안에 대하여, 어떤 요구를 내어서 그것을 관철하기 위해서 시간을 끌면서 예산심의를 하고, 때로는 연내성립을 어렵게 하려고 심의의 지연을 꾀하고 있었다. 역시 야당에게는 심의를 못하게 하는 것이 최대의 카드니까, 「심의거부」는 매년 있는 일이었다. 그렇게라도 하지 않으면 자민당은 야당의 주장 같은 건 듣지 않았으니까.

리크루트사건 때에는 「예산심의 전에 정치에 대한 국민의 신뢰회복이 중요하다. 그것을 해결하지 않고 예산이고 뭐고 없다」고 주장하고 있었다. 그것은 책략이야. 그 때는 사회당과 공명당, 민사당은 뭉쳐 있었다. 특히 국민이 강한 관심을 가지고 지켜보고 있던 리크루트사건 같은 문제가 있을 때에 야당은 어정쩡한 대응은 할 수 없으니까.

? 가이후 도시키 전 수상이 2010년에 출간한 [정치와 돈](新潮新書)이란 책에서, 국회에서의 야당대책에 대하여 「정계에는 "네오코시 친(잠깨우기 품삯)"이란 은어가 있다. 잔다는 것은 야당의 심의거부이다. 자고 있는 야당을 깨우기 위해서는 "네오코시 친"이란 돈이 필요하다」고 씌어 있습니다. 가이후씨 자신이 야당에게 네오코시 친을 가져다 주도록 명을 받은 적도 있다고 합니다. 그러면서 「이것은 싫증나는 일이었다. 이런 일을 하는 것이 표면화하면, 올바른 법률마저 정당성을 의심받아버리기 때문에 밝힐 수 없었다.」고 씌어 있습니다.

⊕ 에헤. "네오코시 친"이라(웃음). 가이후씨가 국회대책을 하고 있던 것은 우리들보다 훨씬 이전 시대겠지. 우리들 시대에는 그런 건 없었어. 내가 있던 무렵 사회당은 어쨌든 무슨 방법으로든 시간을

벌려고 하고 있었다. 리크루트사건 같으면 관계자에 대한 증인신문을 하라고 요구한다. 그것이 실현되면 일단 그 문제는 크리어한다. 그러므로 우리 편에 심의를 멈추게 할 자료가 있으면 철저히 저항할 수 있으나 그런 자료가 없어지면 그것으로 끝이다. 심의가 2~3일 연장되어도 결국, 최후에는 머릿수로 밀려버린다.

참 참, 하마다 고이치씨가 중원 예산위원회 위원장을 하고 있던 1988년 무렵 야당 각 당의 이사들에게 상품권을 배부한 일이 있었지. 금액은 10만엔 정도였을 거야. 우리들 사회당의원은 모두 반환했다. 한번 신문에 나왔던 거 같아.

❓ 그 하마다씨는 1991년 2월의 중원예산위원회에서 질문에 나서「사회당의 국대위원장은 자민당으로부터 1년간에 50만엔씩 20회 돈을 받았다」고 발언하여 위원회심의가 혼란에 빠지는 사건이 있었습니다. 물론 사회당은 반발합니다. 자민당의 가지야마 세이로쿠 국대위원장이 사과하여 이 발언은 의사록에서 삭제되었습니다.

❸ 내가 예산위원회의 이사 때이므로 잘 기억하고 있어.「얼토당토않다. 발언을 취소하라」고 했지. 하마다씨가 왜 저런 발언을 했던지 모르는 채이다.

❓ 위원회에서의 격렬한 여야당대결과는 별도로, 저녁에 자민당측이 야당의원을 식사에 초대하여 회유하는 일도 있었던 것 같은데요.

❸ 참, 나도 자민당이사와 식사를 함께 한 적은 있어. 그러나 그것은 서로의 대면이 목적으로, 사회당 뿐 아니라 전 이사가 모였다. 사회당만으로 자민당 이사와 식사한 그런 적은 예산위원회이사 때에

는 없었다.

❓ 돈을 받을 것인가 않을 것인가로 여야당관계는 변하게 되겠지요.

➕ 아니 아니, 그것은 관계없어. 금품이 움직였다는 이야기는 거의 들은 적이 없어. 가령 있었다 하더라도, 그야 받은 사람은 약간 마음에 걸리는 것이 있을지 모르지만 위원회의 심의에는 전혀 관계없어. 자민당인들 그런 것으로 국회를 움직일 수 있다고는 생각하고 있지 않는 것이 아닐까. 기본적으로 국회는 힘관계다. 이쪽이 우위에 서 있어 밀어붙이면 저쪽이 꺾여올 가능성이 있을 때에는 철저히 밀어붙여, 이쪽은 지렛대로도 움직이지 않는다. 그러나 이쪽이 조금 위험해지면 어디선가 타협하지 않으면 안 된다. 그런 의미에서의 거래는 늘 있었다.

심의거부는 직감이 필요하다

❓ 예산위원회에서 야당은 다음 연도의 예산을 3월 31일까지 성립시키지 못하게 버티는 것이 가장 중요한 국회대응입니다만, 가령 3월 31일에 성립되지 않는 경우에도, 4월 초 무렵에 성립하는 것이 대부분이었습니다. 불과 며칠 끄는 것에 어떤 의미가 있는 것입니까.

➕ 그야, 별 차이는 없지(웃음). 다만 사회당은 예산에 관해서 수정요구를 제출하거나 시행에 있어서의 주문을 붙이든지 하여, 그것을 실현하기 위해서 자민당을 갖은 방법으로 몰아붙이려 해왔다. 그러므로 아무런 요구도 없이 단지 성립을 지연시키는 것이라면 아

무 의미도 없지.

❓ 갖은 방법이라고 해봤자 가장 잘 사용하는 것은 심의거부였습니다. 국회심의를 멈추게 하는 데에는 좋은 방법이 있는 것입니까.

❖ 위원회심의는 질문하고 있는 사람은 멈추게 할 수 없어요. 멈추게 하는 것은 우리들 야당이사의 일이지. 수상이나 각료의 답변을 듣고 있다가 「여기다!」라고 느꼈을 때 벌떡 일어서 위원장석으로 다가간다. 그것에는 직감 같은 것이 필요해서, 이사가 정신 못 차리고 있다가 중요한 대목을 못 들으면 소용이 없어진다. 그렇다 치고도 그 무렵에는 잘도 심의가 중단되고 있었지.

❓ 무라야마씨가 예산위원회 이사이시던 때는 리크루트사건이 있어서 예산심의가 대혼란이었습니다.

❖ 그래그래, 앞에서도 얘기한 리크루트사건으로 말하면 1989년의 예산위원회, 나와 함께 예산위원회이사를 하고 있던 아키타의 선거구 선출이던 사토 게이지씨가 갑자기 나카소네내각시대의 정부세제조사회의 특별위원으로 리크루트회장인 에조에 히로시씨가 임명된 경위를 추궁했다. 어떠한 경위로 에조에씨가 임명되었느냐고 물었지만, 당시의 다케시타총리도 대장성주세국장인 오자키 마모루씨도 확실하게 답변하지 않는다. 그래서 위원회가 시작된지 불과 5분도 채 안 되어서 내가 일어나 심의를 중지시킨 일이 있다. 이때에는 그대로 1주일쯤 중지되었던가(웃음).

어떻든 예산위원회의 심의를 중지시킨다는 것은 이사의 재량이었다. 그게, 그렇게는 말하지만 위원회질의를 시종 진지하게 듣고 있었던 것은 아니지만, 그때 사토씨의 질문은 사토씨가 예산위원회이사가 된 후 최초의 질문이기도 했기에 집중해서 듣고 있었지.

❓ 질문자하고 미리 「저쯤에서 중지시키자」와 같은 시나리오를 만드는 일은 없는가요.

➕ 그런 일은 있었지. 미리 타합해서 「여기서 중지시키자. 그러니까 그런 줄 알고 엄중하게 질문하라」고 하는 타합을 한 일은 있어. 그러나 사토씨 때에는 그런 일은 하지 않았었다. 그러므로 중지시키느냐 어떠냐는 이사에 달려 있어요. 질문자가 거기까지 생각하고 있지 않는 때도 있다. 그러나 답변을 듣고 있던 이사가 질문자에게 「잠시 질문 스톱」하고 우선 질문을 정지시킨다. 그리고 위원장 석으로 가서 「이런 답변으론 질의를 계속할 수 없다」고 하는 거지. 이것은 오로지 야당 이사의 재량이니까. 리크루트사건 때에는 질문하고 싶은 사람이 많았기 때문에 나는 심의상황을 보면서 중지시키는 임무. 그런 자리에 있는 사람이 질문을 하면 심의 스톱을 할 수 없게 되거든.

❓ 그렇게 되면 자민당 측은 어떻게 하는 것입니까.

➕ 「다시 한 번 바르게 답변시킬 터이니, 질문을 계속해 달라」고 하지. 그래서 재답변으로 끝나는 경우도 있고, 전혀 안 되는 경우도 있다. 그때는 뒤의 경우였으므로 갑자기 예산심의가 1주일쯤 멈췄지. 위원회가 멈추면 이사회에서 여야당의원이 협의하게 된다. 그러나 제대로 된 답변이 없는 것이기 때문에 어떻게 할 수가 없지. 어차피, 예산위원회에서 논의하는 것이 언제나 세상천지를 어떻게

한다는 큰 문제들만은 아니지. 그래도 정치의 본연의 자세를 규명 한다든가 행정의 자세를 추궁한다든가 여러 목적이 있다. 그것이 예산위원회의 임무라고 생각해.

❓ 예산위원회가 정지했을 때, 사회당의 위원장이나 서기장 등 집행부와의 관계, 혹은 국회 대책위원회와의 관계는 어떻게 하는 것입니까. 어디까지 할 것인가 하는 것은 그때그때 의논하는 것입니까.

❸ 사회당의 경우에는 매일 아침 8시나 8시 반부터 각각의 상임위원회 이사가 참가하는 국대위원회를 열고 있다. 특히 예산위원회는 중요하기 때문에 그때마다 「어떠했다」고 위원회 질의 등의 내용을 보고한다. 그리고 금후의 전망에 대해서도 이러이러한 것이 의제로 된다는 등을 설명한다. 출석자로부터 질문이 있으면 답변하고, 대충 모두가 납득한 상태로 끝난다. 다른 상임이사회의 이사도 일정이나 의제에 대해서 보고한다. 그런 일을 매일아침 하고 있었다.

❓ 위원회대응은 국회대책위원장의 지시등을 받아서 행한다는 것입니까.

❸ 아니, 일일이 국대에 보고해서 양해를 얻어서 대응한다는 그런 일은 없어. 대체로 정부나 자민당의 태도도 모르는 것이므로 그 점은 이사에게 맡겨지지 않으면 안 돼.

내가 중시한 것은 사공민이다. 이사회에서 공명당이나 민사당이 자민당에 붙어버려 사회당이 고립하는 일이 생기면 곤란하므로 공명당과 민사당의 감촉을 끊임없이 주시해서, 대략의 결착점은 이쯤이군 하고 확인하면서 대처하고 있었다. 결착점의 겨냥은 할 수 있지만 참으로 거기서 타협해도 좋은지 어쩐지는 어려웠다. 결국은 자기 판단으로 할 수 밖에 없으니까. 그렇지만, 나는 자기 판단에 관해서 국대에서 「그런 대응으로는 안 된다」는 등의 이론이 제기되어 승인되지 않는 일이 생기면 이사를 사임시켜 달라고 할 각오였다. 이사회에서 한번 약속한 일은 절대로 지키지 않으면 안 된다고 생각하고 있었으니까.

❓ 예산위원회의 선임이사는 강한 권한을 가지고 있었군요.

❸ 그야 그렇지. 때로는 나 혼자서 결론을 내릴 수는 없는 것이어서, 당으로 가져와서 검토하는 일도 있다. 그러나 모든 것을 일일이 국대로 가져와서 지시를 구하는 일은 하지 않아.

❓ 공명당이나 민사당의 이사와는 어떤 접촉방법을 하였습니까.

❸ 그야 사회당단독의 명분만으론 통하지 않으므로 빈번히 양당의 사무실을 찾거나 전화를 하고 있었다.

❓ 자민당의 이사와는 그런 일은 할 수 없는 것이지요.

❸ 저쪽 의향을 듣기 위해서 전화를 하는 일은 있지. 공명, 민사당과 이야기할 때에 정보를 가지고 있지 않으면 안 되니까.

❓ 예산위원회의 이사를 하신 것은 3년 반쯤입니다만, 좋은 경험이 되셨습니까.

❸ 그야 그렇지. 나는 사회노동위원회가 길었으니까. 예산위원회는 역시 무대가 넓어요.

「태산이 움직였다」

❓ 리크루트사건에서는 반석 같던 「사공민노선」입니다만, 1989년의 참의선에서 사회당이 압승할 무렵부터 이상하게 되어 왔네요.

❸ 그 참의선은 사회당이 독차지했지.

❓ 당선자수는 선거구, 비례구를 합하여 자민당 36에 대하여 사회당 46, 그에 더하여 「사민세력의 결집」을 호소한 「연합의회」가 11, 그리고 공명당 10, 민사당 3이었습니다.

❸ 참의원선거의 결과를 보면, 리크루트사건 등에서 자민당정권을 추궁해 온 것은 사회당의 표수를 늘린 것뿐이었다는 인상이 공명·민사에 있었다. 즉 「사공민노선」은 사회당이 덕을 볼뿐이라는 판단이 조금 있었다. 그러므로 그 후의 사공민 3당의 관계는 좀처럼 타협되지 않게 되었지.

❓ 참원선 때, 수상은 이미 우노 무네스케씨로 교체되어 있었습니다만, 소비세도입, 리크루트사건에 더하여 갓 수상에 취임한 우노씨의 여성스캔들까지 더하여 지민당은 완전히 무너졌습니다. 자민당은 강하다고 하고 있던 일인선거구에서 3승 26패였습니다. 일인구에서 자민당이 3개밖에 이기지 못한다는 건 믿기지 않는 사건이었네요.

❸ 정말, 그 때의 선거는 굉장했지. 어쨌든 사회당위원장인 도이 다카고씨의 인기는 굉장했다. 도이씨가 오오이타시 제일의 번화가로 응원연설을 왔을 때는 동원 같은 것은 하지도 않았는데 엄청난 사람이 모였다. 그 집회에서 처음에 내가 5분인가 10분쯤 선전카 위에

서 인사를 하고, 도이씨에게 배턴터치하는 수순이었다. 그래서 내가 선전카 위에서 마이크를 잡았지만, 모두들 내 이야기 같은 건 듣지도 않아. 어쨌든 도이씨의 얼굴을 보고 싶다, 연설을 듣고 싶다고 와 있는 것이다. 그래서 내가 이야기한들 의미가 없다고 생각해서「여러분 무더위 속에 이렇게 많은 분들이 모이셔서 감사합니다. 여러분은 오로지 도이씨의 얼굴을 보고 싶고, 도이씨의 목소리를 듣고 싶어서 오신 것이지요. 나는 이 지역사람이니 언제나 이야기할 수 있습니다. 지금 바로 도이씨에게 배턴터치하겠습니다」하고 바로 넘겼지(웃음). 나중에 관계자에게서「오늘 인사말씀은 좋았습니다」하고 칭찬받았다(웃음). 번화가에 이어서 도이씨가 오오이타 현청으로 가니 현청 베란다로 직원들이 쏟아져 나와 성원을 보냈다. 그 때에는 일본 전체가 그러한 분위기였다. 이런 일은 좀처럼 있는 일이 아니지.

❓ 현청직원들이 나오는 것입니까.

❷ 그렇지. 그러니 그건 단지 사회당이 어쩌고 저쩌고가 아니었지. 도이씨가 국민적인 인기를 얻고 있었지.

❓ 도이씨는 어떤 분이십니까.

❷ 도이씨와 만난 것은 국회의원이 되어서였다. 그러나 개인적으로는 그다지 친해진 일은 없었다. 이시바시 마사츠구씨가 사회당위원장인 때에 도이씨는 부위원장이었다. 86년 총선거에서 사회당이 패배한 책임을 지고 이시바시씨가 사임하자 도이씨가 후계자로 위원장에 취임하였다. 그리고 소비세도입반대나 리크루트사건도 있어

서 도이 붐이 일어났다.

❓ 왜 붐이 일어났을까요.

➕ 역시 소비세에 반대했다는 것이 클 거야. 그리고 「할 필요 없다」와 같은 확실한 말일 거야. 그것이 퍼져나갔지. 많이 선전되었지. 그래그래, 미키 다케오 전 수상이 서거하셨을 때 중의원 본회의의 추도연설은 기억에 남아있다. 미키씨의 경력이나 사상 등을 상세히 소개하고 나서 「일본의 정치가 오욕되고, 세계평화가 핵의 공포에 지속적으로 노출되어 있는데 대하여 항상 일어나서 격한 분노를 불태우고 계셨다」는 등을 얘기했다. 그건 정말 귀담아 듣게 했지.

❓ 도이씨의 매력은 무엇입니까.

➕ 지금의 사민당도 후쿠시마 미즈호씨로 여성이지만, 도이씨하고는 타입이 달라요. 도이씨에게는 어쨌든 카리스마가 있었다. 그리고 말을 잘해요. 무슨 말을 하지 않으면 안 될 것이다 라든가 무엇을 말해야 할 것인가를 미리 깔끔히 챙겨 정리해서 원고를 준비하고 있었다. 연설을 소홀히 하지 않는 사람으로 아주 탁월하구나 하고 감동하였다. 그런 점에서는 아주 꼼꼼한 사람이다.

❓ 위원장으로서 당의 운영은 어떠하였습니까.

➕ 도이씨가 위원장이던 때에는 야마구치 쓰루오씨가 서기장이었다. 예를 들어 상임간사회라든가 중앙집행위원회에서는 도이씨가 인사하고 나면 다음은 야마구치씨가 처리하고 있었다. 그러므로 위원장이 이러쿵저러쿵하는 일은 없다. 도이씨가 위원장이던 때는

과거처럼 당내가 소요스러운 문제는 없었다. 그뿐인가, 세상의 분위기는 사회당에게 순풍이 불어 밀고 미는 무드였으므로, 위원장의 리더십이 이러쿵저러쿵하는 일도 없었다.

❓ 89년의 참원선의 결과 자민당은 참의원에서 과반수를 잃어버리고 이른바 「뒤틀림 국회」로 되어버렸습니다.

음. 바로 「태산이 움직였다.」.

항만전쟁과 자위대파견문제

❓ 그리하여 다음 해인 1990년 8월에 이라크가 쿠웨이트를 침공하는 「항만위기」가 발생하고 91년 1월에는 그것이 「항만전쟁」으로 발전하였습니다. 무라야마씨는 이 무렵 계속 예산위원회의 이사였습니다.

사회당은 어쨌든 군사행동에는 반대였다. 90년 가을 가이후내각은 항만전쟁에 대비하여 자위대를 해외로 파견하기 위한 국제연합평화협력법안을 국회에 제출하였다. 그러나 항만전쟁에 자위대를 파견하는데 대하여 사회당은 절대 반대였다. 민생부문에 협력하는 것은 좋으나, 군사활동에 참가하는 것은 절대로 반대다. 이 일에 대해서 사회당내에서 찬성이냐 반대냐 하는 논의는 없었다. 그런 것은 논의할 것도 없이, 그야 당연히 반대이니까.

❓ 당시의 사회당이 자위대의 해외파견에 반대하는 것은 아마 당연하겠지요. 그러나 국제연합을 위시한 국제사회의 항만위기에의 대응에 대하

여 당내에서는 어떤 논의가 있었던 것입니까.

⊕ 국련의 안전보장이사회가 각국에 협력을 요구하거나 군대의 파견을 요구하는 결의를 하였다. 그러나 국련에서 무슨 결의를 하던 일본에는 평화헌법이 있으니까 자위대파견은 할 수 없다. 사회당은 그러한 입장에 서서 반대했다. 그리고 일본정부는 헌법의 범위내에서 할 수 있는 일을 하면 되지 않느냐고 주장했다.

? 90년은 냉전종결 직후였습니다. 사회당은 사회주의, 혹은 사회민주주의를 게시하고 있는 정당입니다. 그런데 목전에서 베르린의 장벽이 무너지고 소련이나 동구의 공산주의 정권이 차례로 사라져갔습니다. 이러한 세계의 현실을, 당시의 사회당사람들은 어떻게 대응하고 있었습니까.

⊕ 그러한 세계전체의 격동에 대해서 사회당은 그다지 민감하게 반응하지 못했다. 그것이 사회당저락의 원인의 하나일거야. 냉전구조가 끝나고 세계정세는 크게 변했다. 어떤 의미에서는 미국의 일국지배라는 형태로 된 것이다. 사회당은 냉전시대에는 사회주의에 의거하고 있었다. 그 사회주의가 붕괴해 버린 것이니 「사회당은 이래도 되는 것이냐」 「이제 어떻게 할 것인가」에 대한 논의는 했어야 했어. 그러나 그러한 논의는 없었어.

나 자신도 당시는 예산위원회의 이사다. 예산위원회의 이사란 것은 예산위원회의 일을 하는 것이니, 당 전체의 일에는 그다지 관여하지 않는다. 지금 되돌아보면 국회의원으로서 사회당이 당면하고 있는 일에 대하여 조금 더 민감하게 반응하여 논의를 했어야 했다고 생각해.

❓ 사회당의 지방조직은 어떠하였습니까.

❗ 그야 지방조직도 마찬가지지. 지방도 중앙도 마찬가지로 당전체가 문제의식이 희박했지. 그러므로 당시의 사회당은 당 대회에서도 국제사회의 변동에 대한 철저한 분석이나 당으로서의 방침 등 장래의 처신 등에 대한 논의는 별로 없었던 것으로 생각돼.

❓ 사회당에 있어서 국련은 국제사회의 평화를 실현시켜 주는 조직이라는 존재였다고 생각합니다. 그 국련이 군사행동을 용인한 것이니 당내에서는 곤란했던 것 아닙니까.

❗ 아니, 그런 일은 없었지. 여하튼간에 국련의 결정에 대해서는 「일본정부는 헌법에 입각하여 협력할 수 있는 분야만 협력하면 된다. 그것을 뛰어넘어서 군사행동에까지 참가하는 것은 반대다」라는 논의뿐이었지.

나는 총리가 되었을 때 일미안보나 자위대에 관한 사회당의 정책을 변경시켰다. 예산위원회 등에서 왜 일미안보조약을 인정하는가, 왜 자위대를 인정하는가 하는 논의를 할 때에 「냉전이 붕괴하는 등 국제정세가 크게 변했다. 글로벌화한 국제사회 속에서 일본도 협력할 것을 요구당하고 있다」고 답변했다. 그러나 그것은 항만전쟁 이후가 되어서의 이야기야.

❓ 당내논의가 현실을 고려하지 않은채 원리원칙에 머물러있었다. 그렇게 되면 구체적인 정책논의는 할 수 없네요. 그래서 공명당과 민사당이 차츰 사회당에서 떨어져 가고, 국련평화유지활동(PKO)협력법을 둘러싸고 「사공민노선」이 무너져 갔던 것이네요.

❸ 아마 자위대가 현지에 생활물자를 보낸다는 것쯤은 있어도 괜찮지 않느냐고 생각하고 있었다. 사공민노선에 대해서는, 사회당이 어디까지나 자기 입장에서 가능한 한 저항한다는 이야기고, 그렇다면 공명당과 민사당은 함께하는 것이 무리하다는 이야기가 되지. 그렇다고 공민과 싸움하는 것은 아니니까.

❷ 모처럼 리크루트사건의 대응에서 결속하여 다케시타내각을 퇴진시킨 3당이었습니다만, 냉전붕괴와 항만전쟁으로 무너져 버렸네요.

❸ 그것은 어쩔 수 없는 이야기야. 다국적군에 의한 군사력행사를 인정한 국련의 방침을 받아서 일본정부도 협력하여야 한다는 의견이 나왔다. 공명당과 민사당은 그것에 찬성하였다. 사회당은 아무리「사공민노선」이 중요하다고 해도 이것은 양보할 수는 없었다. 역시 넘을 수 없는 일선(一線)이란 것은 있는 것이니까. 나는 이때 국대위원장이었으나 이러한 대응은 부득이하다고 납득하고 있다.

❷ 사공민의 관계를 유지하기 위하여 사회당은 여러 가지로 양보하였다고 말씀하셨는데 자위대가 관련되는 문제는 안 되는 것이네요.

❸ 헌법에 반하는 것은 안 돼. 사회당내에도 더러는 다른 생각을 가지고 있던 사람도 있었을지 모르지만 대세는 반대였다. 그것은 역시 호헌정당으로서 이 일선은 양보할 수 없는 것은 당연하지.

방조단 실현을 위한 국회질문

❓ 사회당에서는 1991년 7월에 위원장선거가 시행되어 다나베 마코토씨가 우에다 데츠씨를 제치고 당선하였습니다. 도이위원장이 4월의 통일지방선거에서의 패배의 책임을 지고 사임함에 따른 위원장선거였습니다.

❂ 위원장선거는 전당원의 투표인데, 다나베씨는 4만6천 표를 얻어 우에다씨보다 1만 표 이상의 차로 승리했다.

❓ 예상이상의 접전이라고 평가되고 있습니다. 그 이유는 다나베씨가 선거 이전에 제안한 당개혁안이었다고 얘기되고 있습니다. 일미안보조약이나 자위대에 관하여 그 존재를 직시하는 등 현실노선을 제시하고 있었습니다.

❂ 위원장선거후의 당 대회에서 다나베씨가 제안한 개혁안은 「현재의 자위대의 실태는 위헌」이라는 표현의 「현재의」가 삭제되어 핵심부분이 사라지기도 했다. 나는 그러한 논의에는 관여하지 않았다. 그렇다고 해서 자위대를 인정하는 데에 찬성했던 것은 아니다. 그렇게는 생각하지 않았지만 적극적으로 반대하지도 않았다.

❓ 당개혁안 중의 「자위대의 실태는 위헌이라는 인식에 입각하여, 세계의 군축조류에 대응하여 방위계획을 개선하고, 방위비의 증대를 억제하고 계획적으로 삭감하여 간다」는 부분이네요. 다나베씨는 냉전종결이나 항만전쟁을 고려하여, 사회당도 노선을 약간 수정하지 않으면 안 된다고 생각해서 이런 개혁안을 만든 것입니까.

❂ 그렇지 않을까. 그리고 역시 통일지방선거에서 패배하였으므로 그

것에 대한 반성도 있었던 것으로 생각해.

❓ 무라야마씨는 다나베씨를 어떻게 보고 계셨습니까.

❗ 다나베씨는 말이야, 중원의 사회노동위원회가 길었기 때문에 나에게 가르침을 주고 하던 대선배야. 간곡하고 친절하게 여러 가지를 가르쳐 주는 사람이야. 국회대책위원장도 하고 있어, 자민당의 가네마루 신 의원과도 친했다. 한때 가네마루씨와 다나베씨가 신당을 만드는 구상 같은 것도 풍문에 오른 적이 있지.

❓ 다나베씨는 부위원장시절인 1990년 9월에 가네마루씨 등과 북조선을 방문하였습니다.

❗ 이 방조에 관해서는 재미있는 이야기가 있지. 다나베씨가 가네마루씨와 북조선에 가기 전인 89년 3월 30일, 나는 중원 예산위원회에서 다케시타 노보루 총리에게, 일조관계의 관계개선에 관하여 정부의 자세에 대하여 질문한 일이 있다. 이때의 답변에서 다케시타총리는 일본정부로서 처음으로 북조선의 국명을「조선민주주의인민공화국」이라고 정식으로 발언하였지. 나의 질문은 총리에게 정식명칭을 말하게 하려는 것이었지. 이 답변을 받아서 북조선은 가네마루씨 등의 방조단을 받아들이는 결정을 했지.

❓ 다케시타총리의 이 답변이 있은 같은 날, 다나베씨를 단장으로 하는 사회당 방조단이 평양으로 향해 출발하고, 조선노동당서기와 회담을 하고 있습니다. 다니베씨는 가네마루씨의 서한을 가지고 갔다고도 전해지고 있습니다. 가네마루 방조실현을 위한 복선이 여러 기지 있었던 것

이네요.

그래, 잘 알고 있지. 그 때는 야마하나 사다오 서기장으로부터 「다나베씨 등이 방조하는 데 있어 정부의 답변이 필요하므로 질문해 달라」고 들었다. 서기장이나 국대위원장 등과 미리 질문의 내용을 상의하여 정해서 원고에 써서, 위원회에서는 원고를 읽었다. 다케시타 총리측도 외무성 등이 들어와서 답변을 준비했겠지. 사회당의 누군가가 자민당과 연락을 하여, 방조단을 실현하기 위한 전제조건을 조정하는 것으로, 이 질의의 장면이 만들어진 것이다. 나도 방조에는 찬성이므로 질문해 달라는 요청을 받아들였다. 물론 북조선측이 무엇을 요구해 오고 있는가 같은 상세한 설명은 없었다. 그러나 이제까지 일본정부가 북조선에 대해서 적대정책을 하고 있었으므로, 그것을 전환하여 대화의 자세를 보이는 것이 필요하고, 그것을 위하여 어떤 답변이 필요한지는 나도 알 수 있어.

나는 「일본정부는 오늘날까지의 대조선정책을 근본적으로 시정하고, 개선을 위한 기본자세를 명시하여야 한다」고 물었다. 다케시타 총리는 「조선민주주의인민공화국과의 사이에 있어서도, 조선반도를 에워싼 새로운 정세를 배려하면서 관계개선을 진행하겠다.」고 답변하였다. 북조선에 대해서는 이것으로 충분했을 것이다. 나는 이 답변은 가네마루 방조단 실현을 위한 것이었다고 생각하고 있다.

예상을 뒤집고 국대위원장으로

❓ 가네마루씨등의 방조 1년 반전이네요. 배후사정을 살핀 다음에 이야기를 들은즉 실로 철저히 계산된 흥정이었어요. 외교의 오묘함을 엿볼 수 있습니다. 그런데 다나베씨는 가네마루씨와 왜 그렇게도 사이좋게 된 것입니까.

❸ 그건 잘 모르겠지만 오로지 사적인 관계라고 생각해. 인간교제관계가 좋아서 선배 후배관계를 소중히 하는 사람이니까.

❓ 다나베씨가 위원장에 당선한 직후의 당대회에서 무라야마씨는 국대위원장에 선출되었습니다. 사전 보도에서는 「다나베씨는 국대위원장에 시미즈 이사무 국대위원장대리를 기용한다」는 기사가 일제히 게재되어 있었습니다. 그런데 뚜껑을 열어보니 당선한 것은 무라야마씨였다. 무슨 일이 있었던 것입니까.

❸ 시미즈씨 기용이라는 것을 다나베씨가 기자에게 이야기했는지 어떤지는 몰라. 실은 국대위원장선거를 내일로 앞둔 날 당내에서 나를 국대위원장으로 하자는 서명활동이 시작되었지. 나는 「곤란하다, 입후보할 의사는 없다」고 거절했지만, 운동하고 있던 사람들은 「당신 의사와 관계없이, 우리는 멋대로 밀고 있는 것이다」고 한다. 그래서 나는 정권구상연구회의 임원이 자리 잡고 있는 방으로 가서 「나를 국대위원장으로 하려는 서명활동이 시작되고 있다. 다나베씨는 우에다씨와 격렬한 선거를 거쳐서 갓 위원장에 당선한 참이다. 다나베씨에게는 모처럼의 출범이니 인사문제로 당내가 너무 갈등하는 것은 좋지 않다고 생각해. 그러므로 서명활동 같은 것

은 멈춰 달라. 나는 국대위원장 선거에는 나설 의사는 없다고 거절했으나 서명활동은 계속되고 있다. 어떻게 해야 할지 여러분의 생각을 들려 달라」고 말했다. 그랬더니 그 자리에 있던 사람들이 「그렇다면 다나베씨를 만나서 이야기를 하고 오라」고 한다. 그래서 다나베씨한테로 가서 이야기를 했다. 「나를 국대위원장으로 떠밀어올리려는 움직임이 있는데, 당신이 곤란하니까 그만두라고 하신다면 입후보는 안하겠습니다. 나는 신집행부가 원활하게 해나가는 편이 좋다고 생각하고 있다. 당신의 의견을 들려 달라」고 하니 다나베씨는 「내일 일이라 아직 시간이 있으니 좀 더 상황을 지켜보는 것이 어때」라는 이야기였다. 나는 「그러면 무슨 일이 있으면 연락을 주세요」하고 헤어졌다.

나는 「어떻게 할까」하고 혼미스러웠다. 한데 저녁 10시 반인가 11시쯤, 정구연의 간부에게서 전화가 걸려왔다. 「너가 말하는대로 인사로 혼란해지는 것은 좋지 않으므로 입후보를 그만둬라」고 하는 거다. 「아까 갔을 때에 말했으면 좋았을 걸 왜 이렇게 늦게사 얘기하는 건가. 이런 야밤중에 얘기한들 아무에게도 의논할 수 없어」하고 상당한 불만을 말했다. 그랬더니 그 간부는 「다나베위원장도 같은 의향이다」라고 한다. 이상한 이야기라고 생각돼서 「다나베씨한테서는 아무 전화도 없어요. 모처럼의 이야기이니 나 나름대로 판단하게 해 주세요」하고 전화를 끊었다.

그리고 다음날 아침 신문을 보니 국대위원장은 「시미즈씨로 결정」이라 나와 있다. 그것을 보고 「나의 의사를 너무나도 무시했다. 이렇게 되면 오기로라도 입후보해 보여야지」하는 마음이 생겼다. 양원의원총회에 나가니 시미즈씨와 나의 양쪽 추천이 나왔다.

드디어 투표하는 때가 되었는데 참원의원인 오이카와 가즈오씨가 의사진행에 대한 동의를 내어「입후보자가 어떤 생각을 가지고 있는가 묻지도 않고 선거라는 것은 이상하다. 후보자의 의견을 들어야 한다」고 제안하였지. 오이카와씨의 당내에서의 처지를 생각하면 그가 동의를 제기한 것은 내가「입후보의사가 없다」고 할 것이라는 생각으로 한 것임을 바로 알아챘다.

그러나 그 때는 이미 나는 국대위원장을 해야겠다는 마음이 굳어 있었다. 시미즈씨는 당선될 것이라는 생각이었으므로 자신 있는 인사를 하고 있었다. 나는「뜻하지도 않게 이렇게 되어서 당혹하고 있고 여러분에게 폐를 끼친다. 그러나 모처럼이니까 당선하면 여러분의 뜻을 새겨 봉사하겠습니다」하고 이야기했다(웃음). 간단한 인사다. 그리고 투표를 하여 132대 56표로 내가 이겼다. 당시 국대위원장은「악의 권화」처럼 이야기되고 있었다. 불투명한 일이 많아서 여러 가지 풍문이 돌고 있었다. 그래서「같은 사람이 같은 자리에 장기간 있는 것은 좋지 않다」「교체하여야 한다」「국대를 개혁하여야 한다」는 목소리가 당내에서 나오고 있었다. 나는 그런 분위기에 밀려 추대되어 당선한 셈이지.

❓ 숫자를 보면 압승이네요. 당내에서 그 때까지의 국대에 대한 나쁜 인상이 강했다는 것이네요.

➕ 그래, 국대는 자민당과 야합하여 흥정하고 있다고 하고, 그런 것에 대한 비판이 대단히 강하게 제기되고 있었다. 국대를 바꾸자는 무드였었지. 그래서 나는 그러한 포스트는 3년 이상 하지 않는 것이 좋다고 주장하고 있었다.

❓ 리크루트사건에서 나카소네 전 총리의 증인신문 등을 실현하고 했는데 야합하는 일입니까. 역시 하마다 고이치씨의 폭로질문 등이 영향을 끼치고 있는 것입니까.

❗ 간혹 매스컴에도 국대비판의 기사가 나와 있었다. 역시 국대위원장 뿐 아니라, 여야당관계를 담당하는 의원운영위원회의 이사나 예산위원회의 이사 같은 포스트는 너무 길게 하지 않는 편이 좋아. 아무래도 자민당측과 인간관계가 만들어지므로 적당한 시기에 교대하는 것이 좋아.

❓ 무라야마씨도 예산위원회의 이사를 해서 여러 가지를 알고 계셨네요.

❗ 아니, 알고 있었다 할까, 역시 의운이나 예산위원회가 하는 방법을 보고 있으면 정치란 것은 타협이 필요하므로 그러기 위한 자민당과의 격렬한 교섭들도 있었다. 나는 그런 일은 있어야 한다고 생각하지만, 당내에서는 많은 의원이 너무 도를 넘는다는 불신감을 가지고 있었던 것 아닐까. 그러므로 차제에 교체하여야 한다는 분위기가 강해져서 내가 떠맡게 된 셈이다.

❓ 예산위원회 이사인 무라야마씨는 종전대로의 방법으로 하지 않는다는 평가를 받은 셈이네요.

❗ 그것도 있겠지. 약 3년 반, 예산위원회 이사를 진지하게 해왔다. 지나칠 정도로 했다. 이미 이야기한 것처럼, 위원회에서 질문하고 싶은 사람에게는 할 수 있는 대로 시켜줬다. 그런 자세를 보고 무라야마가 국대위원장에 타당하다는 것으로 되었는지도 몰라. 시미즈씨는 의운 사람으로 이사직이 길었다. 국대위원장대리도 한 사람이다.

소걸음 작전으로 싸운 PKO 협력법안

❓ 국대위원장으로서 임한 91년과 92년의 국회는 PKO 협력법안의 처리가 최대의 테마가 되었습니다. 자민당과 공명당, 민사당이 공동으로 법안을 만든 셈인데, 처음부터 「자공민노선」이었습니다. 가이후정권의 91년 9월 말에 심의가 시작되었습니다만, 그 국회에서는 계속 심의로 되었습니다. 11월에 미야자와정권으로 이양되고, 11월에 국제평화협력특별위원회에서 강행처리했다가, 위원회로 반송했다가 하는 혼란 속에서 중원을 통과하였습니다. 참원의 심의는 다음해 92년의 통상국회로 넘어갔습니다만, 막판에는 사회당이 합계 5박 6일간에 이르는 우보작전으로 철저히 저항하였음에도 불구하고 6월 9일 미명, 참원본회의를 통과하였습니다. 그 때 법안이 일부 수정되었기 때문에 중원의 특별위원회에서 재차 심의하여, 최종적으로는 6월 15일 중원본회의에서 가결성립되었습니다.

➕ 중원의 국제평화협력특별위원회에서의 강행처리는, 질의를 하고 있을 때에 긴급동의를 제기해서 하는 것이었기 때문에, 이쪽은 「저 처리는 무효다」라고 주장했다. 이직도 야당의원이 질문하고 있는 도중에 긴급동의를 내서 강행처리하는 것은 심의무시이니까. 「이대로는 중원본회의의 결의 때 철저히 저항할 거다」고 하여 임하게 된 것이다. 그렇게 되면 중원의장으로서도 그대로 본회의에서 심의하기 난처하다. 결국 자민당이 꺾여서 위원회로 반송하여 다시 한 번 질의를 하기로 했다.

❓ 진심은 법안을 파기하고 싶은 것이었지요.

⊕ 그럼, 파기하고 싶지. 그러나 수자로 이길 수가 없으니 하는 수 없어.

❓ 자민당이 법안을 위원회로 반송한 때에 「사회당은 일전하여 유난한 자세」라고 보도되고 있습니다.

⊕ 그래, 반송까지 하면 저쪽은 이쪽의 명분을 들어준 것이니까 그 이상의 저항수단은 없다. 어쨌든 반대는 사공(社共)뿐이니까 저항할 수가 없지. 그래서 법안은 참의원으로 보내졌다. 그랬더니 참의원에서 또 저항하였지.

❓ 중원단계에서의 강행처리 비판이나, 법안의 반송요구는 국대위원장이 적절히 처리하여 대응하는 것입니까.

⊕ 중원본회의가 관련되기 때문에 의원운영위원회에서 협의하였다. 그러나 물론 의운만으로 결정하는 것이 아니고 국대위원장도 참가하여 함께 대응한다.

❓ 그리하여 92년의 통상국회로 무대가 바뀌어 6월에 참의원본회의에서 연일 심야에서 미명에 걸쳐 우보가 계속되었습니다. 사회당은 PKO 협력법안의 의결 전에 이노우에 다카시 참원 의원운영위원장이나 미야자와총리 등에 대한 해임결의안이나 문책결의안을 차례로 제출하여 각각의 결의에 우보로 임했습니다. 그 결과 한 의안에 최장 11시간 반이 걸렸습니다.

⊕ 항전 태세인걸.

❓ 사회당의 참원의원이 소걸음을 하고 있는 동안 중원의 국회대책위원회는 무엇을 하고 있었습니까.

➕ 그야 당 소속 참원의원들의 격려지.

❓ 여러 가지 일을 준비하는 것들은 안 하는 것입니까.

➕ 그것은 의원운영위원회의 일이야. 투표가 시작되면 회의장은 폐쇄되어 아무도 밖으로 나갈 수 없게 된다. 몇 시간이고 계속 본회의장에 가두어지게 되어, 화장실에도 가지 못하게 되므로 용변용 봉지를 준비해 와서 배부하곤 하지. 이건 정말 지구전이니까. 화장실뿐만이 아니야. 물도 없으니까. 그래서 여러 가지를 준비하게 돼.

❓ 투표가 끝날 때까지 장시간 앉아 있어야 하기 때문에 시간이 남아돌아 지루하시겠지요. 책을 가지고 들어가 읽고 있어도 되는 것입니까.

➕ 그건 좋지 않을 거야. 다른 시간이었지만, 나는 본회의장에서 신문을 읽고 있다가 경호원에게 주의를 받은 적이 있어. 그러나 PKO 협력법안의 의결 때에 한가로이 책 같은 걸 읽지는 못하지.

❓ 우보의 무대는 참원본회의였으므로 중원의원인 무라야마씨는 물론 의회장 안으로는 들어갈 수는 없는 것이지요.

➕ 의회장으로는 들어갈 수 없기 때문에 간혹 상황을 보러 참원 본회의장의 방청석으로 갔다. 거기서 사회당 의원에게 격려하는 소리를 질렀다.

❓ 참원본회의가 철야로 되었을 때, 중원의원인 무라야마씨도 국대위원장으로서 밤새 계속 뜬눈으로 사태진전을 지켜보고 계셨습니까.

➕ 그야 참의원에서 모두가 힘쓰고 있는데 잘 수는 없기 때문에 일어나 있었다.

❓ 잠을 자서는 안 되는 것입니까.

➕ 중원이 아니고 참원 본회의장이 무대가 되어 있기 때문에 자서는 안 된다는 것은 아니지만 국대위원장으로서는 책임이 있다. 잘 수는 없지.

❓ 일어나 있는 채 어디에 계셨습니까.

➕ 사회당의 국회대책위원회 사무소지. 이 방은 열린 채로 하고 있었으니까.

❓ 거기에 계속 앉아계셨습니까.

➕ 가만히 앉아만 있는 것은 아니냐. 간혹 소걸음을 계속하고 있는 참의원의 본회의장으로도 갔지. 4, 5명의 동료의원을 「응원하러 가자」고 데리고 어울려 참의원 본회의장의 방청석에 앉아서 상황을 보았다. 본회의장에서는 위쪽에서 「어이, 힘내라, 저서는 안 된다」라든가 큰 소리를 질렀지(웃음).

❓ 본회의에 참석한 참원의원은 힘겨웠겠습니다. 고령인 분도 계셨습니다. 설마 이런 나이가 되어서 며칠간씩 철야를 한다고는 생각하지도 않았을 것이지요.

❸ 의결 시에는 본회의장이 폐쇄되는데 투표가 끝나면 사무국의 양해를 얻어 뒷문으로 나가는 것도 가능했지. 그러나 PKO협력법안 때에는 안 되었다.

❷ 우보를 하는 방법이란 것이 있는 것입니까.

❸ 투표를 할 때는 호명을 당한다. 그러면 의석에서 일어나야 하는데 좀처럼 일어서지 않아. 그리고, 일어나도 앞사람에게 붙어서 걷지를 않아. 사이를 두고 앞으로 나아간다. 그 거리는 각각 자유다. 걸음을 멈춰서는 안 되기 때문에 어떻게든 발은 움직이고 있다. 뒤로 물러나도 안 된다. 그리하여 계단을 오를 때 명찰을 준비하여 투표를 하는데 호주머니에 들어 있는 명찰을 찾는 시늉을 하기도 하고 꺼냈다가 넣었다가 하는 거야(웃음).

❷ 서 있는 시간이 아주 길겠습니다.

❸ 자민당의원들로부터「걸어, 걸어」하고 야유를 받지만, 이쪽은「뭣이!」란 얼굴로 노려본다. 참원이 끝나고 중의원 본회의에서 우보를 했을 때, 도쿄도 선거구 선출의 소토구치 다마코씨는 철저한 우보를 하며 사쿠라우치의장 앞에서 섰다. 그랬더니 사쿠라우치의장이「소토구치씨 소토구치씨, 서둘러주세요. 당신이 거기서 서버리면 출입문이 막혀 버려, 뒤가 움직이지 않아」(웃음)하고 농담을 하고도 있었다.

❷ 사회당의 국대는 각 의원에게 어떤 지시를 내리는 것입니까.

❸ 미리「우보를 합니다」라는 방침을 전달한다. 한 사람 한 사람이

어느 정도 시간을 들여서 투표할 것인가 까지는 지시하지 않는다. 그러므로 투표가 끝날 때까지 몇 시간 걸릴지는 예견하지 못한다. 어쨌든 가능한 한 끌른다는 것이었다. 결국 최후는 수자로 밀어붙여지는 것을 알고 있기 때문에, 우보는 우리는 이만큼 저항했다고 하는 실적을 만들기 위한 것이지. 그러므로 모든 것이 끝난 뒤에는 허무한 마음이 되지 뭐.

진심으로 제출했던 사회당 전체 국회의원의 사직원

❓ 참원 본회의에서의 가결 후, 다시 무대가 중원으로 되돌아오니 다나베 위원장은 막판에 궁여지일책을 제시하였습니다. 그것이「사회당 전 국회의원 사직원제출」이었습니다.

사민련의 의원도 동조했기 때문에 다나베씨는 141명분의 의원사직원을 사쿠라우치 요시오 중원의장에게 제출하였습니다. 그 결과 마지막에는 사회당의원 등이 결석한 중원본회의에서 PKO 협력법이 가결, 성립되었네요.

❂ 으으음, 허무해. PKO 법안이 참원을 통과한 후인 6월 12일부터 브라질의 리오데자네이로에서 100개국 이성의 수뇌가 모여서「환경과 개발에 관한 국련 회의」(지구 사밋) 의 수뇌회의가 개최되었다. 타이밍이 중원의 심의와 중복되었기 때문에 미야자와수상이 출석할 것인가 어떨 것인가를 두고 국회는 마찰했다. 나는 자민당의 가지야마 국대위원장에게「중요한 국련의 회의이니 미야자와씨는 가야한다. 외유를 이유로 국회심의를 지연시키려 하고 있다는 생각

은 하고 있지 않다. 그러니 가는 것이 좋지 않을까」하고 누차 이야기했다. 그래도 가지야마씨는 「그런 것은 기대하기 어려워」하고 미야자와수상을 브라질로 보내지 않았다. 지구 사밋에 결석하게 된 미야자와총리는 「비디오에 의한 참가」를 신청하여 일단은 인정받았다. 그런데 국련의 가리 사무총장이 「특별처리할 수 없다」고 반대했기 때문에 비디오 연설도 이루어지지 못했다.

❓ 전체 국회의원의 사직원제출이라는 것은 누가 보아도 진심이라고는 생각하지 않았습니다.

❗ 국대위원장이던 내가 사표를 모으려 돌아다녔지. 물론 당내에는 반대도 있었지. 도치기현 선출의 무토 아마지씨나 효고현에서 나온 연배이신 호리 마사오씨 등이 반대하고 있었다. 내가 의원회관의 무토씨의 사무소에 갔더니 호리씨도 함께 있었다. 두 사람은 「국회의원은 선거로 유권자로부터 선출되어 국회로 나와 있는 것이다. 유권자를 무시하고 사표를 낸다는 것을 경솔하게 할 수 없다. 그러니 사표제출은 반대다」고 하는 거야. 나는 「PKO 협력법안에 반대한다는 역사적인 투쟁을 하고 있는 때다. 사표라는 것은 이 문제에 대한 사회당의 중참 국회의원은 완고하다는 자세를 국민에게 보이는 것이 목적이지, 참으로 사표를 의장에게 제출하는 것이 아니니까 협력해주세요」하고 설득했다. 결국 「너가 그렇게 말한다면 하는 수 없다」하고 써 주었지. 난들 그렇게 생각하고 있었으니까, 설마 다나베 위원장이 진심으로 의장에게 제출하리라고는 생각하고 있지 않았지.

❓ 그랬던 것입니까. 역시 포즈였던 것이네요.

❗ 다나베씨가 의장에게 제출한 후, 나는 하나야마 사다오서기장 등에게 「의장에게 제출한 데 대하여 다나베위원장으로부터 사전에 상의가 있었느냐」고 물었더니, 그들도 「전혀 모른다」고 하였다. 그러니 다나베씨 혼자 생각으로 했을 거야. 그러나 사직원을 참으로 제출해버리면 그만이다. 다나베씨에게 어떤 생각이 있었는지는 지금껏 몰라. 당내에서는 사직원을 의장에게 낸 뒤, 어떻게 대응할 것인가가 큰 문제가 되어 다투었지. 우에다 데츠씨는 제출한 이상에는 깨끗이 그만두어야 한다고 하고 있었다. 나는 그에 반대했다. 「사직원은 아직 수리된 것은 아니다. 그러므로 간단히 적에게 등을 보일 필요는 없다. 최후까지 싸워야 한다. 첫째 정말로 그만두면 의원회관의 사무실을 비워주어야 한다. 각 의원의 비서는 어떻게 할 것인가. 전혀 예상을 할 수 없다. 그러므로 마지막까지 버티는 수 밖에 없다」고 했지. 그야 참, 당연히 나의 의견이 통하는 거지(웃음).

❓ 그야 통하지요.

❗ 그런데 우에다 데츠씨는 의원회관의 자기 사무실 문에 「사무실은 폐쇄하였습니다」라고 쓴 종이를 붙여놓고 있었던 모양이야. 물론 그런 거 단순한 시위지만.

❓ 당내의 의원도 처음부터 사직원이 속임수라는 것은 알고 있었던 것이지요.

❗ 속임수는 아니고 당의 결심을 나타내는 것이지. 이 이야기는 사회

당의 대의원회에서 다나베 위원장이 갑자기 꺼낸 거야. 사전에 당간부간에서 어떤 이야기가 있었는지는 몰라. 다나베 위원장은 야마하나 서기장하고 상의했을지도 몰라. 어쨌든 우리들은 대의원회에서 사직원을 낸다는 당의 방침을 들었을 뿐이다. PKO 협력법안 반대로 이만큼 투쟁을 하고 있는 때이므로, 이 법안에 반대한다는 사회당의 강한 의지를 대외적으로 과시하는 점에서, 그런대로 의미가 있다고 생각해서 나는 모두를 설득하고 돌아다녔지.

❓ 무라야마씨가 중원의원 전원을 설득하고 돌아다닌 것은 아니지요.

➕ 국회대책위원장이니까 하는 수 없지. 그러나 전원을 상대로 돌 필요는 없어. 처음부터 다나베씨의 방침에 무조건으로 찬성이라는 의원도 상당수 있었으므로, 사직원을 내지 않은 의원만을 돌면 됐지.

❓ 설득하고 돌아봤자, 무라야마씨는 위원장이 사직원을 중원의장에게 정말로 제출한다고는 생각하고 있지 않았던 것이지요.

➕ 사회당이 PKO 협력법안에 반대하는 의지를 굳건히 해서, 그것을 대외적으로 표명하기 위한 것이라고 생각하고 있었다. 그러기 때문에 모두가 일치단결하고 있다는 자세를 보이지 않으면 안 된다고 생각하고 있었다.

❓ 다나베씨에게 직접 「의장에게 제출은 안하시는 것이지요」하고 확인은 안하신 것입니까.

➕ 하지 않았어. 만일 「안 낸다」와 같은 것을 확인하면 곧바로 매스컴에 보도될 것이 틀림없어(웃음). 그런 것이 표면화하면 사직원은

아무런 의미도 없어져버리지.

❓ 사쿠라우치 의장인들 사직원을 수리할 수는 없는 거 아닙니까. 그런 일을 하면 의회제 민주주의의 부정으로 되어버리니까요.

🅓 사직원이 수리된다면 총선거가 아니고 보결선거로 되어버리지. 사회당의 의석이 있는 곳만의 보결선거야. 그런 일이 일어나면 자민당 의석수만 증가하게 된다. 그러므로 다나베씨가 사직원을 의장에게 제출한다고는 생각하지 않고 있었다. 당시는 다나베 위원장이 자민당의 가네마루씨와 잘 이야기를 하기로 하고 있었으므로 사직원을 의장에게 제출한 것이 아니냐는 얘기들도 떠돌고 있었지. 그러나, 그런 것이 사실이라면 국회전체의 신의에 관한 문제로 된다.

사가와규빈 사건

❓ 1992년 6월에 PKO 협력법이 성립되고 나서, 정치가 크게 동요할 계절로 들어갔습니다. 자민당에서는 가네마루 신 부총재가 사가와규빈으로부터 5억 엔의 음성헌금을 받은 일이 판명되어 가네마루씨의 의원직 사퇴에서 다케시타파의 분열로까지 발전하였습니다. 그에 더하여 다케시타 노보루 전 총리와 폭력단과의 관계도 문제가 되었습니다. 당시, 무라야마씨는 국대위원장을 계속하고 계셨는데 자민당은 스캔들 범벅이라는 것으로 사회당은 차례로 증인신문 등을 요구하여 실현시켰습니다. 격동의 시기였네요.

사가와규빈 문제로는 가네마루 부총재가 8월 27일에 기자회견을 하여 헌금을 인정하고 부총재를 사임하였다. 이때 마침 국회가 끝난 후였으므로, 나를 비롯하여 각당의 국대위원장은 함께 구라파로 해서 캐나다를 순방하는 해외여행을 하고 있었다. 이런 일을 한 것은 전에도 후에도 없는 이때뿐이었다. 여행하고 있을 때 도쿄로부터 자민당국대위원장인 가지야마 세이로쿠씨에게 몇 차렌가 전화가 걸려 왔다. 가지야마씨가 전화에 대고「그건 쿠데타다. 내가 돌아갈 때까지 회견을 시키지 말아라」「더는 허둥지둥 소란피지 말아라」는등 하고 있었다. 가지야마씨에게「도쿄에서 무슨 일 있었냐」고 물으니「가네마루씨가 기자회견에서 돈을 받았다는 것을 인정했다. 이것은 쿠데타다」라고 하는 것이다. 이런 일이 있었기 때문에 가네마루씨 문제는 잘 기억하고 있어.

여야당의 국대위원장이 함께 여행한다는 것은 지금은 도저히 할 수 없을 것으로 보입니다만, 그 무렵에는 잘들 하고 있었던 것입니까.

하고 있었던 것 아닐까. 나는 2년간 국대위원장을 했지만, 이때가 처음이었다. 자민당, 공명당, 민사당과 나의 네 사람이 갔다. 당시는 이런 여행을 하여도 별로 비판도 받지 않았지.

방문처에서 어떤 일을 하는 것입니까.

각국 요인을 만난다든가 여러 곳을 시찰했다.

그다지 국대와는 관계없네요.

전혀 없다고는 할 수 없어도 그다지 관계없지.

❓ 그리고 귀국 후 사가와규빈 문제가 국회에서 큰 초점이 되었습니다.

❸ 그럼 그럼, 그 때 사회당은 관계자의 증인신문을 강하게 요구하여, 다케시타 전 총리의 증인신문과 가네마루씨의 임상심문을 실현시켰다.

❓ 이 사건 후 다케시타파는 가네마루씨의 후계회장을 누구로 할 것인가로 마찰이 일어나, 결국 분열해버렸습니다. 자민당내의 일입니다만 어떻게 보고 계셨습니까.

❸ 오자와 이치로씨의 그룹이 파벌에서 뛰쳐나갔지. 다음 해인 93년에는 오자와씨 등이 이번에는 자민당에서 뛰쳐나갔기 때문에 당은 분열하였다. 참「돼야 할 대로 되었구나」하고 받아들였지.

다나베 위원장의 교체

❓ 사가와규빈 사건으로 황폐해진 임시국회가 끝나자, 12월에 다나베 위원장이 사임을 표명하여, 1월에 야마하나 사다오 서기장이 위원장에 취임하였습니다. 야마하나씨가 위원장에 선출된 것은 93년 1월 6일. 그런데 다음날 조간의 탑뉴스는 야마하나 위원장선출이 아니고 황태자비에 오와다 마사코씨가 결정되었다는 이야기였습니다. 사회당이야기는 구석으로 밀려있었습니다(웃음).

❸ 그야 하는 수 없겠지요. 섭섭하게도 마사코씨에게는 이길 수 없으니까. 도대체가 야마하나씨는 불행한 사람이야. 친구들과 함께 사회당을 탈당하려고 할 때에도 한신·아와지대지진이 발생하여 좌

절됐지. 그런 운명을 가진 사람이었을 거야.

❓ 다나베씨입니다만, 12월의 사회당중앙위원회에서 참석자로부터 「우리들은 지지자로서 가네마루 신과의 관계에 대한 변명을 할 필요가 없는 집행부체제가 필요하다」는 등의 비판이 이어졌습니다. 그랬더니 다나베씨는 중앙위원회가 끝난 이틀 뒤에 위원장의 사임을 표명하였습니다.

❗ 다나베씨가 사임한 이유는 92년 7월의 참원선거에서의 패배도 있었지만, 자민당의 가네마루 부총재와의 긴밀한 관계를 비판받았던 탓이었었서. 그것이 컸었지.

❓ 다나베씨는 「미국의 크린턴 차기 정권, 독일의 엥호름 사민당당수로 상징되는 세계적인 세대교체의 흐름」을 들어 「어떻게 하여 사회당의 전진을 꾀할 것인가를 생각하여 사임한다」고 하였습니다. 그 누구도 이런 이유로는 납득하지 않습니다(웃음).

❗ 참, 그런 이유는 아무도 납득하지 않지. 조작이야(웃음).

❓ 자민당의 실력자인 가네마루씨와 친밀하다는 것은 사회당내에서는 드문 사람입니다만 다나베씨에 대한 당내의 비판은 부득이한 면이 있었던 것입니까.

❗ 다나베씨와 가네마루씨가 어떤 관계인지 자세히는 알 수 없지만, 그 무렵 가네마루씨는 사회당 우파를 포함하는 형태로 새 정당을 만들려고 하고 있었다는 이야기를 들은 적이 있어. 그런 이야기와 관계가 있었는지 모르지만 잘은 몰라. 당내에서 다나베씨에 대한 비판이 나왔기 때문에 나도 그만두는 것은 부득이하다고 생각했

지. 그래, 당위원장이 절대로 다나베씨 아니면 안 된다고는 생각하고 있지 않았으니까. 물론 다나베씨는 가네마루씨와의 관계가 없으면 위원장은 충분히 수행했으리라고 생각하지.

나하고의 관계로 말하면, 이미 이야기한 것처럼 국대위원장 선거시에 다나베씨가 내가 아니라 시미즈씨를 추천하고 있었다는 경위가 있었다. 다나베씨는 당내를 원만히 추스르기 위해서는 시미즈씨 편이 낫다고 생각했을지도 몰라. 나와 대립하고 있었던 것은 아니니까.

❓ 그럼 무라야마씨의 다나베씨에 대한 평가는 그다지 낮은 것은 아닌 것이네요.

➕ 그 당시에는.

❓ 지금은 다른 것입니까.

➕ 지금은 완전히 다르지. 내가 총리가 되어서 조각을 할 때에 다나베씨와 동세대인 오오이데 쥰씨를 우정대신, 야마구치 쓰루오씨를 총무청장관 등으로 기용했다. 그러나 다나베씨는 이미 당위원장 경험자였으므로, 후배인 내가 총리가 되었으니 각료로 모시는 것은 실례라고 생각해서 다나베씨를 각료에서 제외했지. 또한 조각에 대한 상의도 하지 않았다. 더욱이 다나베씨와 야마구치씨는 같은 군마현 출신 의원이지만 그다지 사이가 좋지 않았다. 그런 일이 있어서 다나베씨는 나를 그다지 좋게 생각하지 않게 되었던 것은 아닐까. 그 후는 소원해졌어. 그리하여 다나베씨는 신당운동에 참가하고, 96년에 민주당이 생겼을 때 그쪽으로 가버렸다. 나는 당

의 위원장까지 지낸 사람이 탈당같은 것은 하는 것이 아니라고 생각하고 있어. 그런 일도 있어서 나 자신도 다나베씨로부터 멀어진 느낌이다. 그러나 개인적으로는 좋은 선배로서 지도받았고 신세를 끼쳤다고 생각하고 있다.

❓ 조각에 관해서 다나베씨가 직접 무엇인가 불만을 말해 왔습니까.

❹ 아니, 말하진 않았어. 그러나 역시 좋지 않았던 것은 아닐까.

❓ 인간이란 어렵네요.

❹ 특히 정치의 세상은 그렇지(웃음).

야마하나위원장 탄생과 호소카와 연립정권 참가

❓ 다나베씨 후임 위원장은 야마하나 사다오씨로 되었습니다. 그것은 왜 그랬던 것입니까.

❹ 그건 몰라.

❓ 무라야마씨는 야마하나씨를 좌파라고는 생각하지 않는 것이지요.

❹ 그야 그렇지. 좌파라고는 생각지 않아. 야마하나 위원장 때인 93년 7월에 총선거가 있었다. 자민당이 분열하여 결국 단독정권시대가 끝난 총선이야. 이 선거 중에 야마하나씨는 자민당을 탈당한 오자와 이치로씨 등과 선거후의 정권의 상황등에 관해서 이야기를 하고 있었다. 우리들은 「사회당은 독자적으로 싸운다는 입장을 관

철하여 노력해야 한다. 선거 후의 이야기를 하는 것은 그만 둬라」 하고 상당히 강하게 비판한 일이 있다. 정국이야기는 선거가 끝나고 그 결과를 보고 판단하고 나서 할 일이다. 우리들은 야마하나씨의 방법은 선거에 마이너스라고 생각하고 있었다. 지금 생각하면 그 때부터 우리들과 야마하나씨와의 노선에는 조금 균열이 있었던 거야.

그 때의 총선거결과는 자민당이 과반수를 얻지 못했으나 역시 제일당이었다. 그러므로 본래 같으면 자민당이 다른 당을 끌어들여 다수파를 형성하면 연립정권이 되었다. 그런데 오자와씨는 자민당이 움직이기 전에 야당 각당에 재빨리 손을 써서 자민당을 제외한 연립정권을 만들어버렸다. 오자와씨의 대응은 빨랐어. 아마도 오자와씨는 총리는 누구든 괜찮다는 것 아니었나 생각해. 자민당 다음으로 의석수가 많았던 것은 사회당이었다. 나중에 생각하면 오자와씨는 사회당만은 경원하고 있었다고 생각해. 그러므로 일본신당의 호소카와 모리히로씨를 총리로 앉힌 거야.

❓ 즉 야마하나씨는 일찌감치 비자민 연립정권으로 달리고 있었던 것이네요.

❸ 오자와씨는 호소카와씨를 총리로 해서 칠당 일회파(七黨 一會派)로써 연립내각을 만들 때에 사회당에게는 먼저 도이 다카코씨 이야기를 해 왔다. 도이씨를 중원의장으로 하면 어떤가 하고 말해 왔지. 당내사정을 고려하면 위원장까지 하면서 고생한 가장 원로인 다나베씨를 의장으로 해야 하는 것 아니냐는 의견도 나왔다. 그러나 오자와씨가 「도이씨를 꼭 의장으로」라고 전해 왔다는 거야. 오

자와씨는 사회당을 분석해서 좌파를 적으로 만들고 싶지 않다는 계산이 있었을 거야. 사회당 전체를 잘 대처하기 위해서는 도이씨를 의장으로 하는 것이 좋을 것이라는 판단일 거야. 그래서 집요하게 도이씨의 의장취임을 요청한 듯해. 이쪽은 야마하니씨가 위원장이니까 오자와씨의 요구를 받아들여서 「도이씨, 의장을 수락해 달라」고 설득하였지.

이 때는 호소카와정권을 만드는 것도 오자와씨가 도이씨를 의장으로 하고 싶다고 요청해 왔다는 것도, 야마하나씨로부터 나에게는 아무런 상의도 없었다. 그런데 얼마 있다가 야마하나씨가 「도이씨를 아무리 설득해도 전혀 받아주지 않는다. 함께 가서 설득해 줄 수 있을까」라고 해왔다. 나는 「그야, 그분이 거절하는 것은 어쩔 수 없다」고 대응했으나, 야마하나씨가 집요하게 말하므로 함께 하기는 했다. 그래서 도쿄의 전닛구호텔에서 도이씨와 만났다. 야마하나씨가 열심히 설득했다. 그 옆에서 나는 묵묵히 듣고 있었다. 도이씨는 역시 사회당이 연립정권에 참가하는 것 자체에 그다지 찬성하지 않고, 사회당의 독자적 입장을 견지하여 노력하는 것이 좋다는 생각이었다. 그러나 마지막에 야마하나씨에게 「당이 어려운 때이니 수락해 달라」고 설득당했다. 그런 다음 도이씨는 「야마하나씨, 당신은 위원장이니 사회당이 가령 호소카와연립정권에 참획하여도 각료만은 맡지 말아주세요. 안 맡는다고 약속해 주신다면 나도 생각하겠습니다」고 한 모양이다. 그러나 야마하나씨는 그런 것에는 건성이었을까, 연립정권이 만들어지자 기꺼이 선뜻 정치개혁담당대신으로 입각했네(웃음). 정말, 도이씨도 정국이 이 지경이 되니 하는 수 없이 마지막에 수락한 것으로 생각돼.

도이씨의 말은 도리에 맞는 말이다. 야마하나씨는 사회당 위원장이니까 일본신당대표인 호소카와씨와는 대등한 처지다. 그런데 각료가 된다는 것은 호소카와총리의 수하로 들어가는 것이기 때문에 위원장으로서는 그런 일은 해서는 안 되지. 도이씨는 「당신은 당의 확대를 위하여 당무에 전념하여 힘써주세요. 그렇게 한다면 의장 건은 생각해도 좋아」라고 하고 있었다는 거야. 역시 도이씨는 대단하시다고 생각했다. 시종일관성이 있어.

❓ 야마하나씨의 대응에 문제가 있다는 것이네요.

❸ 그렇지 않을까. 그는 대신이 되고 싶었던 것 아닐까. 선거중에 야마하나씨가 오자와씨와 접촉하고 있다는 것은 신문기사를 보고 알았지. 이 문제에 대해서 야마하나씨와 직접 이야기를 한 적은 없었다. 여하튼 모두 선거응원 등으로 지방으로 나가 있어서, 난들 오오이타로 돌아가서 선거운동 하고 있었으니까.

젊은 아카마츠 서기장을 꾸짖다

❓ 야마하나 위원장 밑에서 당선 일회의 44세 아카마츠 히로타카씨가 서기장에 취임하였습니다. 아카마츠씨를 어떻게 평가하고 계셨습니까.

❸ 나는 중앙집행위원회에서 그에 대하여 두 세 차례 충고한 일이 있다.

❓ 충고란 것은?

❗ 비판한 거야. 아카마츠씨가 서기장이 된지 얼마 안 되어서인데, 그가 아마도 쌀의 관세화를 용인하는 듯한 발언을 하였지.

❓ 그렇습니다. 아카마츠씨는 서기장에 취임한지 얼마 안 되어서 쌀의 관세화에 관하여 「필요한 보상조치를 강구하면 이해받을 수 있지 않을까」라고 인정하는 취지의 발언을 하고, 더 나아가 원자력발전에 대해서도 기존의 원발의 갱신을 인정하는 발언을 하여 당내에서 강한 반발이 쏟아졌습니다. 어떻든 사회당이 오래도록 반대해온 중요한 정책이었으니까, 젊은 서기장의 발언에 불을 토했던 것입니다.

❗ 「서기장인 자, 농업문제에서 발언할 때에는 농민이 어떻게 생각하고 있는지, 사회당은 어떤 견지에서 무엇을 할 것인가를 확실히 고려해서 발언하지 않으면 안 된다」「쌀의 관세화 반대라는 당의 방침에는 조금도 변경이 없다」고 했다. 아카마츠씨도 그 후 민주당 창당에 참가한 쪽이야. 당시부터 벌써 나에게 저항감을 가지고 있다는 인상이었지.

❓ 야마하나씨, 아카마츠씨 두 분은 무라야마씨와는 노선이 다른 것이네요.

❗ 달라, 전혀 달라. 예를 들어 조금 뒷일이지만, 95년 1월 야마하나씨가 동료의원과 함께 사회당의 원내 회파의 탈당계를 내려고 했다. 당시 나는 총리였는데, 이것은 안 된다고 생각하여 본인을 관저로 불러서 둘이서 이야기했다. 나는 「당신 아버지는 노동운동에 몸을 받쳐 전전부터 사회당의 깃발을 지키며 노력한 분이다. 당신 아

버지가 쓰신 책도 나는 읽었다. 선배분들이 고생해서 오늘날의 사회당을 지켜왔다. 목표는 같으니 함께 노력합시다」라고 이야기했다. 그런데 야마하나씨는 「목표는 같아도 오르는 길은 다르다」고 하는 거야(웃음). 그래서 나는 「어디가 다른가. 그야말로 당내에서 논의해서 합의를 도출하면 좋지 않은가」하고 설득했지만, 그 때는 본인도 듣는 척도 하지 않았어. 뭐라고 하던 결국은 탈당할 작정이 아니었을까.

❓ 93년의 총선거 중에 야마하나씨는 오자와씨와 호응하여 움직이고 있었다. 야마하나씨나 아카마츠씨는 정권획득이 목적이었을까요.

❸ 그렇지 않을까. 거기에 오자와씨에게 설득당하고 있었는지도 몰라. 오자와씨등과 마음속으로도 한통속이 되고 있었던 것 아닐까.

❓ 즉 93년 총선 무렵 사회당내에는 과거의 좌파나 우파의 대립과는 다르기는 하지만 또다시 두 개의 그룹이 생겨났던 것이네요.

❸ 약간 다르지만 생겨나 있었지. 야마하나씨가 위원장이 되어서부터 그런 것을 느끼게 되었다. 다나베위원장이 그만두고 93년 초에 야마하나위원장과 아카마츠서기장이 대립후보도 없이 선출되었다. 나는 그다지 좋은 일이라고는 생각하지 않았다. 그들에게는 역시 비판적이었다. 나는 야마하나씨가 위원장이 되어도 국대위원장을 계속하고 있었으나, 당의 집행부에는 거의 관여하지 않았다. 그들도 나에게는 아무런 상의도 하지 않았지.

❓ 사회당의 경우 국대위원장은 위원장, 서기장에 이은 중요한 포스트가 아닙니까.

⊕ 국대위원장은 국회대책뿐이지. 어지간한 일이 아닌 한 당의 조직이나 운영 등의 문제에는 거의 관여하지 않아.

❓ 사회당은 모두 자민당정권을 비판하고 자민당에 대신하는 정권을 목표로 하고 있었습니다. 그것이 어떤 노선의 차이로 이전의 좌파, 우파와 같이 그룹으로 나누어져 버린 것입니까.

⊕ 나 자신 당내에서는 좌파나 중간파의 그룹에 속해 있었으나, 파벌에 대해서는 그다지 관심이 없었다. 과거 야마카와 하토시씨의 「사회주의에로의 길」이란 책을 자주 읽고 「이 노선이다」고 심취한 적은 있으나, 기본적으로 현실주의다. 그렇다 치고도 우리들은 당내에서는 좌측으로, 자본에 대항한다는 의식을 근저에 가지고 있었다. 그에 대하여 우측은 어느 편인가 하면 개량주의, 타협주의라고나 할까, 노동조합으로 말하면 노사협조노선을 추구하고 있었지. 그런 차이는 있었다고 생각해.

❓ 그것은 과거의 「좌파·우파」와 기본은 그다지 변하지 않았다는 것입니까.

⊕ 그런 면도 있을까. 우리들은 어쨌든 사회당의 노선을 확실히 근거로 한 자기들의 주장을 선명히 해서 사회당이 정권을 지향하는 운동을 철저히 해야 한다는 의식이 강했지. 나중에 95, 96년경이 되어서 사회당내에 신당문제가 제기되었다. 그 무렵 나도 역시 이제까지와 같은 사회당의 운동을 계속하고 있어서는 한계가 있고, 정

권을 잡을 수 없다고 생각하게 되었다. 이대로는 사회당은 언제까지나 「3분의 1정당」으로 끝나 버리고 정권은 잡지 못한다. 정권을 잡기 위해서는 좀 더 우측 층을 당으로 끌어들일 필요가 있다고 생각했다. 그렇지만 이쪽이 저편으로 움직여 가는 것이 아니고, 이쪽은 꿋꿋이 하고 우측 쪽을 포용하는 것이야. 그렇지 않으면 사회당의 기반이 약해진다. 즉 어디까지나 사회당의 노선을 확실히 고려한 위에 우측 편을 포용해 간다는 사고방식이다. 그래서 신당 문제도 부득이하다고 생각하고 있었다. 그러나 야마하나씨 같은 방법은 그렇지를 않았다. 오자와씨에 끌려서 간 것이야. 그렇고 말고.

❓ 그런 차이가 있었던 것이네요.

❖ 사회당에게 도이의장 이야기를 가져왔을 때에 오자와씨는 지혜가 있다고 생각했지. 의장은 최연장인 다나베씨가 아니라, 도이씨가 아니면 안 된다고 전해 온 것은 사회당내의 힘관계를 보고 도이의 장편이 사회당을 다스릴 수 있다고 계산한 거겠지. 또한 사회당은 중원에 소선거구제도를 도입하는 데에 애당초부터 반대였다. 그럼에도 불구하고 그 소선거구제 도입을 담당하는 대신을 맡도록 되었다. 그러한 점에서 오자와씨는 정말 머리가 좋다고 생각해.

❓ 그러나 이렇게도 알기 쉬운 이야기는 없어요. 저항 없이 순조롭게 받아들이는 편도 그런 편이네요.

❖ 그도 그렇지. 1993년의 총선거에서 사회당은 불과 70의석으로 대패했다. 66의석이나 감소했다. 야마하나씨는 총선거 패배의 책임

을 지고 위원장을 사임하게 되었다. 그런데 그는 진정으로 사임하려는 생각은 없었다. 그러나 사표는 내지 않으면 마무리가 되지 않는다. 나는 「계속 위원장을 할 생각이 있다면 사표 같은 건 내지 않는 것이 좋다」고 했다. 그러나 그는 내 이야기 같은 건 듣지 않아. 결국, 사표를 냈다. 사표를 내어도 위원장포스트는 자기에게로 되돌아올 것으로 생각하고 있었던 거야. 그것은 오산이었다. 일단 사표를 제출하니 누구 하나 야마하나씨가 다시 한번 해야 한다고는 말하지 않았다. 그것은 그의 오판·오산이었던 것 아닐까.

93년선언과 현실노선

❓ 야마하나위원장, 아카마츠서기장 밑에서 사회당은 1993년 5월 「93년선언」의 안을 결정하였습니다. 「안전보장이 확립될 때까지는 최소한의 자위력과 일미안보조약을 허용한다」는 현실적인 노선전환이 포함되어 있었습니다. 원자력발전에 관해서도 과도적 에네지로서 인정한다고 하고 있습니다. 후에 무라야마씨가 총리로서 국회답변에서 자위대 용인 등을 표명하여 화제가 되었습니다만, 돌연히 나온 이야기는 아닌 것이네요.

➕ 당내에는 계속 그런 의견은 있었다. 내가 돌연변이로 급히 꺼냈다는 것은 아니다. 물론, 사회당은 계속 안보반대투쟁을 해온 정당이다. 한편으로 안보조약에 전혀 효용이 없는 것이 아니라는 현실이 있다. 일본이 방위비에 많은 예산을 쓰지 않고 오늘날과 같은 경제대국으로 발전했다는 것은, 역시 안보조약이 있었기 때문이라는

면이 있다. 그리고 이른바 「병마개」론은 아니지만 안보조약이 있기 때문에 일본의 군사력증강이 억제되어 왔다는 면을, 중국을 비롯하여 아시아 제국도 평가해 왔다. 아시아 여러 나라는 일본이 또다시 군사대국이 되는 것이 아닌가 하는 우려를 가지고 있다. 그러나 안보조약이 있어서 재일 미군이 있기 때문에 억제되고 있다는 안도감을 가지고 있었다. 그런 의미에서도 효용이 있었다고 생각한다.

물론 평화헌법을 가지고 있는 일본에 계속 미군기지가 있어서, 절반쯤 미국에 점령당하고 있는 것 같은 모양을 하고 있는 것은 일본의 진로를 생각할 때 좋지 않다는 것으로, 안보조약반대는 당연한 것이다. 그러나 단순히 안보파기라고 해 봤자 국민은 이해하지 않을 것이고, 현실적으로 무리가 있는 것이 아니냐는 입장의 논의는 사회당내에도 이전부터 있었다.

❓ 93년선언 작성뿐 아니라 그 이전의 다나베위원장의 정책전환의 시도도 그 흐름이네요. 무라야마씨는 어떤 입장에서 임했던 것입니까.

❖ 안보조약을 지금 당장 파기할 수 있다고는 생각하고 있지 않았다. 그러나 평화헌법을 가지고 있는 일본이 안보조약에 입각하여 집단적자위권으로 발을 내미는 것은 절대 시켜서는 안 된다는 의견은 항상 얘기하고 있었다. 또한 의원총회 같은 데서는 「자위대는 위헌이냐, 합헌이냐」는 논의를 한 일도 있다.

❓ 무라야마씨는 언제쯤부터 일미안보조약의 파기는 현실적이 아니라고 생각하고 계셨습니까.

● 국회의원이 된 72년경부터 일방적으로 파기할 수 있다고는 생각하고 있지 않았다. 그러나 사회당은 군사기지반대이고 비무장중립을 내걸고 있었다. 당시는 미소대립의 냉전구조였으므로 일본은 무장하지 않고, 세계적으로는 중립의 입장을 견지한다는「비무장중립」이라는 슬로건은 살아 있었다. 나도 그런 입장이었다. 그러나 현실적으로는 지금 여기서 안보조약을 파기시키게 한다는 가능성은 없었다.

또한 자위대에 대하여 출발점은「위헌」이었다. 그런데 여론조사의 결과를 보면 70% 이상의 국민은, 이 정도의 자위대라면 괜찮다고 하여 지지하고 있다. 그런 상황을 고려하면 자위대는 위헌이라는 것을 논의해 봐도 소용이 없는 것이 아닌가 하는 심정이었다. 1980년대에 사회당위원장이던 이시바시 마사쓰구씨가 자위대에 대하여「위헌합법론」을 제시했다. 자위대는 위헌이지만 법률도 있고 국민의 일정한 지지도 있으므로 합법이라는 논리다. 나는「헌법에 위반하여 합법이란 게 있을 수 있나, 이론적으로 이상하다. 그런 건 통하지 않는다」고 반대했다, 자위대는 위헌이라는 논의를 해도 무의미한 거 아니냐는 생각은 있었지만, 그 이상으로「위헌합법론」이라는 것은 법이론적으로도 성립될 수 없으므로 반대했지. 도대체가 헌법학자도 아닌 정치가가 위헌이냐 합헌이냐를 논의해도 성과 없는 불모다. 만일에 헌법을 진정으로 수호하려 한다면 현존하는 자위대는 어디가 위헌인가를 검토해서, 구체적으로 위헌분야를 제외해 가는 것이 정당의 임무가 아닌가 하고 생각하고 있었다. 위헌합법론은 결국 소멸하였지.

❓ 이시바시씨보다 무라야마씨가 훨씬 현실적이네요.

➕ 현실적이야. 이런 일을 생각하게 된 것은 국회의원이 된 후부터로, 국회의원이 되기 전에는 그런 것을 논의하는 경우가 없었으니까. 그러나 의원이 되고 나서도 이러한 주장의 목소리는 작았었지. 옛날은 역시 협회파 등이 당을 좌우하고 있었으니까.

❓ 사회당은 구체적으로 자위대의 장비라든가 인원이나 기지의 양상, 일상적 활동 등을 조사하여 논의하고 있었습니까.

➕ 그런 건 조사한 적 없어. 자위대의 구체적인 내용에 대하여 조사하고 분석해서 이러쿵저러쿵하는 논의는 없었어. 어느 시기까지는 오로지 「위헌」이라는 논의뿐이니까, 자위대를 상세히 분석하는 대상이라고는 생각하고 있지 않았지. 어떻든 「위헌」이라는 한마디로 처리하고 있었지. 가령 자위대의 역할로서 재해구조라든가 국토보존 등을 인정한다는 것도 하나의 이론이다. 그러나 현실적으로는 일미안보조약이 있다. 그렇다면 미국으로부터 일방적으로 일본을 수호받을 뿐 아니라, 여러 분야에서 일본이 협력할 수 있는 일이 있는 것이 아닌가, 그것은 어디까지 하는가, 등을 구체적으로 논의한 적은 있지. 있기는 하지만 당의 정식 테마로는 되지 않았지. 「당의 방침은 자위대는 위헌」이라는 한마디로 처리되어 왔다.

❓ 무라야마씨는 신문기사에서는 좌파라고 기재되어 있습니다만...

➕ 그래, 당 전체 내에서 색깔구분을 한다면 현실노선이니까 좌파라 할까 중간파로서 괜찮을 거야. 그러나 노동운동에 대해서는 동맹계의 운동에 반대하여 노사협조에 반대하는 입장에 서 있었으므

로, 역시 좌파로 파악되었는지도 몰라.

❓ 자위대문제에서도 당내에서 좀 더 현실적인 논의를 하고 있었으면 사회당은 달라져 있었으리라는 느낌이십니까.

❸ 그런 문제를 관념적으로 한마디로 처리하고 있었으니까 역시 진정한 의미의 논의는 없었던 거야. 당대회 같은 데서도 조금이라도 현실을 고려한 처지에서 정책적인 논의를 했으면 좋았을 텐데 그렇게는 안 되었어. 당대회는 좌와 우가 논쟁할 뿐이고, 더욱이 그 논쟁은 구체적인 정책을 논의하고 판단하는 것이면 좋지만 관념론뿐이야. 한쪽은 교조주의. 그래서는 도무지 어떻게도 안 돼. 우리들이 좀 더 용기를 가지고 다수파공작이라도 해서 움직였으면 좋았을지도 모르겠는데, 나에게는 그런 의욕도 없었지. 원래 파벌활동에 그다지 관여하지 않았으니까. 다만, 이 문제는 파벌차원의 이야기가 아니다. 당이 일치해서 논의하고 대응해 나가야 한다는 마음이 더 강했다.

❓ 사회당이 연립정권에 참가하여 권력의 일익을 담당하게 된 93년 이후, 오랜 세월에 걸쳐 구체적인 정책론을 축적하지 못한 사회당의 약점이 표출하고 말았네요.

❸ 그럴지도 몰라.

제4장

비자민정권의 좌절

호소카와 연립정권 탄생

❓ 다음에 1993년의 총선거와 호소카와정권 시대에 대하여 여쭙겠습니다. 총선거는 미야자와내각에 대한 불신임안이 의결된 것이 계기였습니다. 국대위원장이시던 무라야마씨는 내각불신임안이 의결될 것으로 보고 계셨습니까.

❸ 자민당내부가 너덜너덜하고 있던 상황 중이었으니까 의결될 가능성이 높다고 보고 있었다. 후에 자민당을 탈당한「신당사키가케」의 의원은 모두 불신임안에는 반대하여 자민당의원으로서의 책임을 다한 후에 탈당했다. 명확하게 마무리를 하고 탈당했다. 그런데 오자와일파는 자민당에 있으면서 불신임안에 찬성했다. 거기가 틀려.

❓ 의결되면 당연히 해산 총선거로 보고 계셨습니까.

❸ 해산 총선거로 되지. 다만 사회당이 총선준비를 하고 있었는지 어떤지는 몰라. 국대위원장인 나는 그런 역할은 아니니까(웃음). 총선준비는 서기장의 역할이야. 그때는 야마하나위원장과 아카마츠서기장이니까, 나는 그 라인에서 소외되고 있었지(웃음). 이쪽도 그다

지 적극적으로 뭔가 하려는 생각은 없었지.

❓ 결국 선거제도는 변하지 않았는데 사회당은 의석을 절반가까이 감소해버리는 역사적 대패를 맛보았습니다.

❸ 지도부에 확실한 지도력이 흠결되어 있었던 거야. 어쨌든 엄청난 결과였다.

❓ 총선거 후, 호소카와정권이 탄생하고, 정치개혁, 특히 선거제도개혁에 착수하였습니다. 선거제도에 대하여 사회당은 중선서구제가 한계에 이르렀다는 인식은 하고 있었지만, 소선거구제는 가장 득표수가 많은 후보자가 당선하는 병립제가 아니고, 순수 비례대표제에 가까운 소선거구비례대표 병용제를 주장하고 있었습니다. 그런데 호소카와정권이 성립될 때 왠지 돌연히 병립제를 인정하였습니다.

❸ 선거제도개혁이 화제가 된 원인은 80년대 말에서 90년대 초에 걸쳐서 선거에 돈이 지나치게 많이 들어서, 리크루트사건 등 금품에 관련되는 정치가의 스캔들이 연속됐기 때문이었다. 그러므로 선거제도개혁의 목적은 어떻게 해서 깨끗한 정치나 선거를 실현할 것인가에 있었다.

자민당편에서는 중선거구제로서는 같은 선거구에 자민당 공천후보가 세 사람이나 네 사람이나 나온다. 이렇게 되면 정책 다툼이 아니라 자기 지역구에 대한 서비스 경쟁이 되어버린다. 정책을 중심으로 선거한다면 1대 1로 다투어야 한다는 관점에서 소선거구제 도입이 부상되었다. 그것도 하나의 핑계지만, 국민이 요구한 것은 더렵혀진 선거를 깨끗이 한다는 것이고, 그러므로 우리들은 부패

방지가 중요하다고 강하게 주장했었다. 거기에 소선거구제는 사회당에게는 불리하다는 것도 알고 있었으므로 당내에는 반대가 많았다.

그런데 93년 5월의 연휴가 끝나고 나니, 소선거구제 도입을 주축으로 하는 선거제도 개악이 거침없이 선행되어 갔다. 당시는 매스컴도 소선거구제 도입의 북을 치고 있어서, 소선거구제에 반대하는 인간은「수구파」라고 비판받았다. 우리들도「수구파」의 렛텔이 붙여진 부류였다.

그리하여 7월의 총선거 후, 사회당은 호소카와정권에 참획하는 전제로서「소선거구」를 수용하게 되었다. 그런 일도 있어서 우리들은 연립정권에 참가하는 것에 반대한 거야.

❓ 연립정권의 전제로 된 정치개혁은「신당사키가케」와「일본신당」이 각 당에 제안하고, 그 안에 호응한 정당으로 정권을 만들게 되었습니다. 사회당도 참가한 것입니다만 어떤 경위가 있었던 것입니까.

연립정권이 성립될 때까지의 자초지종은 나는 터치하지 않았으므로 몰라. 그러나 사회당은 호소카와정권에 참획함과 동시에 소선거구제를 수용했다. 당의 전국서기장회의에서 인정한 거지. 새로운 제도는 소선거구와 비례대표의 병립제이므로, 문제는 각 각의 정수를 얼마로 할 것인가였다. 사회당으로서는 가능한 한 비례대표의 정수를 증가하는 것이 목표로 되었다.

❓ 수용을 결정한 전국서기장회의는 7월 27일에 개최되었습니다. 야마하나위원장은「자민당의 아류정권을 허용하지 않기 위하여 병립제를 수

용할 결단이 필요하다」고 호소하고 있었습니다.

❸ 그야, 정권참여를 위한 구실이야. 그때까지 자민당정권이 쭉 계속하고 있었으나 국민의 목소리로 자민당이 과반수에 미치지 못했다. 정권교체의 찬스가 온 셈이다. 그러므로 반자민이라는 것은 정권에 들어가기 위한 구실에 불과하다. 소선거구제도는 사회당에게 압도적으로 불리하다는 것을 알고 있었기 때문에 계속 반대해 왔던 것이야. 그런데 이때에는 반자민 정권을 만든다는 것이 대의명분으로 되어 버려 사회당도 정권에 참여한다는 흐름이 만들어져 버렸다. 그렇게 되면 양보할 수 있는 것은 양보하여야 한다. 그래서 하나씩 둘씩 계속해서 양보해 갔지. 지금 생각하면 서투른 대응이었지만, 정치를 바꿔보겠다는 국민의 기대에 대응하는 활동을 할 수 있다면 정권참여도 부득이한 거 아니냐는 마음으로 체념했다. 그러므로 나는 그다지 저항하지 않았다.

❷ 뚜껑을 여니, 야마하나씨가 정치개혁담당대신이고 사토 간쥬씨가 자치대신에 기용되었습니다.

❸ 이 인사는 오자와씨에게 「당했다」고 생각했어. 그때 사회당은 총선거에서 의석이 136에서 70으로 감소한 충격이 컸기 때문에 힘도 빠져있었지.

❷ 비자민연립정권에 사회당이 반대하면 어떤 형태로든 자민당정권이 되었을지도 모르니까요.

❸ 그렇게 되면 대의명분이 없으므로 연립참가도 부득이하다고 생각했지. 당시 사회당은 「짓밟혀도 짓밟혀도 따라가겠습니다 게타(일

본나막신)의 눈(雪)」이라고 야유당했다. 나는「사회당은 그런 정당이다. 짓밟혀도 걷어차여도 국민을 위하는 것이라면 붙들고서라도 노력하는 정당이다. 그것이 무엇이 나쁜가」하고 반론한 적이 있지(웃음).

그러나, 호소카와연립정권 내에서는 사회당이 제일 큰 당이었음에도 불구하고, 처음부터 연립정권 내에서 사회당의 존재감은 희박하고 리더십도 전혀 발휘하지 못하였다. 역시 정권에 참가하겠다는 마음이 컸으므로 그렇게 되어버린 거겠지. 좀 더 호소카와정권 내에서 사회당의 주체적인 입장을 견지하여, 해야 할 말은 하는 것이 좋았지. 그것이 안 되었기 때문에 처음에는 호소카와정권 내에서 사회당의 그림자가 희미했지.

사회당위원장 취임

❓ 1993년의 총선거 대패를 계기로 야마하나위원장은 당연히 책임을 지고 위원장을 사임하게 됩니다만, 그 표명은 호소카와내각이 발족한지 이틀 뒤인 8월 11일이었습니다. 이때 이미 야마하나씨는 입각하고 있었습니다. 그리고 부위원장이던 구보 와타루씨가 위원장대리로 되었습니다. 즉시 후계 위원장을 누구로 할 것인가를 두고 당내가 움직이기 시작해서 일부 의원이 무라야마씨 옹립을 위해 뛰고 있었습니다.

➕ 그래그래, 8월 29일에 야마시타 야스오씨라든가 아키바 다다노리씨등 일부 유지들이 오오이타의 나의 자택까지 찾아왔지.「이렇게 되면 무라야마씨를 천거하는 수밖에 없지 않은가」라고 한다. 나

는 「그것은 안 된다」고 거절했다. 그런데 야마구치 쓰루오씨나 나카니시 세기스케씨 등도 모여서 나를 추대하려는 집단이 차츰 커져갔다. 나는 「절대 안 된다. 그런 것은 절대 받아들일 수 없다」고 계속 거절했다. 그리고 9월 6일, 그 그룹이 최종적으로 결론을 낸다고 할 때에, 나는 후원회사람들을 상경하도록 했다. 야마구치씨 등이 국회 뒤쪽에 있는 캐피탈 도큐 호텔에 모여서 회합을 하고 있었다. 거기에 후원회사람들을 참가하도록 해서 「무라야마를 위원장으로 하는 것은 절대로 반대다. 그런 것은 무리다」라고 시켰다.

❓ 후원회사람들도 반대한 것입니까.

➕ 그야 반대지. 반대하게 하기 위해서 도쿄로 불러올린 것이야. 다른 여러 가지 일도 있고 해서, 역시 무라야마를 위원장으로 하는 것은 무리인가 하는 분위기가 되었다. 나는 그 자리에 그 이상 머물러 있으면 이야기가 재차 불거질지도 모르니까 「이제 됐지. 물때가 되었으니 돌아간다」하고 회합장을 나왔다. 후원회사람들 두 세사람과 식사를 마치고 구단(九段)의 의원숙사로 돌아갔다. 모두들 나에 관한 것은 체념하고 다른 사람을 찾을 것으로 생각하고 있었지.

그런데 의원숙사 방으로 돌아가 쉬고 있는데 「모두가 모여 있으니 와 달라」고, 의원숙사 2층에 있던 방으로 호출되었다. 나는 「다른 후보자가 결정되었으니 협력해 달라」는 정도의 이야기일 것으로 생각하여 가벼운 마음으로 갔다. 그랬더니 이야기가 전혀 다른 거야. 모두 심각한 얼굴로 앉아 있었다. 와타나베 요시조씨 등이 무릎을 들이대고 내 앞에 다가앉아 눈물을 흘리면서 「이봐요, 이대로 사회당이 어떻게 되던 괜찮은 거요」라고 한다. 결국 나는 그

눈물에 진 것이야. 하는 수 없이 나는 「더는 하는 수 없다. 나는 그릇이 아니지만 여러분의 열의에 응하겠다」고 위원장선에 입후보할 것을 받아들였다.

❓ 최후에는 떠밀린 셈이네요.

❗ 그래. 그리고는 구보씨를 추대한 패들과의 대립이 시작되었지. 나 편은 노자카 고켄씨나 와타나베 요시조씨 등이 중심으로, 역시 위원장선에 입후보하려고 하고 있던 구보씨의 그룹과 접촉하여 조정하고 있었다. 나는 추대 받은 사람이니까 이러한 물밑 움직임에는 완전히 노 터치였다. 결착할 때까지에는 단계가 여러 가지 있었지만.

❓ 무라야마씨 스스로 위원장선거를 앞두고 구보씨와 몇 차례가 만나고 계시네요.

❗ 만나서 이야기했어. 나는 적극적으로 위원장이 되려고 생각하고 있었던 것은 아니지만, 일단 한다고 맘먹은 이상은 하는 수 없으므로 해야 할 일을 한다. 그런 이야기를 했지. 구체적인 내용은 그다지 기억하고 있지 않아. 구보씨하고는 호소카와연립정권과의 거리에 차이가 있었다. 나는 연립정권과는 거리를 두고 있었지. 그러나 그런 이야기는 별로 하지 않았다. 우리 두 사람의 이야기라기보다도, 오히려 주위 사람들이 열심히 움직이고 있었지.
우리들 그룹의 중심은 노자카 고켄씨였다. 본회의장도 옆이고, 의원숙사도 구단으로 같았다. 나의 출신은 자치로이고 노자까씨의 출신은 젠닛츠(全日通)였지만, 나이도 나와 동갑이고 현의회의원에서 중의원의원으로 올라왔다는 경력도 유사하다. 기본적으로 성미가 맞았던 거야. 의원회관의 방도 바로 가까웠고.

❓ 이때의 위원장선거는 9월 20일에 행해져서, 결국 구보씨가 입후보를 보류하였기 때문에 무라야마씨와 이토 마사토시 참의원의원이 입후보하여 무라야마씨가 압승하였습니다. 무라야마씨는 위원장선거에서는 「연립정권유지」와 「병립제찬성」을 제시했습니다. 그러나 무라야마씨는 원래 소선거구제와 비례대표제의 병립제에는 부정적이었던 터였지요.

그야 소선거구제에는 반대였지. 그러나 이미 야마하나씨가 호소카와내각에 들어간 때부터 흐름은 만들어져 버렸지. 거기에 사회당은 전국서기장회의에서 소선거구와 비례대표의 정수를 250씩으로 할 것을 결정하고 있다. 나는 그것에는 반대지만 당의 회의에서 결정된 것이니 하는 수 없다. 그 뒤에는 그다지 논의는 되지 않았다. 나머지는 어떻게 해서 비례의 정수를 늘려서 피해를 최소화할 것인가가 나에게는 벅찬 일이었다.

❓ 그렇기는 하지만 대립후보인 이토씨는 병립제 반대를 주장하고 있었습니다. 선거제도에 대해서 당내는 완전히 분열되어 있었네요.

그래. 분열되어 있었지.

❓ 애당초 구보씨와 무라야마씨의 그룹은 생각이 달랐을 터였습니다. 그럼에도 불구하고 구보씨는 위원장선거 입후보를 사퇴했다. 왜일까요.

으으음. 역시 나를 추천하는 좌측편이 많았기 때문이 아닐까. 그래서 구보씨등 우측이 후보자를 세워도 이길 가망이 없어 보였던 거 아닐까.

❓ 당시의 아사히신문 기사를 보면, 무라야마씨가 [사회신보]용으로 준비한 문장에 구보씨로부터의 주문이 첨가되었다고 있습니다. 최초의 문면은「병립제에 의한 선거로 당이 소멸해버리는 것이 아닌가 하는 위구가, 많은 당원으로부터 제기되고 있다」고 기재되어 있었으나, 구보씨가 이 부분을 삭제하도록 요구해 왔다. 무라야마씨는 반발했으나 막판에는「선거제도개혁에 전력을 다하겠다. 이 생각에 동조하지 않는 당내세력에게 지원을 받지 않겠다. 호소카와연립정권을 유지한다」는 조건으로, 구보씨는 하마하고 무라야마씨로 단일화했다고 있습니다. 사전조율에서 무라야마씨와 구보씨 간에 격한 논쟁이 있었던 것입니까.

❸ 없어 없어.

❓ 그러면 각 각의 주변사람이 조정했다는 것입니까.

❸ 그래. 내편은 노자카 고켄씨 등이 움직이고 있었지. 구보씨 쪽은 누구였는지 잘은 모르지만, 모두가 해주고 있으므로, 하는 수 없이 문서는 수정했지.

❓ 위원장에 당선하면 당 임원 인사를 하게 됩니다. 초점은 구보씨를 서기장으로 하느냐 어떠느냐였습니다.

❸ 그야 서기장으로 하는 것을 전제로 위원장선거를 사퇴한 거니까. 구보씨를 기용하느냐 마느냐가 아니고, 그렇게 하지 않으면 안 된다고 생각하고 있었다.

❓ 그러나, 속내는 서기장으로 하고 싶지 않았던 것이지요.

❸ 야인으로 방치해서 철저히 반대당하는 것보다는 서기장으로 해두는 것이 좋아. 함께 힘을 합해서 할 수 있다면 그것이 제일 좋을 터이니까.

❓ 틀림없이, 위원장선거 이틀 뒤에 무라야마씨가 구보씨에게 서기장 취임을 요청하였습니다. 구보씨는 그 자리에서는 회답하지 않고 3일후의 당대회에서 서기장이 결정되었습니다. 표면상으로는 무난히 결정되었다는 느낌이 들지 않네요.

❸ 그야, 구보씨인들 거드름피우는 거지(웃음). 그런 거겠지. 서기장이 돼달라고 한다 해서, 기다리고 있었습니다는 식으로 간단히는 수락하지 않을 테지. 그쯤은 이쪽도 예상하고 대응했다.

위원장이 되기는 했지만

❓ 위원장이 된 무라야마씨는 자기를 「빨가벗은 임금님」이라고 했습니다.

❸ 당 위원장이 되었지만 나는 호소카와연립정권에 대한 영향력을 가지고 있지 않았다. 그리고 당내의 실권은 서기장이 장악했다. 정권에 영향력이 없을뿐더러 당내는 서기장에게 장악당하고 있으니, 위원장은 윗자리에 떠밀려 앉혀진 꼴일 뿐이지. 나를 옹립한 그룹이 당내에서 제대로 대응해 주지 않으면 아무것도 못하는 것이지. 그런 의미에서는 노자카 고켄씨를 국대위원장으로 한 것은 실패였어(웃음). 국대위원장으로 하지 않고 총무국장같은 당 중추의 포스

트에 배치했으면 좋았을걸. 그러면 구보씨에 충분히 대항할 수 있었지. 노자카씨는 그런 능력을 가진 인물이었다. 그러나 그가 국대위원장이 되어 국회대책에 전념했기 때문에 당은 구보서기장 등에게 전임시키게 되어버렸다. 그러므로 「빨가벗은 임금님」이었을지도 몰라(웃음).

❓ 오오이타의 자택까지 설득하러 왔던 의원들은 어떻게 하고 있었습니까.

❗ 그야 나에게 협력은 해주었지. 당 임원인사가 끝나고 한숨 돌리는 마음과, 이제부터는 당의 통일과 단결을 지키는 것이 대의명분이니까, 서기장도 갖추지 않으면 안 되게 되었지.

❓ 연립정권 내에서는 어땠습니까. 무라야마씨가 위원장에 취임한 뒤에도 사회당의 존재감은 증가하지 않았습니다.

❗ 당시, 호소카와내각에 입각해 있는 멤버나 당내에서 연립정권을 지지하고 있는 멤버로부터 나는 완전히 소외되고 있었던 거야. 그것은 내가 위원장이 되어도 마찬가지였지. 나를 지지하는 의원도 있었지만 각료로서 정권에 참여하고 있는 의원들이 중심이 되어 정권에 관여하므로 위원장의 처지는 어려웠다.

호소카와내각에서는 내각에 들어가 있는 각 당의 당수와 내각에는 들어가 있지 않은 서기장 클래스가 멤버로 되어 있던 「정부여당수뇌회의」가 간혹 개최되고 있었다. 나는 위원장이 되고나서 2개월간쯤 이 회의에 출석할 수 없었지. 오자와 이치로씨 등이 그럴 필요 없다고 반대했던 모양이야. 그러나, 아무리 그렇지만 여당

제일당인 사회당위원장을 제외할 수는 없지 않느냐고 하여, 11월이 되어 그들은 마지못해 받아들였다. 그러나 회의에 출석해도 기억에 남아있는 것은 94년부터의 국민복지세소동이나 내각개조소동 정도이고, 나머지는 별것이 없었다.

❓ 어지간히 오자와씨와의 관계가 나쁘셨네요.

➕ 그럼 그럼, 나는 딱 한번 오자와씨와 얘기한 일이 있어. 내가 정부여당수뇌회의에 출석하게 된 94년 3월, 오자와씨가 런던에 간다는 이야기가 나오고 있어서 「런던에는 언제 출발하셔요」하고 물었다. 그랬더니 「아직 정해지지 않았어요」했다. 그런데 다음날 출발한 거야. 그런 관계였었지.

❓ 서기장인 구보 와타루씨는 어떤 분이었습니까.

➕ 구보씨에 대해서 나는 친한 참의원의원에게서 「이런 사내는 절대로 신뢰해서는 안 된다」고 들은 적이 있다. 왜 그런 이야기를 하는지 자세히 묻지 않았지만, 나도 이상하다고 느낀 일은 있다. 총리를 하게 된 때에 나는 서기장이던 구보씨에게 「처음 일이라 여유가 없으므로, 총리 직무에 집중해서 하는 수 밖에 없다. 그러니 당을 잘 부탁해」하고 전권을 일임했다. 그런데 내가 총리재직중에 신당문제가 불거져 당내가 끊임없이 동요되고 있었다. 그럴 때마다 구보씨에게 관저로 오도록 해서 상의했다. 여러 가지를 논의하고 타합해서 대체로 이런 방향으로 하자고 한다. 구보씨는 회담 후 기자회견을 한다. 그런데 그 기자회견에서 구보씨는 나와 합의한 내용과 다른 말을 한 적이 몇 차롄가 있었다. 그래서 관방장관인

이가라시 고오조씨가 걱정하여「이제부터는 나도 회담에 입회시켜 주십시요」라고 해온 적이 있어. 아마 구보씨는 조금 지혜가 앞질러 가는 것일까.

❓ 조금 전입니다만, 1989년의 국회에서 소비세폐지법안을 심의한 때, 법안제출자로서 구보씨가 자민당의원 등의 질문에 답변한 일이 있습니다만, 그 답변능력의 탁월함에 놀란 기억이 있습니다.

❗ 틀림없이 구보씨는 말도 잘하고 뛰어난 면이 있는 사람이다. 능력도 있다. 구보씨가 제대로 하면 정말 훌륭한 서기장이었을 거야.

❓ 제대로 하면 훌륭하다니 제대로 하지 않은 것입니까.

❗ 책략농단이 지나쳤던 것 아닐까.「책사, 책략에 탐닉한다」고 하지 않는가. 구보씨는 당시 신생당의 오자와씨와 가까웠다. 그러나 구보씨는 조심성 깊은 데가 있었으므로, 그런 식으로는 받아들여지지 않게도 하고 있었다.

❓ 구보씨는 일교조 출신이었습니다.

❗ 일교조야. 그러나 그는 사상성이 강한 의원이라기보다는 책사적인 데가 있었어. 참의원의원에 가미야마 가즈토씨라는 구보씨와 같은 가고시마 선출의 의원이 있었다. 가미야마씨는 가고시마현의 고교조(高教組)위원장을 한 사람이다. 참의원선거의 책임자도 하고 구보씨의 선거의 뒷바라지도 했지. 그런데 가미야마씨의 선거 때에는 구보씨가 그다지 협력을 안 한 모양이야. 그래서 가미야마씨가 나에게 불만을 토로한 적이 있어. 그런 면이 있는 사람일 거야. 나는

위원장과 서기장이라는 공적인 입장에서 구보씨와 만난 일은 많았지만, 개인적으로는 함께 술 한 잔 마신 일도 없어.

❓ 그런 기분이 나지 않았던 것입니까.

➕ 그런 일은 한 번도 없어. 흉금을 털어놓고 끝까지 논의를 한다든가 한 일은 한 번도 없었지. 하기야 내가 총리가 되어 당은 구보서기장에게 일임하기도 해서, 각별히 마음을 썼지.

❓ 사회당이 어려운 환경에 놓여 있을 때에, 핵심인 위원장과 서기장의 인간관계가 그렇게 되면 괴롭네요.

➕ 괴롭지. 그런 의미에서는 역시 출발부터 무리가 있었어. 진정으로 당의 단결을 지켜서 당을 하나로 만들든지 또는 철저히 대립해서 하든지, 어느 쪽인가 밖에 없었을 거야. 그럼에도 불구하고 안이한 타협을 한데에 역시 무리가 있었던 거야.

❓ 무라야마씨가 수상을 사임한 96년 1월, 계속되는 하시모토 류타로 정권에서 구보씨가 부총리·재무대신으로 입각하였습니다. 그리고 구보씨 후임으로 사회민주당의 초대 간사장에 사토 간쥬씨가 기용되었습니다. 사토씨와는 친밀하셨던 것입니까.

➕ 아니, 그하고도 그다지 친하지 않아.

❓ 사회당의 위원장과 서기장은 당내의 다른 그룹 출신자로 구성되기 때문에 껄끄러운 일이 많은 것입니까.

➕ 도이위원장 때는 야마구치씨가 서기장인데, 야마구치씨가 도이씨

에게 정성을 다하는 양상이었기 때문에 원만하였다. 다나베 마코토씨가 위원장인 때는 야마하나씨가 서기장이야. 연령도 다르고 선배 후배 관계이니까 서기장이 위원장을 섬기는 격이지. 그리고 야마하나위원장 때는 아카마츠서기장이야. 이때는 인간관계가 원만했던지 어쩐지 모르겠어. 나는 그다지 깊이 관여하지 않았고, 애당초 우리들은 당시의 집행부로부터 그다지 대접받고 있지 않았다. 어떻든 벽이 있었으니까. 그리고 나 때에는 「사회당의 통일을 지키기 위해서는 너 밖에 없다」고 설득당했지만 서기장과는 원만하지 못했어. 그러나 사토간사장은 시치미를 뗀다고 할까, 호인인 체하면서 책략을 농단해서 허점을 노리는 그런 사람은 아니었다.

정책결정에 참가하지 못하는 사회당위원장

❓ 당시 사회당 위원장의 일주일간은 어떤 스케줄이었습니까.

➕ 당시는 도쿄도 지요다구 구단의 의원숙사에 살고 있었으므로, 매일 거기에서 사회당본부로 나가고 있었다. 정해진 회의는 매주 목요일 오전 중에 중앙집행위원회가 있었다. 이 회의에서는 그때그때의 과제에 대해서 논의하고 있었다. 그 이외에는 조합의 회의가 있으면 나가고, 지방조직 등으로부터 요청이 있으면 지방의 회합에도 나가고 있었다. 그러나 대체로 의원회관의 자기 방에 있는 일이 많았다.

❓ 당본부에 위원장실이 있는데 의원회관에 계셨던 것입니까.

➕ 서기국 사람이 위원장의 결재따위를 받으러오는 일은 별로 없었

고, 일상업무는 대체로 간사장이 처리하고 있었다. 간사장실은 위원장실과 복도를 사이에 두고 건너편에 있었다. 그러나 나한테로 구보간사장이 오는 일은 거의 없었다. 그러므로 의원회관에 있는 편이 많은 거지. 의원회관에 있으면서 뭔가 필요한 일이 생기면 당본부로 가고 있었다.

❓ 자민당과 많이 다르네요. 정권을 잡고 있을 때의 자민당총재는 총리로 취임하기 때문에 당본부가 아니라 수상관저에 머물러 있습니다만, 야당 시절의 총재는 당본부에 머물러 있었습니다. 내빈도 보고도 당본부에서 대응하고 있었습니다. 국회 개회중에는 간사장이 직원과 함께 국회내 자민당 간사장실로 옮겨와 있었습니다. 사회당의 경우는 그렇지를 않네요.

➕ 국회내에는 국회대책위원장 사무국은 있었지만 간사장실 같은 방은 없어(웃음). 물론 위원장실도 없어. 그러므로 의원회관에 머물러 있는 일이 많아. 의원회관에는 지역쪽의 내빈뿐 아니라 관료가 법안의 설명 차 찾아오기도 했지. 그러므로 위원장 때에는 특별한 업무가 없는 한은 의원회관에 있는 편이 많은 것이 아니었을까.

❓ 사회당의 경우 무라야마씨 뿐 아니라 역대 위원장이 그랬던 것입니까.

➕ 이전 일은 잘은 모르지만 그런 것 아닐까.

❓ 여당 제일당의 당수시니까 관료의 설명은 많았었지요.

➕ 많았어. 대장성이 특히도.

❓ 호소카와정권에서는 정부여당수뇌회의 이외에 각 당의 간사장 서기장 클래스가 모이는 대표자회의가 있어서, 주요정책에 대하여 논의하고 있었습니다. 그런 기회를 통하여 사회당은 정책에 여러 가지 주문을 제기할 수 있었습니까.

❸ 그런 주문을 제기할 수 있는 자리에 나는 나간 일은 없어. 예산이나 중요정책의 결정과정에 나는 커밋할 수 없었다고 할까, 그런 기회가 없었지. 애당초 부름이 없었지. 나는 호소카와연립정권이 출발한 후, 도중에서 야마하나위원장과 교대한 상황이니, 아까도 얘기했듯이 당초는 정부여당수뇌회의의 멤버도 되지 못했다. 대체로 예산편성이라든가 주요한 정책에 관하여 논의하는 회의에 나간 일이 없어. 참석한 것은 GATT(관세 및 무역에 관한 일반협정)의 우루과이·라운드(다각적 무역교섭)에서 쌀시장 개방에 대하여 논의한 때라든가 국민복지세 때뿐이었다. 그때 나는 호소카와총리를「밤에 회합하는 것을 좋아하는 사내로군」했었지.

❓ 왜 그렇게 되었던 것인가요.

❸ 그야 역시 대표자회의에 구보서기장이 출석하고 있어서가 아닐까. 그리고 나는 도중에 교대했기 때문에 그럴 필요가 없어서일지도 모르지.

❓ 사회당위원장이 관여하지 않은 채 정책이 계속 결정되어가는 것은 이상하지요.

❸ 그야 중앙집행위원회에서 간사장으로부터 보고가 있으니까. 그러니까, 우루과이·라운드와 국민복지세 이외에 내가 호소카와정권

에 어택한 일은 그다지 기억에 없어. 그래 그래 뒤에 94년 4월경 내각개혁을 한다고 소란을 피우고 있었다. 그때 반대하였지. 그 세 번이야.

여하튼 호소카와정권은 어디서 누구가 논의해서 결정했는지 모르지만, 대표자회의에서 양해해서 승인했다고 하여 안을 제출한다. 나한테는 그런 안을 설명하러 온다. 뭣인가를 결정하기 전에 미리 설명하러 온 일은 그다지 없었다.

❓ 끝나고 나서 설명하러 오는 것입니까.

❂ 보고하러 오는 거야.

❓ 그래서야 순서가 뒤바꼈네요. 스스로가 스스로를 「빨가벗은 임금님」이라 하고 있었는데, 호소카와정권의 주요 정책결정과정은 사회당위원장인 무라야마씨가 관여할 수 없는 메커니즘으로 되어 있었네요.

❂ 으으음. 어지간히 강경하게 반대라도 하지 않는 한은 그런 걸까. 참 사회당의 경우, 중앙집행위원회가 있어서 거기서 지금 무엇이 논의되고 있다는 보고는 있지. 당으로서는 그 자리에서 논의하니까, 위원장에게 특별히 보고하러 온다든가 하는 일은 거의 기억에 없어요.

❓ 그러한 대응에 불만을 가지지는 않으셨습니까.

❂ 설명하러 오지 않을 때에는 아무런 문제가 없는 거겠지. 무난히 끝난 것으로 생각했었지.

고투한 우루과이·라운드

❓ 호소카와정권의 정책결정에서 소외되었던 무라야마씨가 적극적으로 관여하신 몇 가지 예외의 하나가 우루과이·라운드입니다. 정부는 93년 12월에 일정량의 쌀을 낮은 관세로 수입하는 미니멈 아크세스의 수락을 결정하였습니다. 농업단체가 반대하고 있으므로 사회당은 강하게 반대하고 있었습니다. 12월 10일의 중앙집행위원회(중집)에서는 「우루과이·라운드에서의 재교섭을 요구한다」는 방침을 결정하였습니다. 다만 연립정권에 대하여 어떻게 대응할 것인가의 결론은 내지 않았다. 무라야마씨는 반대지만 연립에서는 이탈하지 않는다는 대응이었습니다.

❸ 이 문제는 최후에 결단했었지. 당본부에서 3일 낮 3일 밤 철야로 논의한 것을 기억하고 있어. 반대하고 있던 농민들이 당본부 앞으로 밀려와서, 머리띠 매고 깃발이나 플래카드를 흔들면서 「반대, 반대」하고 있었다. 그런 목소리를 들으면서 우리들은 당본부 건물 안에서 논의했다. 최종적으로 「미니멈 아크세스는 반대」로 되면 정권을 이탈하지 않으면 안 된다. 당시 사회당에서 입각한 각료는 6명이었다. 그래서 그 6명에게 당본부로 출두하도록 해서 「드디어 사회당이 반대를 결단하면 당신들은 각료를 물러나 줘야 한다. 그러니 당신들의 의견도 들려달아」고 했다. 모두들 대체로 「최종적으로 당이 결정하면 결정에 따르는 수 밖에 없다. 결정하면 이의는 없다」는 얘기였다. 나는 「당신들의 의향도 들은 위에 판단할 터이니 맡겨 달라」고 하고나서 최후에 결단했다.

내각에 들어간다는 것은 우루과이·라운드문제만을 어떻게 한다는 것이 아니고, 대응하여야할 정책은 광범위하고 여러 가지가 있다고 생각했다. 우루과이·라운드에 관해서는, 이 기회를 살려서 금후의 농촌을 어떻게 할 것인가, 농업을 어떻게 할 것인가에 대하여 철저한 논의를 해서, 그리고 농민이 안심할 수 있는 정책을 똑바로 제시할 것을 전제로, 미니멈 아크세스를 인정하기로 했다. 물론 당내에는 많은 반대도 있었다. 농수(農水)정무차관을 하고 있던 참원의원인 무라자와 마키씨는 미니멈 아크세스에 반대하여 정무차관을 사임했다. 「그런 결정을 하면 , 나는 차관으로서의 업무를 할 수 없다」고 해왔기에 「그런 일은 없다」고 설득한 것을 기억하고 있다.

❓ 무라야마씨는 당시는 「세 차례의 국회결의, 그리고 연립정권의 합의에 따라 사회당은 반대하고 있다. 이것으로 노력하는 것이 중요하다」고 주장하고 있었습니다.

➕ 그야 아무리 사회당이 반대해도 우루과이·라운드에 관한 정부간의 합의는 부정할 수 없다. 그것이 하나. 또 하나는, 정치의 업무, 정권여당의 업무라는 것은 단순히 우루과이·라운드뿐 아니라, 사회보장문제를 비롯한 광범한 문제에 대응하여야 한다. 특정문제에 반대니까 연립을 이탈한다는 것은 조금 다른 것이 아니냐는 것을 나는 이야기한 셈이다. 그리고, 여기선 정권내에 버티면서, 그 대신 여러 가지 주문을 제기해서 농민들의 기대에 부응하는 정책을 만들어가자고 했지.

❓ 사실 미니멈 아크세스의 대가로서 약 6조엔이나 되는 예산을 첨가하게 되었습니다만, 결국 일본농업은 좋아지지 않았습니다.

❸ 지금도 기억하고 있지만, 그때는 자민당 참원의원 야마모토 도미오씨가 버티고 있었다. 그가 격렬하게 하고 있었지. 그러나 첨가된 예산의 태반이 농업토목에 지출되어 일본농업은 강하게 되지 못했지.

❷ 사흘 밤 논의한 미니멈 아크세스지만 당내에는 반대론 쪽이 많았었지요. 반대하는 사람들은 연립이탈을 주장하고 있었습니까.

❸ 이탈할 것을 전제로 「반대」라는 사람도 있었을지 모르지만, 그런 사람들만은 아니었다. 역시 앞으로의 농업을 어떻게 할 것인가 하는 입장에 섰을 때에, 지금 내가 이야기한 것 같은 의견으로 「어떤 주문을 덧붙혀서, 농업문제에 대한 기대에도 부응할 수 있는 일을 해야 하지 않느냐」고 하면서, 이는 부득이한 거 아니냐는 의견을 가진 사람도 있었다. 참 여러 가지 의견이 있었지만, 찬성이라는 의견은 그다지 없었지.

❷ 찬성은 없었다.

❸ 저런 분위기였으니 차마 이야기할 수 없었겠지. 그러니 미니멈 아크세스반대라는 것이 대다수야. 그러나 반대는 반대였지만, 여러 가지 타협안도 있었다. 그런 제안도 있었다. 그리고 여러 가지 논의를 한 결과, 최후에 위원장이 결단하여야 할 단계가 되어서 앞에 이야기한 것처럼, 나는 각료들을 불러서 의견을 듣고 그 의견도 고려한 위에 결론을 내었다.

❷ 사실, 최종일의 기록을 보면, 오후 2시부터 중집이 개시되고, 5시에 양

원의원총회를 하고, 7시에 다시 중집을 하고, 9시 50분에 양원의원총회를 하고, 그 후 삼자임원회의를 하고, 다음날 오전 1시에 중집과 양원의원총회라는 식으로 계속해서 회의를 개최하고 있습니다.

최후에는 위원장에게 일임된 것이 아니었던가. 「정치를 바꿔달라」는 국민의 기대가 있어 호소카와정권이 수립된 것이야. 그리고 사회당에게 그런 국민의 기대에 부응하는 역할이 있다면, 정권에 머물러 있을 의미가 있는 것이 아닌가 하고, 우리들은 스스로에게 자문하면서 스스로를 납득시키며 정부 결정에 동조한 거야.

이때에는 호소카와연립정권 내에서 사회당이 가장 의원수가 많았고, 도이씨가 의장으로 되어 있기도 하여, 정권이 여러 정책을 결정하는 과정에서 사회당의 의견이 반영되리라고 생각하고 있었다. 내각에서 뛰쳐나와 야당이 되는 것보다 내각에 남아있는 편이 영향력도 존재감도 유지할 수 있다고 생각했다. 우선 당으로서의 역할도 다할 수 있을 것이라는 생가이었다. 그렇게 납득했던 거야.

이 문제에만 국한하지 않고 무라야마씨는 위원장 취임 후, 호소카와총리와 따로 만나서 이야기한 적은 있었습니까.

우루과이·라운드에 대하여 호소카와총리와 둘이서 이야기한 적은 없는 것이 아닐까. 그 이외에도 만난 적은 별로 없어. 내가 정부여당수뇌회의에 참석하게 되면서부터는 회의에서는 항상 만나고 있었지만 개인적으로 만나지는 않았다.

정부의 대응에 대한 정보는 들어왔던 것입니까.

여러 움직임은 신문에 보도되니까. 거기에 일주에 한번 중앙집행위원회가 있어서 거기서 보고가 있었으니까. 그 이상의 상세한 정보는 나에게는 오지 않았다.

❓ 여당 제 일당임에도 불구하고 우루과이·라운드에 대해서는 사회당의 손이 닿지 않는 곳에서 사안이 결정되는 것은 만부득이하다는 심정이었습니까.

➕ 하는 수 없다는 것보다는 정권에서 이탈한다는 것의 플러스·마이너스를 생각했다. 연립정권에 남아있는 것이 플러스인가 마이너스인가 하는 판단이야. 그리고 나의 결론은 역시 정권내에 있는 편이 플러스면이 많다는 거야. 그것은 아까 얘기한 것처럼 단지 농업문제뿐 아니라 사회보장제도문제를 비롯해서 여러 가지 문제에 대하여 사회당이 영향력을 발휘할 수 있을 것으로 생각했기 때문이야.

국민복지세에서는 철저항전

❓ 우루과이·라운드에서는 사회당은 연립정권의 정책을 수용하였습니다만, 94년 2월의 국민복지세소동 때에는 철저히 반대하셨네요. 심야의 기자회견에서 호소카와총리가 돌연히 소비세율을 7%로 인상한다고 발표하였습니다. 그러나 정권내에서는 그 이전부터 소비세에 관해서는 계속 논의하고 있었습니다.

➕ 그려, 여러 가지 논의는 하고 있었지. 이 문제에 대한 나의 생각을 말하자면, 소비세율을 약간은 인상하지 않으면 안 되는 상황이 되

고 있음을 더는 부정하지 않아. 그러나 인상시기나 세율 등은 다르다. 또 하나, 나의 의견은 소비세를 목적세로 해서 모두 사회보장에 충당한다는 것에는 반대였다.

❓ 사회당은 소비세도입 때에 격렬하게 반대하고 있었습니다만, 돌변하여 용인하네요. 그 이유는 무엇입니까.

➕ 앞으로 일본은 사회보장비가 점점 팽창해가므로 소비세를 사회보장의 세원으로 하는 것에는 별로 반대는 아니다. 그러나 소비세를 목적세로 해서 소비세만을 사회보장비의 세원에 충당한다는 것에는 무리가 있다. 헌법 제25조에 「모든 국민은 건강하고 문화적인 최저한도의 생활을 영위할 권리를 가진다」고 규정하고 있다. 이 조문이 있는 한 역시 세금을 국민에게 재분배한다는 의미에서는 다른 일반세원으로부터도 사회보장에 돈을 납입해야 한다고 생각해. 이것은 당연한 일로 소득세 등 다른 세원을 사회복지·사회보장에 사용하는 것은 소득의 재분배를 올바르게 하기 위해서이다. 소비세만으로 사회보장비를 충당하려고 한다면 소비세율이 한도 끝도 없이 올라간다. 역진성(逆進性)도 강하므로 반대였다.

❓ 사회당은 소비세 폐지를 계속 요구하고 있었던 것은 아닙니까.

➕ 그래 소비세를 창설할 때에 반대한 것이니 소비세율을 인상하는데 대해서도 안이하게 찬성이라고는 하지 않지. 그러나 현실적으로 판단하는 경우, 일본사회가 고령화하여 사회보장에 소요되는 비용은 급속히 증대해지므로, 국민의 소득이나 소비 등 여러 가지를 생각해서 공평한 과세를 통하여 재원을 만들어갈 수밖에 없다고 생

각하고 있었지.

❓ 당내는 어땠습니까.

➕ 당내는 더욱더 소비세를 인상하는데에 반대하는 것이 강했지.

❓ 소비세폐지를 주장하는 사람은 있었습니까.

➕ 소비세가 도입되고 나서부터는「폐지하여야 한다」는 의견은 그다지 없었지.

❓ 그렇다면 사회당내는 호소카와정권이 들어선 이후, 사회복지예산의 재원으로서 소비세 인상은 어느 정도는 부득이하다는 분위기였던 셈이네요.

➕ 당내의 분위기라는 것보다 나 자신이 그렇게 생각하고 있었다는 것이야. 당내도 설득하면 하는 수 없구나 하는 것으로 되었으리라고 생각해. 다만 당내에서 논의도 했지만 결론을 얻을 정도의 이야기까지는 되고 있지 않았다. 당으로서의 결론을 내려야 한다는 것이면 반대·찬성을 명확히 하지 않으면 안 되지만 그렇지는 않았지.

❓ 94년 1월말에 정치개혁문제가 결착되니, 당연히 다음은 예산편성이 초점이 됩니다. 그때에 아무래도 재원이나 세제가 논의됩니다만, 소비세율 인상에 대하여 사회당으로서의 스탠스는, 그때는 아직 굳혀지지 않았던 것입니까.

➕ 굳히지 않았었다. 소비세나 소득세에 대한 논의는 했지만 인상에 찬성하느냐 반대냐 하는 결론을 구하려는 논의는 한 일은 없어.

❓ 그런 상황 속에서 호소카와총리가 2월 2일 오후 7시, 여당대표자들에게 국민복지세창설의 생각을 전하고, 3일 미명 기자회견에서 국민에게 표명하였습니다.

❂ 그래. 물론 정권 내에서는 그때까지 세제개혁에 관한 논의는 하고 있었겠지만, 소비세율을 구체적으로 몇% 인상할 것인가 하는 제안은 없었으니까.

❓ 호소카와총리의 기자회견의 주된 내용은, 소득세 등 총 6조엔의 감세, 97년 4월의 소비세 폐지와 세율 7%의 국민복지세의 창설이었습니다. 호소카와총리의 제안을 받아서 사회당은 중앙집행위원회를 개최하여 국민복지세반대를 확인하고, 무라야마씨 자신이 2일 심야에 호소카와씨를 만나서 재고를 요구하였습니다. 당내는 국민복지세를 강행당할 경우에는 연립이탈을 해야 한다는 분위기가 강했었네요. 무라야마씨도 미명에 기자회견을 하여「총리가 발표한 방침은 절차도 내용도 우리 당의 의견을 받아들이지 않고 있다. 지극히 불충분하다. 이 방침으로 예산편성을 한다면, 사회당은 각료의 동의 등 여당으로서의 협력도 지극히 곤란하다. 이것은 사회복지의 이름을 빌린 소비세인상에 불과하다」고 비판하였습니다. 그와 더불어「잘도 야밤에 소란피우는 사내로군」이라 하셨습니다(웃음).

❂ 우리들은 국민복지세에 대해서는 노터치였다. 호소카와총리의 기자회견 전의 정부여당수뇌회의는 3일 오전 0시전에 개최되었다. 회의가 시작되자 호소카와씨는「소비세를 해소하고 국민복지세를 창설하고 싶다」고 말문을 열어 내용을 설명하였다. 나는「처음 듣는 이야기다. 이런 것을 갑자기 꺼내서 인정해달라고 해봤자 인정

하지는 못한다. 첫째, 소비세를 폐지하여 국민복지세로 해서 세율을 7%로 하려는 안은 간판을 바꾸는 것뿐이고 내용은 소비세와 똑같은 것 아닌가. 그런 것에는 찬성할 수 없다」고 반대하였지. 나 옆에 민사당 위원장이자 후생대신이던 오오우치 게이고씨가 앉아 있었기에 「오오우치씨, 당신 후생대신으로 국민복지에 가장 관계가 깊은데 이 이야기는 사전에 알고 있었습니까」하고 물었더니 「아니, 나도 몰라」라고 한다. 그래서 나는 「그러면 당신, 일어서서 의견을 말하세요」하고 재촉하였다. 그랬더니 오오우치씨도 일어서서 「나도 반대다」고 하는군. 그리고 관방장관인 다케무라 요시오씨도 난색을 표하고 있었다. 그러니 공명당의 이치카와 유이치 서기장이든가 생각되는데 「잠깐 기다려요. 당신은 관방장관으로서 발언하는 것인지 신당사키가케의 대표로서 발언하는 것인지, 어느 쪽이요」하고 대들었다(웃음). 다케무라씨는 「그야 양쪽이지」라고 대답했던 것 같아(웃음).

❓ 사회당의 강경자세의 결과, 연립여당대표자회의는 4일에 국민복지세구상을 백지화할 것을 합의하고, 호소카와씨에게 철회를 촉구하였습니다. 이 구상은 깨끗이 파기되어 버렸습니다.

➕ 나는 나중에 생각한 것이지만, 이 이야기는 사전에 좀 더 정연한 설명이 있었다면 달리 전개되었으리라고 봐. 예를 들면 그때의 재정상황이나 예산전체의 배분 등 여러 가지 문제점을 고려해 보면, 앞으로 고령화사회가 진전하여 연금이나 개호비, 의료비가 급속도로 증대된다. 그러므로 소비세를 얼마간 올리지 않을 수 없다는 것을 가지런히 검토해서 제시한 결론이라면, 좀 더 설득력이 있었

으리라고 생각돼.

❓ 무라야마씨는 목적세로 하는 것은 문제지만, 소비세는 인상하지 않을 수 없다고 생각하고 계셨으니까, 정책의 결정에서 정연한 수순을 밟았다면, 국민복지세는 실현되었을지도 모른다는 것이네요.

❸ 나는 소비세율을 인상하지 않을 수 없다고 생각하고 있었으니까.

❓ 그런데 호소카와씨의 제안에는 전면적으로 반대했다.

❸ 그야 이봐요, 내용도 모르고 확실한 절차도 거치지 않았고. 그런 것을 느닷없이 인정해달라고 해봤자, 그런 것 양해할 수가 없지. 이런 중대한 문제는 정연한 프로세스가 중요해. 사전에 확실한 연락을 하고, 서로 검토하여 도출한 결론이라면 반대할 리 없지. 이미 양해한 셈이니까. 그러한 상의도 없고 설명도 없고, 검토할 기간도 없이, 결론만을 느닷없이 들이대어서 인정해달라고 한들 그건 엉터리야.

❓ 강한 반대자세에 대하여 당내에는 이론은 없었던 것입니까.

❸ 없어 없어. 그것은 중앙집행위원회에서 결정한 것이기도 하니까.

❓ 구보서기장은 어땠습니까.

❸ 국민복지세에 찬성이라는 의견은 없었다. 이것은 이미 만장일치야.

❓ 연립정권유지를 중시하고 있는 사람들의 의견은 다르지 않았던 것입니까.

❸ 국민복지세를 법안으로서 제출했었다면, 그것은 모르겠어. 그러나 제출전의 이야기니까 문제가 아니지.

❷ 연립이탈을 진지하게 고려하고 있었습니까.

❸ 아니, 이 이야기는 호소카와씨 쪽에서 체념하고 철회한 것이니까 연립이탈 같은 것은 그때는 상정하지 않아. 여하튼 이쪽은 이런 법안을 내는 것 자체가 어림없는 일이니까 사전에 파기시킨다는 생각으로 대응했지.

❷ 파기시킬 수 있다고 생각하고 있었습니까.

❸ 생각하고 있었지. 그야 너무도 어이없는 엉터리 이야기니까. 사회당이외의 각 당·회파도 반대가 강경했지. 나는, 호소카와씨도 그다지 자신을 가지고 제안하고 있지는 않다고 생각했지. 만일에 진지했다면 본인은 더욱더 노력했으리라고 생각해.

혼미하게 질주한 정치개혁관련법안

❷ 약간 거슬러 올라가서, 94년 1월말에 성립한 정치개혁관련법안에 대하여 여쭙겠습니다. 최대 초점인 소선거구비례대표병립제입니다만, 자민당은 소선거구의 정수가 300, 비례가 200, 정부는 각각 250이라는 법안을 제출하였습니다. 93년 11월에 정부안이 중의원 본회의에서 가결되었습니다. 그런데 94년 1월, 이 법안은 연립여당인 사회당으로부터 17명이라는 대량의 반란표가 나왔기 때문에 참의원 본회의에서 부결

되었습니다. 결국, 부결후의 1월말에 호소카와총리와 자민당의 고오노 요헤이총재의 탑 회담에서, 정수는 소선거구 300, 비례 200으로 한다는 등으로 합의하여 최종적으로 성립하였습니다.

❸ 사회당은 호소카와연립정권에 들어갈 때에 소선거구도입을 인정하여, 당의 방침도 결정되어 있었다. 그러므로 윤각이 결정되어 있는 상태에서 비례와 소선거구의 정수배분을 어떻게 할 것인가가 최대의 초점으로, 나도 호소카와씨와 심하게 논쟁한 일이 있다. 둘이서 만나서 나는 「역시 비례의 정수를 늘려야 한다. 그것이 유권자의 의견이 공평하게 반영되는 것으로 된다」는 등 끈질기게 이야기한 적이 있어. 정부가 처음에 제시한 안에는 250씩이었다. 나는 좀 더 비례를 늘리라고 말했지. 정말 여러 가지 얘기했지만 최종적으로는 하는 수 없다고 하기에 정부안에 나도 동의했다. 그러나 당내에는 이론이 있어서 참의원 본회의뿐 아니라 중의원 본회의 의결 시에도 반란표가 있었는데, 중원 쪽은 간신히 가결했지.

❷ 당으로서는 정부안을 인정하지 않을 수 없었던 것이네요.

❸ 그런데 참의원에서 부결된 거야. 나는 마음속으로는 「됐어!」하고 생각했지(웃음).

❷ 반란자에게 감사하십니까.

❸ 정작 「됐어!」하고 생각은 했지만, 역시 사회당은 연립정권에 참여하고 있고, 당도 정부안에 동의해 온 것이기 때문에 「당내에서 반란표가 나왔다는 것은 정말 송구스럽습니다」하고 정부여당수뇌회의 등 사과해야 할 곳에서는 솔직히 사과했지(웃음). 다만 참원에

서 부결한 결과, 정수배분은 소선거구 300, 비례 200으로 정부안보다 나빠져 버렸다. 당내에는 일부 의원의 반란의 결과, 새로운 선거제도는 더 나빠졌다는 의견도 있었다.

나는 그때, 호소카와씨와 고오노씨의 당수회담에서 결정한 절차에 대하여, 그런 방법은 이상하다고 상당히 반대했었지. 참의원에서의 부결을 격고 중원의장인 도이씨가 알선하는 형식을 갖추어 호소카와씨와 고오노씨를 불렀다. 도이씨의 진의는 이제 여기까지 왔으면 급하게 결론을 내지 말고 좀 더 시간을 두고 냉정하게 하면 어떨까 하는 것이었다. 그런데 두 사람은 당수회담에서 수정에 합의했다. 그리고 양원협의회에서 그것을 가결하고 다시 중참양원에서 가결했다. 한번 참의원에서 부결된 것이, 수정되었다고는 하지만 다시 양원본회의에 나온다는 것은, 국가전체의 명운에 관련되는 문제 같은 때에나 할 일이지, 단지 소선거구제를 어떻게 할 것인가 같은 안건에서 하는 것이 아니다. 이상하다는 느낌이 나에게는 있었다. 참원 경시로도 되고, 원래 소선거구제 도입에 반대였던 일도 있어서 더욱 그렇게 생각했다. 그때에「이런 부당한 것은 인정하지 못한다」고 위원장을 사임할 정도의 용기가 있어도 좋았던 것이 아닌가 하고 나중에야 생각했다.

❓ 정치개혁관련법안의 성립과정은 헌법이나 국회법 등에 규정된 절차를 따르고 있습니다. 다만 수정안을 합의한 것이 실질적으로는 양원협의회가 아니라 당수회담이었던 것이네요.

❸ 참원에서 부결한 것이니까 본래는 폐안으로 하여야지요. 거기에 도이의장도 침착하게 생각하자고 알선했다.

❓ 도이의장의 알선안은 법안에 시행일을 규정하지 않고 연기하자는 안이었습니다. 그것을 호소카와씨와 고오노씨는 법을 파기하기 위한 것으로 받아들이고 있었습니다.

➕ 그래서 듣지 않았던 것이지. 그러나 중원의장의 알선을 무시하여 이런 일을 한 것은 괘씸하지. 이런 일이 버젓이 통한다면 무엇이든 할 수 있지. 국회경시라고 생각했다. 그러나 내가 소란 피운다고 해도 법안은 성립되지만.

❓ 당수회담 전에 무라야마씨는 호소카와씨와 만나셨네요.

➕ 호소카와씨가 고오노씨와 회담하는 과정에서 과연 연립정권내의 제 일당인 사회당의 위원장에게 아무 말도 하지 않고 논의를 진행시키는 것은 좋지 않다고 생각했는지 호소카와씨로부터 나를 만나고 싶다는 연락이 있었다. 고오노씨와의 회담 전이었다. 국회내의 총리 대기실에서 만나니 호소카와씨가 「정치개혁관련법안의 처리에 관하여, 뒷일은 맡겨주시겠습니까」라고 하기에 「무엇을 맡겨달라고 하는지 내용도 생각도 모르고, 단지 맡겨주시겠습니까 하는 것만으로는 무리다. 안 된다」고 대답했다. 호소카와씨는 「아 그렇습니까. 알았습니다」라고만 하고 돌아가 버렸지(웃음). 일단 만나서 이야기를 했다는 모양새를 갖추기 위해서 나를 만난 것이지, 내가 뭐라 하던 처음부터 이야기를 들을 생각은 없었던 거야.

이미 분열상태의 사회당

❓ 사회당내에는 우루과이·라운드나 국민복지세와는 달리, 선거제도개혁에 대해서는 찬성파가 꽤 있었어요.

⊕ 그럼. 그들은 사회당이 어떻다고 하는 것보다는 호소카와정권을 지켜야한다는 의식이 강했지. 우루과이·라운드나 국민복지세 문제는 사회당을 어떻게 할 것인가 하고는 관계가 없으므로 당내 분열은 없다. 그러나 선거제도는 달랐다.

❓ 당수회담의 합의내용에 대하여 사회당은 「이래서는 이야기가 다르다」고 하여 중앙집행위원회에서 「반대」를 결의했을 수도 있지 않았습니까.

⊕ 아니, 이미 그것은 무리야. 전체의 흐름은 성립으로 향하고 있었으니까. 역시 「호소카와정권이 그것으로 유지될 수 있다면」 하는 편이 강했다.

❓ 사회당내에서도 그랬습니까.

⊕ 그럼. 그때 내가 「그건 얘기가 다르다, 반대다」 라고 했다면, 사회당은 거기서 분열했을지도 몰라.

❓ 같은 당이면서도 이렇게도 대화도 없고 제각기 흩어져 있었으므로 분열해서는 안 되었던 것입니까.

⊕ 그야 분열은 그렇게 간단히는 안 되지. 당수회담에서 호소카와씨와 고오노씨가 합의한 후, 사회당내에서는 합의내용에 대하여 「찬성인가 반대인가」 라는 논의는 하지 않았다. 그대로 채결에 쏟아져

들어갔지. 만일에 중집에서 찬반을 논의하거나 「집행부는 합의안에 반대다」라고 하고 있었다면, 그야 사회당은 분열했을 거야.

❓ 무라야마씨는 반대였었지요.

➕ 당내의 대세는 그저 그것으로 좋다는 분위기였다. 반대라는 의견은 그다지 나오지 않았었지.

❓ 소선거구 300이라는 안은 명백히 사회당에게는 불리한 내용이었습니다. 그럼에도 불구하고 사회당의원이 이 법안을 성립시키려는 것은 어떤 이유에서였을까요.

➕ 그야, 배후에 신당문제가 머무적거리고 있었던 거야. 대체로 93년의 총선거에 패배한 때부터 이제 사회당으로서는 안 된다. 새로운 당을 만들지 않으면 지탱할 수 없다는 움직임이 저류에 있었지. 구체적으로는 몇몇 지방에서 사회당의원도 참석한 「리베럴 뭔인가」라는 그룹이 만들어져 있었잖아. 그래서 나는 지방의 집회 등에 나가면 「당원 스스로가 이제 사회당으로서는 안 된다고 하는 의견을 말하는 것은 괘씸하다. 용납될 수 없는 일이다. 모두가 그런 말들을 해서 당을 망가트리고 있다」고 얘기하고 있었다.
그렇지만 나 자신도 이대로는 사회당은 막다른 골목에 이른다. 오로지 연합(連合)에만 기반을 두고 있어서는 이 이상은 무리라고 생각하고 있었다. 그러므로 좀 더 우측에도 지지기반을 확대해 간다는 구상에 입각한 신당문제를 생각하여야 한다고 느끼고 있었다.

❓ 리베럴 그룹은 어떤 사람들입니까.

❖ 구보서기장이나 야마하나씨 등은 들어 있을 거야. 그들은 사회당을 해산하여 명실공이 새로운 당을 만들려고 하고 있었다. 당내 우측의 무리들이야. 그들은 해당하여 다른 정당들과도 함께하려고 하고 있었다. 그것은 신당사키가케 이외의 호소카와연립정권을 만든 당이야.

그것에 대항하고 있었던 것은 위원장선거 시에 나를 떠메었던 멤버야. 그들은 사회당을 지켜가려 하고 있었다. 물론 이대로의 사회당으로서는 이젠 안 되겠다는 것은 알고 있었다. 나는 우선 사회당과 사키가케가 합류해서, 거기에 리베럴 세력을 결집하면 총선거에서 100전후의 의석을 얻을 수 있을 것으로 생각하고 있었지.

❓ 사회당의 한계를 감지하여 신당결성을 지향하는 「신당파」와 사회당을 소중히 하면서 개혁해 가려는 「주체성파」로 분열되어 있었다는 느낌이네요. 그러므로 「신당파」는 사회당이 새로운 선거제도로서는 의석을 감소시킬 것을 알면서도 상관하지 않았던 것이네요.

❖ 상관없어. 신당을 만드는 것이니까. 거기는 우리들과 발상이 전혀 다르지. 당내의 이 두 흐름은 1993년 7월의 총선거 결과 나타났다. 신당을 만들려는 그룹은 신생당이나 일본신당, 공명당 등 연립정권 내에서 움직이고 있었다.

❓ 93년 단계에서 생겨난 사회당내의 두 개의 그룹은 과거의 「좌파 우파」와는 다른 것입니까.

❖ 그런 것은 없어졌지. 그들은 이제 사회당 따위에 대한 미련이고 뭐

고 없는 거야. 그러나 나는요, 역사와 전통을 가지고 있는 사회당의 깃발을 간단히 내리지는 못하는 거지. 참, 그 무렵 이미 사회당은 다름없었지. 분열상태였지만 위원장으로서는 역시 분열시킬 수는 없어.

❓ 70년대와 같이 당내의 좌파와 우파가 분열하여 격렬하게 대립하고, 당대회에서 욕설 질책이 난무하던 때와 「신당파」 「주체성파」로 쪼개진 이때의 분열상태는 다른 것입니까.

❸ 그건 질이 다르지. 인간관계도, 이제까지의 운동의 경과도, 각각의 출신지의 배경도 엉켜있어서 제각기 판단하고 있었지. 그러나 나는 당내에서 충분히 논의를 해서 합의점을 도출하는 운영을 한다면, 그런대로 정리되리라고 생각하고 있었다. 「통일을 지키기 위하여」라는 명목은 중요하였다.

❓ 또 하나의 차이점이 알기 어렵습니다. 물론 신당에 관한 생각은 다릅니다만, 정책 등은 어떻게 다른 걸까요.

❸ 자위대가 위헌인가 합헌인가에 있어서는 다를지 모르지만, 무엇이 위헌이고 합헌인가 하는 것은 집중적으로 논의하지 않았다. 노동조합에 관해서는, 노사협조로 서로 돕는다는 노선과 노동자의 권리를 지켜가야 한다는 노선에서는 다르다. 그러나 따져본다면 두 개의 그룹에 큰 차이는 없을지도 몰라.

❓ 70~80년대는 자민당이 정권을 유지하여 하나로 뭉쳐있었기 때문에, 사회당도 당내에 여러 가지 문제를 안고 있어도 간단히 분열할 수 없었

다. 그런데 자민당이 야당이 되고 약체화하자마자 사회당내의 모순이 현재화하기 쉬워졌던 것이겠네요. 더욱이 호소키와 연립정권의 탄생으로 하나로 될 수 있을 정당이 늘어났기 때문에 「신당파」는 각별히 움직이기 쉬워졌겠지요.

나는 역시 당을 분열시킨다는 것이 아니고, 새로운 당으로 탈바꿈하여 가는 것이 중요하다고 생각했다. 꼭 신당을 만들지 않아도 당 전체가 탈바꿈하면 되는 것이지, 그런 방향으로 가면 분열하지 않아도 된다고 판단하고 있었다. 우측 그룹이 말하는 것은 우경화해 간다는 흐름이었다. 나는 당의 주체를 지키면서 리베럴파를 결집하여 간다는 생각이다. 거기에는 약간의 차이는 있다. 야마하나씨가 「목표는 같아도 올라가는 길은 다르다」고 한 것은 그런 것이 아닌가 하고 생각하지. 그러나 당의 기반을 우측으로 넓혀간다는 생각은 별로 다르진 않아.

진정으로 목표, 결국 오르고 있는 산은 같았던 것일까요.

본인이 「목표는 같다」고 하니깐 그럴 거야(웃음). 다만 그런 일에 대해서 그들과 논의한 일은 그다지 없었지. 여하튼 사회당이든 사회민주당이든 상관없지만, 요컨대 사회민주주의의 흐름을 따르는 정당이 정권을 잡아야 한다는 목표는 같은 것이 아니냐고 생각하고 있었다. 그러므로 그 목표를 향하여 협력해서 등산을 하면 좋지 않을까 하고 야마하나씨에게도 얘기했지만요.

호소카와연립정권의 동요와 분열

❓ 사회당내에 두 개의 흐름이 생겨 거의 분열상태였던 무렵, 연립정권내부도 분열되어 있었습니다. 신생당의 오자와 이치로씨 측근 사람들과, 오자와씨의 정치수법에 반발하고 있던 사람들입니다. 무라야마씨나 신당사키가케의 다케무라 마사요시씨는 물론 후자입니다. 이 대립이 표면화한 것이 국민복지세법 소동 후의 내각개각 소동이었습니다.

➕ 그래그래, 내각개조지. 94년 2월 14일, 호소카와총리가 방미에서 귀국한 직후, 총리비서관을 하고 있던 나리타 노리히코씨가 찾아왔는데 내각개조의 타진을 하러 왔지. 나는 「반대다」고 했다. 반대이유로서 이야기한 것은 「예산편성을 해서 예산안이 국회에 제출되어 이제부터 국회심의가 시작되려고 하는 때에 내각개조를 하면, 예산편성에 터치하지 않은 각료가 국회심의에 출석하게 된다. 그것은 이상하지 않은가. 역시 예산을 편성한 책임있는 각료가 각각 심의에 응하는 것이 당연한 이야기 아닌가」하는 것이 첫째다.
그리고 나리타씨에게 「내각을 개조하는 목적이 무엇인가」하고 물었더니 「정치개혁이 일단락했기 때문에 이제부터는 경제문제를 주체로 하는 내각으로 해야 한다고 생각하고 있다」고 한다. 그것도 이상한 핑계다. 나는 「현재의 각료가 경제문제에 적합하지 않다고는 꼭 얘기할 수는 없지 않은가」하는 등을 이야기했지.
이런저런 이유를 말하다가 결국은 관방장관인 다케무라 마사요시씨를 교체한다. 요컨대 경질하는 것이 목적인 개조라는 것은 명백했다. 그러므로 나는 그런 개조는 하지 않아야 한다는 생각이었다. 그래서 2월 24일에 관저로 가서 호소카와씨와 직담판하여 호소카와씨의 의견을 물은 거야. 나는 「다케무라관방장관은 일부 사람에게는 거북한 존재일지도 모르지만 당신은 총선거 때에 "일본신당과 사키가케는 언젠가 결혼할 상대다"라고까지 하고 있었다. 그래서 다케무라씨를 관방장관에 기용한 것이 아닌가. 그렇다면 내각을 개조해서 경질할 생각을 가져서는 안 된다. 거북한 사람이 있는 것도 필요하다. 그러므로 개조는 해서는 안 된다. 나는 반대다」라고 이야기했다. 그때 호소카와씨는 있는 것 없는 것 여러 가지 이야기했었지.

❓ 「있는 것 없는 것」이란 어떤 것입니까.

❗ 돌아올 즈음에 나는 호소카와씨에게 「호소카와씨 오늘 당신이 여러 가지 이야기 한 것에 대하여 나는 안 들은 것으로 할 터이니, 당신도 너무 그런 것 이야기 안 하는 것이 좋아요」하고 방을 나왔지. 그러므로 그 이야기는 없는 것으로 하고 있다.

❓ 다케무라씨에 대한 비판이지요.

❗ 그야 관방장관의 일이지. 사적인 일에 대하여 이러쿵 저러쿵이 아니고, 총리와 관방장관이라는 관계에 관해서의 문제였던가.

❓ 호소카와씨는 저서[나이쇼로쿠 호소카와 모리히로총리대신일기](內訟錄 細川護熙總理大臣日記, 2010年, 日本經濟新聞出版社) 중에서 다케무라씨에 대하여 「신용할 수 없다」라든가 「권력을 탐하고 있는 사내다」등으로 평하고 있네요. 오자와 이치로씨에 대해서도 「신용하고 있지 않다」「오자와씨란 귀찮은 사내다」라고 쓰고 있습니다.

역시 다른 사람을 신용할 수 없다, 사람을 신용하지 않는 사람일까. 사람을 신용할 수 없다는 것은 불행해요.

오자와 이치로라는 정치가

연립정권탄생에서 정치개혁, 국민복지세구상, 내각개조소동까지 경험하고, 꾸준히 정권운영의 중심에 관여해온 오자와 이치로씨에 대하여 많은 것을 알게 되신 것이 아닙니까.

알게 되었지. 기본적으로 오자와씨는 역시 뭐라고 할까 낡은 타입의 정치가야.

낡다니요.

단적으로 말하면, 정권이나 정국, 권력에 대한 관심이 대단히 강해서, 그것만으로 살고 있는 것 같은 정치가야. 그것이 하나. 그리고 「정국을 좌우하는 것은 정치가의 숫자이고, 그 숫자를 유지하는데 필요한 것은 돈」이라는 생각, 혹은 집념이 강한 것이 아닐까.

조금 전 이야기지만, 호소카와씨 다음의 총리대신이 된 하타씨가 94년 6월 25일에 총사직했는데, 그것을 계기로 사회당과 신당사키가케가 새로운 정권구상을 작성하여 각 당에 제시했다. 이제부터 정국을 어떻게 수습할 것인가에 대해서는 서로 책임이 있는 것이니, 이 정권구상을 중심으로 다음 정권을 생각하려고 했다. 나는 신생당 대표인 하타씨와 공명당위원장인 이시다 고오시로씨에게 전화를 걸어 이야기를 하자고 부추겼다. 둘 다 「그건 좋은 일이다」고 하면서도 전혀 회답이 되지 않는다. 응하지 않는다는 것은, 역시 이시다씨는 서기장인 이치카와 유이치씨에게, 또 하타씨는 오자와씨에게 끌려서 응할 수가 없었다고 생각해. 그래서 모든 여당 회파의 대표에게 모여 달라고 해서, 수반지명 전날인 28일에 모인 일이 있다.

거기서 내가 말한 것은, 먼저 호소카와정권이 왜 단기간으로 끝났는가 하면, 칠당 일회파가 정권을 구성하고 있는 것이니까 정권운영에 많은 신경을 써야 했었는데, 그것이 잘 안 된 것이 크다. 그러므로 호소카와씨는 조기에 사임하지 않으면 안 되었다. 역시 칠당 일회파가 서로 신뢰해서 협력할 수 있는 체제를 만들기 위해서는 민주적인 정권운영을 하지 않으면 안 된다. 그러므로 호소카와정권의 반성을 감안해서 새 정권은 민주적인 운영을 하는 것이 중요하다는 것이었다.

둘째는 신당사키가케는 이미 정권을 이탈하고 있었으나, 신정권탄생으로 연립여당에 복귀하고 싶다는 경우에는 환영하여 받아들이자는 것.

셋째는 이미 국회회기말이 임박해 있었으나 회기는 연장하지 않고 회기 내에 신 수상을 선출할 것을 제기했다.

연립여당 측에서는 많은 불평이 쏟아졌지. 「무엇 때문에 반성하여야 하는가」「왜 신당사키가케를 환영하여야 하는가」하고 불평을 말하는 사람도 있었다. 그러나 내가 한 말은 틀린 것이 아니기 때문에, 결국 신정권 창출을 위하여 간사장·서기장에 의한 실무자협의를 하는 것으로 합의했다. 정말 그들이 어디까지 민주적 정권운영을 이해하고 있었는지 알 수 없지만.

❓ 민주적 정권운영을 가장 싫어한 것이 오자와씨네요.

❸ 오자와씨는 어떤 문제가 발생하면 모조리 「사회당이 방해를 했다」고 비판하고 있었다. 무엇이든 「사회당의 책임이다」라고 하고 있었다. 사회당을 없애야 한다고 생각하고 있었던 것은 아닐까. 나는 그와 함께 일을 한 적이 없기 때문에 논평하지는 못하지만, 정국이 움직이는 배경에는 반드시 오자와씨가 존재한다. 어떤 의미에서는 불가사의한 힘을 가진 사람이야. 그런 사내를 왜 따라가려 하는지 하고 생각했지.

❓ 그것은 사회당내 사람에 대해서 생각했다는 말씀이세요.

❸ 음, 그래그래. 사회당의원에 대해서지. 「사회당을 해체하라」고 하고 있는 사내에게 왜 너희들은 따라가야 하는 건가. 반대가 아니냐고 생각한다.

❓ 구보씨들에게 그런 이야기는 하셨습니까.

❸ 우리 동아리들과는 이야기했지만 구보씨들과는 이야기한 일 없지. 이미 서로 생각이 다르다는 것을 알고 있으므로 저쪽도 체념하고 있었겠지. 나한테는 오지 않으니까. 나도 그들을 설득하려는 마음은 없었으니까.

❓ 오자와씨와 가까운 입장이던 공명당 서기장인 이치카와 유이치씨는 어떤 사람입니까.

❸ 어떤 사람이라니, 그다지 접촉이 없었지. 그것은 오자와씨도 마찬가지로, 본인을 전혀 모르는데 좋아하고 싫어하고는 없지. 단지 공

적인 입장에서 어떤 일을 하고 있는지 언행을 보면 여러 가지 의견도 있고 비판도 있다. 이치카와씨와는 둘이서 이야기한 일은 없지만, 여러 회의에 동석해서 의견을 듣고 있으면 우리들과는 상당히 기질이 다르다는 것은 알 수 있다. 그래, 이야기하고 있는 것을 들으면 우리들을 무시하고 있다는 인상을 느낀다. 공명당에서 친했던 건 함께 국대위원장을 지낸 간자키 다케노리씨지. 교제가 길었지. 역시 인간적인 폭이 넓었다. 간자키씨에게는 공명당이나 창가학회라는 인상은 별로 느끼지 않았다.

❓ 이치카와씨는 간자키씨와 상당히 다르네요.

⊕ 암, 많이 다른 것은 아닐까. 이치카와씨는 처음부터 채비를 한듯한 대응을 하던 인상이다.

호소카와씨라는 사람

❓ 호소카와총리는 어떤 분이였습니까.

⊕ 호소카와씨는 역시 군주님이야(웃음). 대범하고 침착해. 이쪽 이야기를 듣느냐 안 듣느냐와는 무관하게, 이야기하기 편한 상대였다. 그다지 사안에 대하여 골똘하게 이야기한 일은 없지만, 미나마타병 문제에서 기억하고 있는 것이 있다. 호소카와씨가 구마모토현지사를 하고 있을 때, 미인정 환자 문제로 정부와 환자간의 화해를 요구하는 목소리가 강해지고 있었다. 그런데 호소카와씨는 「정부가 결단하면 되는 일이다」라고 주장하고 있었다. 그래서 호소카와

씨가 총리 때에, 나는 사회당의 다나카 쇼이치의원과 함께 미나마타병 문제를 이야기하고자 호소카와씨를 만나려간 일이 있다. 다나카씨는 NTT에 근무한 적이 있는 전전통(全電通) 출신의 의원으로, 미나마타문제에 열심히 관여하던 사람이다. 같은 구마모토 출신의 호소카와씨가 총리가 되었으니 다나카씨와 함께 총리를 만난 것이다. 그때 나는 호소카와씨에게 「당신은 구마모토 지사를 하고 있을 때에 정부가 결단을 하면 해결할 수 있다고 하고 있었다. 이제 총리대신이니 결단하면 어때요. 우리들은 전면적으로 협력하겠어요」라고 했다. 그런데 그때 호소카와씨는 그다지 관심을 보이지 않았다. 그런 느낌의 답변이었다. 그런 일도 있어서 나는 스스로가 총리 때에 이 문제에 관여했었지.

❓ 호소카와씨는 자기의 금전스캔들이 표면화하자 미련없이 총리를 사임했습니다.

⊙ 그야 예산위원회에서 정책에 관해서 여러 가지를 야당으로부터 추궁당한다면 「의견이 다르다」든가 뭐라든가 반론할 수 있으니 그다지 고통스럽지는 않지만, 개인적인 스캔들이란 것은 큰일이야. 그런 건 싫겠지. 나는 그런 일이 없어서 무방했지만(웃음). 그러나, 단 한 차례지만 국회에서 싫은 말을 들은 일이 있어.

❓ 부인의 주식문제시지요.

⊙ 그래, 94년 10월의 중원예산위원회에서, 야당의원이 내 가실이 아이치현의 슬롯머신메이커 주식을 매입하고 있는데 어떤 연줄로 주식을 입수했는가 하는 질문을 해온 거야. 그런 건 이쪽도 잘 몰라.

그래도 가실이 주식을 샀다고 한다면, 증권회사 직원의 권유를 받아서 샀을 뿐일 것이다. 나는 그런 답변을 하였다. 그러나, 그것만으로는 내 자신이 진정되지 않아서「가실의 명예를 위해서도 이야기를 하고 싶으니 잠깐만 들어 달라. 뭔가 가난을 자랑거리로 하는 것은 아니지만, 처는 아침 일찍부터 시장에 나가는 등 30여년을 열심히 일해 왔다. 그런 처로부터 나는 격려를 받아왔다」고 이야기했지. 열심히 일해서 모은 돈으로 주식을 사는 것이 뭣이 나쁜 것이냐는 기분이었지. 그래서 그런 이야기를 한 것이었다. 질문한 의원은「나쁘다고 하고 있는 것은 아니다」고 하고 있었지. 이 이야기에는 후일담이 있는데, 한통의 편지가 와서「일국의 총리가 부인의 명예만을 지키면 되는 것입니까」라고 씌어 있었다(웃음). TV를 잘도 보고 있는 거지.

❓ 모처럼 만들어졌던 비자민의 호소카와정권은 아주 단명이었습니다.

➕ 참 개인적인 스캔들을 이리저리 추궁당하는 것은 난처할 터이고, 더욱이 호소카와씨는 군주님이니까, 역시 다른 사람이상으로 타격을 받았을 것이라고 생각돼. 그것이 하나이고, 또 하나는 정권기반의 약체성이에요. 칠당 일회파 말이에요. 특히 사회당이 원인이었을지도 모르지만 정권기반이 털털거렸어. 호소카와씨도 이래선 무리라고 판단한 면이 있다고도 생각돼. 그렇기 때문에 나는 다음 정권은 그 반성을 해야 한다고 했었지만.

연립이탈

❓ 94년 4월 8일에 호소카와총리가 사의를 표명하고, 다음 정권을 둘러싸고 다시 연립여당내부에 분쟁이 있었습니다. 각 당간에 다음 정권의 기본정책에 대한 협의가 이루어졌는데, 한반도문제나 세제개혁에 관하여 신생당이나 공명당과 사회당이 대립하였습니다. 최후에 가까스로 합의해서 신생당대표의 하타 쓰토무씨를 후계로 하게 되었습니다. 이 과정에서 오자와씨가 상투수단으로 자민당에 손을 뻗쳐 와타나베 미치오씨를 옹립하려다가 실패하는 움직임도 있었네요.

➕ 와타나베씨는 자민당을 뛰쳐나와 함께하자는 오자와씨의 말을 따르려고 하였으나, 주위가 반대하여 할 수 없었지. 그것은 그렇고 정책에 있어서는 연립여당간에 몇 차례고 협의했다. 그리하여 최후단계에서, 시간은 정확히 기억하고 있지 않지만 휴게를 하고 「다시 몇시부터 재개하자」는 것으로 되었다. 그런데 재개의 시간이 점점 늦추어지는 것이야. 그리하여 상당히 시간이 지난 후에 겨우 재개되자, 그 자리에서 저쪽은 사회당이 합의할 수 없는 것을 가지고 나왔다. 한반도문제에서는 사회당은 「일미, 일한, 일중 연계」를 주장했으나, 저쪽은 「일중」이라는 표현에 반대했다. 그들은 「일미한」을 주장하고 「중국」을 제외하려고 한 거야. 또한 소비세에 대체되는 신세에 대해서도 「국민의 합의를 얻어서」라고 우리들은 주장했지만 「그것을 삭제하라」고 하는 거야. 마지막에 가서 4월 22일에 겨우 기본정책에 합의하였다.

❓ 합의한 문서를 보면 한반도문제에 대해서는 「미한양국과 긴밀하게 협

조함과 동시에, 아시아 관계제국과 필요에 따라 연계……」로 되어, 이것으로 중국을 포함하고 있는 것으로 되는 것이었겠지요. 세제개혁은 「국민의 합의를 얻어서」를 「국민의 이해를 얻어서」로 수정하고 있습니다. 이 합의를 위하여 2주간이나 소요되었습니다. 이때 당내는 어땠습니까.

비자민의 연립정권을 만든다는데 대한 반대는 없었고, 칠당 일회파로 연립정권을 계속해 간다는데 대해서도 반대는 없었다. 다만, 정책적으로는 여러 의견이 있었지. 한반도문제에서 중국에 대하여 구애한 것은, 사회당이 중국과의 교류를 중시하여 장년에 걸쳐 다루어왔기 때문이야. 거기에 북조선문제의 해결은 중국을 무시해서는 되지 않는다. 그것은 당연한 이야기야. 그러므로 역시 중국과 연계를 가지고 해야 한다고 주장하였다.

저쪽이 중국이라는 표기를 배제하고 싶었던 것은 어째서입니까.

이 문제는 일미한만으로는 해결할 수 없다. 그런 것은 알고 있기 때문에 역시 사회당을 견제하기 위한 의도가 있었을 것인가 하고 생각한다. 그래, 그 이외의 이유는 없는 거지.

신세에 대해서 「국민의 합의」가 「국민의 이해」로 되었습니다.

그것은 타협이야. 교섭에 응한 것은 구보서기장과 정책심의회장인 세키야마 노부유키씨야. 세키야마씨는 구보파이니까. 나는 「합의」와 「이해」는 상당히 의미는 다르지만 내용이 문제라고 생각해서 그다지 자세한 것을 얘기하지 않았다. 이미 맡겨놓고 있었지.

❓ 맡기신 상대는 소원한「신당파」의 구보씨들이었지만 불안은 없었던 것입니다까.

❖ 교섭경과는 보고해 주고, 논의하고 있던 테마에 대하여 서로 이야기하고 있는 것은 대동소이하여 그다지 큰 차이는 없는 것 아니냐고 생각하고 있었지. 그러므로 별로 신경을 쓰지는 않았다. 중요한 것은 정권의 계속이었으니까.

❓ 그러나 사회당을 괴롭히는 듯한 안을 줄줄이 내놓았습니다.

❖ 그런 점은 역시 저항하여 버텨주어야 하는데도, 큰 줄기는 연립을 유지하여 하타정권을 어떻게 만들 것인가에 있었다. 그러므로 당내에는 연립을 유지하여 하타씨가 총리를 할 것에 이론은 없었지.

❓ 그리하여 4월 25일의 중참양원본회의에서 하타씨가 총리로 지명되었습니다만, 여기서부터가 큰일이었습니다.

❖ 그럼, 예의「개신」이야.

❓ 수반지명 직후에 사회당을 배제하고 신생당, 일본신당, 민사당 등의 의원 130명으로 새로운 국회내의 회파(會派)「개신(改新)」이 결성되었던 것입니다.

❖ 수반지명이 끝나고 이제부터 조각이 시작된다고 하여, 나는 위원장이니까 당본부에 대기하고 있었다. 그런데 좀처럼 시작되지 않아서 하타씨에게 두 차례쯤 전화를 걸어「도대체 무엇을 하고 있는 거야. 빨리 조각을 하는 것이 좋지 않은가」고 하였다. 하타씨는「좀 더 기다려 주세요. 이야기가 정리되지 않은 모양이니까요」

라고 했지. 이리저리하고 있는데 매스컴 쪽 사람에게서 연락이 와서 「뭔가 새로운 회파를 만들 모양이다. 지금 모두가 논의하고 있는 것 같다」고 가르쳐 주었다. 사회당을 웃도는 수의 의원을 모아서 신회파를 만들어 사회당을 억누르려는 속셈이라는 것을 곧 알아차렸지.

❓ 저녁 8시가 되어서 조각을 위한 당수회담이 개최됩니다만, 무라야마씨는 「개신은 연립정권의 틀의 변경이고 사회당은 납득할 수 없다」고 하시고 불과 30여분만에 자리를 떠나셨습니다.

🅜 저쪽은 「결사는 자유다」 「사회당에게는 각료를 다섯 자리 배정한다」고 해 왔다. 그러나 이런 행위는 신의에 반한다. 그 후 당의 삼역회의를 열어 대응을 협의하였다. 양원본회의에서 수반지명을 하고, 이제부터 정권을 유지하며 각 당이 결속하여 해나가자고 출범하는 마당에 그런 신의에 반하는 짓을 한다면, 이것은 이미 정권을 지탱할 수 없을 것이라고 나는 생각했지. 삼역회의에서는 연립이탈 밖에 없다고 했지. 이것은 이미 만장일치였지. 그래서 나는 기자회견을 하여 「이탈한다」고 발표했다. 그리고 하타씨에게도 전화를 하였지. 「사회당은 이탈을 결정했다. 신의없는 정권은 지속할 수 없다」고 하고 덜커덕 끊었다.

❓ 연립유지파의 의원도 반대하지 않았던 것입니까.

🅜 반대없음. 만장일치야. 깨끗이 인정했지.

❓ 구보서기장 등은 어떻게 생각하고 있었을까요.

❸ 그야 반론을 할 수가 없었겠지.

❷ 오자와씨등은 수반지명 직후라는 타이밍에서 왜「개신」을 만들었을까요.

❸ 그들은 사회당이 사사건건 정권운영에 방해를 하기 때문에 호소카와정권이 넘어갔다고 생각하고 있었다. 그러므로 사회당이 정권내에서 가장 큰 회파인 것을 억제하려고 생각했던 것은 아닐까. 그래서 사회당을 초과하는 수의 회파를 만들어서 다수로써 운영해 가려고 했었다고 생각해. 그들 나름대로의 계산이겠지.

❷ 그런 짓을 하면 사회당이 이탈할 위험성이 있을 것은 알 터인데요.

❸ 아마도 민사당의 오오우치위원장이「사회당 위원장도 양해했다」고 말했겠지.

❷ 그것은 다부지지 못하네요.

❸ 느슨하다 할까. 얼토당토 않는 이야기야. 원래 나는 호소카와정권 때, 관방장관인 다케무라씨가 정권내에서 배제당하려고 하고 있어서, 그를 지키기 위해서는 민사당도 끌어들여야 할 것으로 생각하여 오오우치씨에게 얘기한 일이 있다. 오오우치씨도 동조하여 은밀히 나와 다케무라씨, 오오우치씨가 자주 만나서 내각개조소동 등에 관해서 어떻게 대응할 것인가 이야기를 했다. 그때 오오우치씨는「민사당내에도 여러 의견은 있지만 최후에는 나의 한마디로 모든 것이 결정됩니다」고 하고 있어서 대단하다고 생각하고 신뢰하여 왔지(웃음).

그래서 다른 사람에게 누설되지 않도록 비밀리에 만나고 있었다. 쭉 그런 관계가 계속되고 있었다. 그리고 세 사람은 안심하고 격의 없이 이야기해 왔다.

그랬더니 하타씨가 수반으로 지명된 뒤 4월 25일 오후 3시경, 오오우치씨가 느닷없이 의원회관의 내 방으로 와서 「이제까지 민사당은 내 이야기라면 대개는 들어주었는데, 최근에는 아무도 들어주지 않게 되어 나는 고립돼 있다」고 하는 거야. 나는 「그건 당신 안타깝네요」하며 동정했다. 그랬더니 오오우치씨는 「더는 민사당에 몸담기가 괴로우므로 뭔가를 생각하지 않으면 안 된다고 고려하고 있습니다」고 이야기를 한다. 그래서 「힘들지만 의기소침하지 말고 힘내세요」라는 격려를 하고 헤어졌다. 그때 오오우치씨가 내게 「개신」이야기를 한 줄로 알고 있었는지는 모르겠지만, 내에게는 전혀 그런 인식은 없다. 오오우치씨가 당내에서 외톨이가 되었다고 하기에 동정한 정도지. 그런데 나중에 들으니 「개신」에 대하여 무라야마위원장에게는 확실히 이야기해서 양해를 얻었다는 것으로 되어 있다. 이것은 정말 얼토당토 않은 이야기야. 그 이후 오오우치씨는 내 방에 일체 접근도 않고, 국회같은 데서 만나도 눈길을 돌린 채 걷게 되었지. 왜 그런 일을 했는지 모르지만, 오오우치씨는 연립정권내에서 자기를 돋보이게 하려고, 자기가 사회당위원장과는 이야기를 매듭지었다는 이야기를 한 것은 아닐까. 그래, 오오우치씨라는 사람은 여러 가지 진실어린 것처럼 얘기하지만 참된 복심은 어디에 있는지는 알 수 없는 사람이다. 이 일로 나는 「이 사내는 이제 글렀다」고 생각했다.

❓ 정권이탈시, 사회당내는 분열되지 않았습니까. 연립정권에 기대하고 있던 당내의「신당파」사람들은 오자와씨등의 대응에 전망이 없어졌다는 것일까요.

⊕ 그것은 잘 몰라. 그러나 만장일치로 이탈을 결정했는데 나중에 그것에 불만이라고 해봤자 대의명분이 서지 않을 거야. 그러나 당내에 불씨는 남아있다. 불씨는 그 후로도 계속 남았지.

❓ 그렇기는 하지만 연립이탈로 오히려 무라야마위원장의 구심력이 강화됩니다.

⊕ 그럼, 그 무렵은 구심력이 있었지(웃음). 기자회견장에서도 당의 지지자로부터도「잘 했다」「그것은 당연하다」고 들었지. 하지만 구보씨들에 대해서는, 역시 반신반의였지. 뱃속으로 무엇을 생각하고 있는지 알 수 없으므로 불신감은 계속 가지고 있었다.

제5장

혼미, 그리고 붕괴로
–사회당 신당문제

무라야마정권, 탄생은 했지만

❓ 94년 4월에 발족한 하타내각은, 6월 25일에 불과 2개월로 총사직하였습니다. 그리고 6월 29일, 무라야마씨가 수반으로 지명되어, 제 81대 내각총리대신으로 취임하였습니다. 이 인터뷰에서는 사회당사(史)를 중심으로 여쭙고 있으므로 여기서도 먼저 사회당내의 움직임을 중심으로 여쭙겠습니다.

당내의 균열은 수반지명에서도 표면화하여 중참양원에서 합계 28명의 사회당의원이 이반하여 무라야마씨에게 투표하지 않고 대립후보인 가이후 도시키 전 수상에게 투표하거나 백지표를 투표하거나 하였습니다. 당연히 이들 의원에 대한 처분이 문제가 됩니다만, 구보서기장은 처분에 소극적이고, 결국 엄중주의라는 사실상의 불문을 결정하였습니다. 정권발족 당초부터 당내는 너덜거리고 있었습니다.

⊕ 이반의원의 처분문제에 대하여 내가 어떻게 하라고 한 적은 없지. 그다지 문제삼지 않았다. 원래 이전부터 그런 흐름이 있어서, 내가 위원장이 된 것 자체에 대한 반항도 당내에 있었으니까 하는 수 없어. 내에게 반발하고 있던 의원의 멤버가 몇 사람 이반한 것 뿐이지. 그런 짓을 할 것이라는 것은 미리 알고 있었으니까, 나는 그 멤

버를 처분한다든가 안 한다든가는 논의하지 않았다. 처분이 계기가 되어 당의 분열이 촉진되는 일이 있어도 곤란하지. 그런 배려도 있어서 나는 처분문제에는 전혀 언급하지 않고 처음부터 무시했었지. 그것이 솔직한 이야기야.

❓ 정계 전체를 보면, 야당으로 변한 오자와씨 등은 연립정권을 구성한 공명당이나 민사당 등의 정당을 하나로 묶으려는 움직임을 가속시키고 있었습니다. 한편에서 자민당은 정권에 복귀하여 힘을 회복하였습니다. 이것으로 정계의 큰 흐름은 자민당과 오자와신당이라는 보수 2대정당으로 향하고 있는 듯 보였습니다. 이에 대하여 사회당내에서는 살아남기 위하여 폭넓은 세력을 결집할 수 있는 신당을 만들어야 한다는 움직임이 나옵니다. 최초의 움직임은 8월말, 야마하나 사다오씨가 회장으로 사회당의원 30여명이 참가한「신민주연합」의 발족입니다. 중간파와 우파의 모임으로 야마하나씨는「보수 2대정당의 흐름 속에서 제 3극을 만들기 위한 본가가 필요하다. 그렇지 않으면 사회당이 흘러가 해산하고 만다」고 하고 있습니다. 전 위원장인 다나베 마코토씨도 참가하고 있었습니다.

➕ 앞에서도 이야기했지만, 나는 조각할 때 사회당에서 야마구치 쓰루오씨, 오오이데 쥰씨, 하마모토 반조씨 등이 입각했지만 동세대인 다나베씨는 위원장 경험자이므로 입각시키는 것은 실례라고 생각해서 포함하지 않았고, 조각에 대하여 상의도 하지 않았다. 그런 일도 있어서인지 어쩐지는 모르지만, 다나베씨도 저쪽 편으로 가버렸지.

어쨌든 내가 위원장이 되는 때부터 사회당내에는 분열의 움직임이 있었지. 한편으로 구보 도오루씨를 위원장으로 받들려는 그룹이 있었고, 다른 한편에는 그것에 반대하는 그룹이 있어 나는 그들에 의해서 천거되었다. 그런데 좀처럼 의견이 일치되지 않다가, 결국 합의로 단일화하여, 내가 위원장에 나가게 되었지. 그래서 내가 위원장이 되고 구보씨가 서기장이 된 거지. 그런 경위가 계속되었으므로, 내가 조각할 때도 당내의 그런 상황을 고려하여야 했지.

그러므로 그 흐름은 쭉 계속되어 있다. 재미있는 것은 자민당 내에서 나를 수상으로 하려는 움직임이 나타났을 때, 나에게 반대하는 그룹의 젊은 패들이 밤중에 나에게 찾아와서「왜 총리를 수락하지 않느냐, 수락해 달라」고 하는 것이야. 그런데 좌측 그룹에는 나에게 그런 이야기를 하는 사람은 한 사람도 없다. 당내의 좌파라고 일컬어지는 멤버가「총리를 수락하여야 한다」고 해온 적은 한 번도 없는 거야. 왜냐하면 역시 좌측이니까. 자민당과 함께 정권을 만드는 데에는 역시 의문이 있었던 것이겠지. 그런데 우측의 젊은 패들은 오히려 적극적이었던 셈이지.

❓ 젊은 의원입니까.

❗ 그래, 당선 한 두 차례정도의 의원이 5~6명 왔었지. 나는「그것은 도대체 어느 나라 이야기냐」고 하면서 일축했었지(웃음). 그들이 나에게 왔을 때에는 아직 전혀 수락할 생각이 없었으니까. 그리고 내가 총리가 되고 나서 차츰 흐름이 명확하게 되었다. 내에게「총리를 수락하여야 한다」고 얘기하러 온, 어느 편인가 하면 우측의 젊은 의원들은 저쪽 편으로 가버리고 나에게 비협조적으로 변해갔다. 한편, 자민당과의 연립정권에 소극적이던 좌측은, 처음에는 나

에 대하여 냉담하다 할까 반신반의로 보고 있었으나, 얼마 안 되어 위원장이 총리로 된 바에야 제대로 정권운영을 하여야 한다고 적극적으로 협력해 주게 되었다. 그런 경향이 있었지. 아마도 수반지명 때 반란한 것은 우측 멤버뿐이지 좌측의 멤버는 없었다고 생각해.

❓ 총리가 되면 정권운영으로 머리가 꽉 차서 당내의 분란에는 정신을 쓸 수가 없지요.

❗ 그야 정권운영으로 머리가 가득 차 있었지. 다만 정권이 출범할 무렵 당내에는 여러 가지 움직임은 있었지만, 노골적으로 당을 분열시키려는 움직임이나 탈당하려는 움직임 같은 것은 아직 그다지는 없었어. 그런 흐름이 노골화하기 시작한 것은 야마하나 사다오씨 등이 신당결성을 발설하거나 회파이탈계를 제출하려고 한 무렵부터야. 실제로 야마하나씨는 95년 1월에 탈당계를 제출하였으나, 그 때는 한신·아와지대지진과 겹쳐서 그들의 움직임은 사라지고 말았지만.

❓ 야마하나씨는 이상형 체질입니까.

❗ 이데오로기로 돌진하는 타입은 아니지만 잘 모르겠어. 우리들과 그다지 심도있게 이야기한 적이 없으니까. 사회당이란 것은 같은 정당이라도 모이는 집단이 다르면 진지한 논의는 하지 않지.

❓ 정치적 센스는 있는 것입니까.

❗ 아냐, 그다지 없겠지. 정치적 센스가 있다면 좀 더 잘했으리라고

생각하지만.

이분화가 진행되는 당내

❓ 그 후 야마하나씨가 만든「신민주연합」에 구보서기장이 차츰 보조를 맞추어, 신당에 대하여 적극적인 발언을 시작하였습니다. 10월 1일, 구보씨는 홋가이도에서 기자회견을 하여「21세기를 리드할 수 있는 민주주의리베럴신당 결성의 타이밍을 정하고 싶다」고 하였습니다. 10월 22일에는 사회당 중집에서「신구보수세력의 가운데 있는 사민리베럴층에 윙크를 넓혀서 국민의 다양한 선택지에 응할 수 있는 새로운 정치질서를 만들지 않으면 안 된다」고 하는 구보씨의 서기장보고를 결정하였습니다. 이것에 대하여 무라야마씨를 지지하는 측은「무라야마정권을 지지하고 사민리베럴정치를 추진하는회」를 만들어서 야마하나씨나 구보씨를 비판하고 있었습니다. 사회당은 무라야마정권이 성립하였음에도 불구하고, 한편에 구보서기장이나 야마하나 전 위원장 등, 다른 한편에는 무라야마정권을 지지하는 그룹으로 당내가 명확하게 둘로 분열됨과 동시에, 신당 결성을 위한 움직임이 가속되었습니다.

➕ 총리가 되었을 때에 당에 대한 것은 구보씨에게 일임했지. 그런데 구보씨는 홋가이도에서의 발언뿐 아니라 같은 이야기를 여기저기서 하는 거야. 그래서 나는 구보씨와 확실히 이야기를 해서, 앞으로 사회당을 어떻게 할 것인가에 대해서 동일한 견해를 가지도록 하여야겠다고 생각하여, 구보씨에게 관저로 오도록 해서 이야기를 했지만, 이미 이야기한 것처럼 둘이서 한 이야기와 회담 후에 구보

씨가 기자들에게 말하는 내용이 약간 틀리는 거야.

❓ 이대로는 사회당이 점점 빈약해지니까 어떻게든 해야 된다는 문제의식은 양쪽편이 똑같이 가지고 있었던 것은 아닙니까.

❸ 물론 「지금과 같은 사회당으로서는 이제 안 된다」「사회당은 벽에 부딪혀 있다」는 인식은 공통되어 있다. 그러므로 새로운 당을 겨냥해야 한다는 데에서도 일치하고 있었지. 그리고 새로운 당을 만든다는 것은 물론 사회당을 해산하지 않으면 안 되는 것이지만, 사회당을 해산한다고 해도 사회당에는 국회의원뿐 아니라 지방의 회의원도 있고, 전국에 지방조직이 있고 당원이 다수 있는 거야. 우리들은 그런 사람들을 주체로 해서 리베럴 층을 결집한다는 생각이었다. 즉 사회당의 전통을 지켜가겠다는 마음이 강한 거야. 그런데 야마하나씨 등은, 당을 전면적으로 해체하여 과거사에 구애되지 않고 리베럴 층을 비롯하여 되도록 많은 사람들을 참가시키는 산당을 목표로 한다는 거야. 거기에 약간의 차이가 있었지. 즉 새로운 당에 대한 겨냥방법이 「당의 역사와 전통을 명확히 고려한 위에, 그것을 주체로 삼는 정당」이냐 「주체 따위는 생각하지 않는 완전히 새로운 정당」이냐 하는 데에서 약간의 차이가 있었다고 생각돼.

❓ 말씀을 듣고 있자니 도저히 「약간의 차이」 정도는 아니네요(웃음).

❸ 참, 그럴지도 모르지.

❓ 무라야마씨의 신당의 이미지는 기존의 지방조직이나 당원, 또는 사회

당의 역사나 전통을 소중히 한다는 것입니다만, 그렇게 해서 신당이 되는 것입니까.

● 나는 역시 사회민주주의라는 주장을 중시해야 한다고 생각하고 있었다. 그러나, 야마하나씨나 구보씨는 사회민주주의를 그다지 중시하지 않고 오히려 리베럴 쪽에 윙을 넓혀, 그런 데에 새로운 주체를 만들어 간다는 생각이지. 그런 데에 약간의 차이가 있다. 다만, 이런 일을 그들과 직접 이야기한 것은 아니지만.

사민 리베럴과 민주 리베럴

❓ 무라야마씨가 말씀하시는 「사민 리베럴」과 구보씨가 얘기하는 「민주 리베럴」은 다른 것이네요.

● 다르지. 참, 용어의 문제라고 할지도 모르지만(웃음).

❓ 무라야마씨가 말씀하신 사민주의라는 것은 어떤 것입니까. 그것은 사회주의와는 다른 것입니까.

● 단적으로 말하자면 공산주의는 프로레타리아트 독재, 사회주의는 거기까지는 안가지만 유사한 면이 있다. 그것에 대하여 사회민주주의는 폭력이니 대중행동을 통하여 혁명을 하는 것이 아니고, 의회를 통하여 개혁해 나간다는 생각이다. 그리고, 사회민주주의 정당은 계급정당은 아니다. 계급적 대중정당이자 의회중시야. 계급이라는 것은 노동자를 이미지하지만, 대중이라는 것은 노동자만이 아니고 농민도 중소기업경영자도 포함한다. 그리고 광범위한 민

주주의세력을 결집하여 개혁을 실현하기 위해서는 의회에서 다수를 획득하지 않으면 안 되는 것이지. 에다 사부로씨의 구조개혁에 우리들이 반대한 것은 그것이 개량주의였었기 때문이었지. 그러나 에다씨가 국민이나 대중을 의식하고 있었던 것은 틀림없어. 우리들이 에다씨와 어디가 다르냐고 한다면 어렵다. 구보씨등과 정말 다른 것이냐고 해도 마찬가지다. 끝까지 파고든다면 어디가 다른지 모른다. 올라가고 있는 길은 같을지도 모른다는 느낌이 있다.

❓ 무라야마씨가 염두에 둔 사회당은 계급적 이미지가 강한 것입니까.

❗ 계급적 이미지는 그다지 강하지 않아. 아마 대중운동과의 연결을 중시한 야마카와 히토시씨의 흐름에 공명하고 있어, 나는 자본가와는 거리가 있다. 역시 노동자를 주체로 한다. 거기에 농민이라든가 중소기업이라든가, 그런 대중을 결집해 간다는 생각으로, 주체는 노동조합, 노동자라는 것이지.

❓ 그것은 이제까지의 사회당과 어떻게 달라지게 되는 것입니까.

❗ 이제까지 이상으로 한층 더 우측으로 넓혀 간다는 것이지.

❓ 노동자들 안에서의 우측입니까.

❗ 나는 지금도 자본주의사회 내에서 그것에 대항하는 것으로서는 조동조합이 중심이라고 생각하고 있다. 그리고 노동운동에는 그런 만큼의 역할과 임무가 사회적으로 있다고 생각하고 있다. 다만 신당은 노동조합뿐 아니라 농민도 중소기업도 포함하는 세력이 폭넓게 결집한 국민적인 기반위에 있지 않으면 안 된다. 그것이 이

세상을 변화시켜 가는 큰 힘이 된다. 그런 정당을 지향해야 한다고 생각하고 있었다.

❓ 사회당이 벽에 부딪혀 있다는 점에서 구보씨 등과 일치하고 있었습니다만, 그 벽이라는 것이 무엇입니까.

➕ 사회당은 몇 번 선거를 치러 봤자 저락경향이 멈추지 않고 의석수는 감소될 뿐이야. 이것에 블레이크를 걸지 않으면 안 된다. 국민들 사이에 사회당이 지금까지 해온데 대한 비판이 강하므로, 이것을 어떻게 해서 탈피해 갈 것인가가 중요하다는 것도 알고 있었다. 그것이 벽이겠지. 문제는 그 탈피방법이지. 구보씨등은「이제 지금까지의 것은 전부 버리고, 완전히 새로운 것을 만든다」고 생각하고, 우리들은「좋은 점은 계속하면서 새로운 층을 더해서 변화해 간다」고 한다. 그런 차이가 있었지.

❓ 그렇다면 구보씨 등은「민주리베럴」의「리버럴」에 역점이 있는 것입니까.

➕ 리베럴이라는 것이 무엇을 지목하고 있는지 잘 모르지만.

❓ 무라야마씨도「사민리베럴」이시지요.

➕ 우리들도「리베럴, 리베럴」이라고 해왔지(웃음).「리베럴」이라는 용어가 어쩐지 세상에 통할 것 같은 느낌이 있었으니까.

❓ 무라야마씨가 말씀하신 리베럴이란, 어쩌면 물컹한 그런 것입니까.

➕ 아마 그럴까. 자유주의야. 리베럴이란 여러 계층을 자기편으로 만

들어 포용해 가는 폭의 넓음이야. 종래의 노동조합 온리, 혹은 계급투쟁 유일주의로서는 막다른 골목이라는 것이야. 더욱이 냉전이 끝나고 국제정세도 국가들이 글로벌하게 공존해 가자는 시대로 되었다. 이제 계급투쟁 같은 시대가 아니야. 그러므로 이제까지의 허물에서 탈피해 가지 않으면 사회당은 더욱더 나빠진다는 의미이지.

❓ 그래도 야마하나씨 등은 무라야마씨와 「길이 다르다」고 하였습니다.

➕ 「길이 다르다」는 것은 구실이겠지. 그들은 사회주의를 포기하고 리베럴이나 자유주의를 주체로 한 새로운 당을 만든다는 의식이 강했을지도 몰라요. 우리들은, 역시 사회당의 흐름이라는 것은 버려서는 안 된다, 이 흐름을 주체로 하면서 새로운 층을 어떻게 해서 포용해 갈 것인가, 폭을 넓혀 갈 것인가를 생각하였다.

❓ 두 그룹의 차이는 선거시에 노동조합에 어느 정도 의존하고 있는가와 관계가 있습니까.

➕ 사회당의 의원으로서 노동조합의 협력 없이 당선해 온 사람은 거의 없어요. 그러므로 많건 적건 모두 노동조합에 의존하고 있지.

❓ 도시부와 지방의 차이는 있는 것입니까.

➕ 그 누구도 사회당의 지방조직은 필요 없다는 말은 하지 않는다. 그러나 내가 위원장이 된 때에, 도쿄의 당집회에 나가면 언제나 「이제 사회당은 안 된다」「장기저락경향으로부터 탈각할 수 없다」는 소리가 많았다. 나는 「사회당은 안 된다고 하지만, 당신들이 안 되

게 하고 있지 않은가. 너무 그런 말들만 하지 말아요」라고 반론한 적이 있지. 사회당은 지방보다도 도시부 쪽이 어려웠으니까.

신당문제는 연기하기로

❓ 94년 가을 이후는 신생당이나 공명당 등이 신진당 결성을 향하여 움직이는 일도 있어서, 사회당내도 신당결성에 적극적인 그룹의 활동이 활발해져서, 통상국회 소집전의 95년 1월에 해당대회를 개최하려는 움직임이 대두하였습니다. 그 때문에 무라야마씨가 구보서기장과 회동하는 빈도가 많아졌네요. 11월 11일에 만났을 때에는 회담을 받아서「1월 해당 대세로」라는 기사가 나왔습니다. 야마하나씨의「신민주연합」도 신당을 향한 움직임을 가속해 갔습니다. 그 후 11월 22일과 28일에도 무라야마씨는 구보씨를 만나고 있습니다. 당시의 기사에 의하면 무라야마씨가「당이 다함께 신당을 결성하여야 한다」고 하고, 구보씨는「정계재편의 스피드는 사회당에 맞추어 주는 것이 아니다. 서둘러야 한다」고 답하고 있습니다. 그러나 야마하나씨가 1월 해당대회 일직선인데 대하여 구보씨는 차츰 체념해 갔습니다.

➕ 으음. 아마 구보씨 쪽이 생각은 깊은 거야. 야마하나씨보다 고려하는 범위라 할까 생각하는 범위가 넓어. 야마하나씨 쪽은 직선적이라 할까, 사안을 배려하는 범위가 좁은 것이 아닐까. 역시 이제까지 얼마만큼의 경험을 쌓아 오고 있는가의 차이도 있겠지.

❓ 무라야마씨에게는 구보씨 편이 이야기하기 수월하셨던 것입니까.

아니, 그도 대단히 깊이 꾀하고 멀리 고려하는 바가 있으므로 간단하지는 않아. 다만 구보씨가 있던 참의원 사회당도 내부대립은 심했었지. 일부의 참의원 의원이 구보씨를 두고 「저런 놈에게 틈을 보여서는 안 돼」하는 등 자주 내에게 이야기해 왔었지. 그런 이야기는 그다지 진지하게 상대하지 않았지. 신경을 쓰고 있으면 일을 할 수 없으니까.

여하튼 1994년 11월, 12월은 신당을 향한 당내 움직임이 활발해 졌었네요.

당내에 신당결성준비회라든가 당명변경위원회라든가 여러 가지가 생겼지. 그런데 나는 관저에 있었으니까 당내의 움직임을 잘 몰라. 신당을 만든다는 방향은 나도 찬성이므로 그것은 그것대로 인정해 왔지. 그러나 1월에 해당대회를 개최한다는 스케줄을 중앙집행위원회도 승인하기 시작했다.

그런 이야기가 나왔기 때문에 12월, 당 삼역을 관저로 불러 당내 상황을 물었지. 그랬더니 「1월에 대회를 한다」고 하기에 「어떤 절차로 할 건가」고 물었더니 「오전 중에 당의 해당대회를 열고, 오후에 신당결성대회를 한다」고 한다. 「신당결성대회의 출범에는 어떤 새로운 인물이 참가하는가」고 물으니 「그것은 모른다」고 한다. 나는 「그렇다면 간판을 바꾸는 것뿐 아니냐. 그것은 별로 좋지 않다. 새로운 사람이 참가하여 과연 사회당도 새로운 당이 되었구나 하고 받아 들려지지 않으면 신당의 의미가 없지 않느냐」고 했다. 그때 삼역이 많은 이야기를 했지만, 나는 1월 해당대회 방침에 반대하였지. 그랬더니 「위원장이 그렇게 말씀하신다면 하는 수 없네요」하고 그들도 마지못해 납득한 모습으로 돌아갔지.

그러자 그 뒤에 열린 「신당결성프레집회」가 혼란스러웠다. 신당추진파의 의원들이 나를 향하여 「당신이 위원장을 하고 있으니 신당이 이루어지지 않는다」「약속이 틀린다. 약속을 지켜라」하고 야유를 하는 거야. 옆에 앉아있던 구보씨에게 「약속이란 무슨 약속입니까」하고 물었다. 그랬더니 구보씨는 「아마 제멋대로 하는 말이니 괜찮지 않습니까」라고 밖에는 하지 않았다. 「약속」이란 것은 1월에 해당대회를 하고, 그것을 오후에는 신당결성대회로 한다는 일정 이야기로, 내가 깨뜨렸으므로 「약속이 틀린다」는 의미라고 생각한다. 여하튼 이 자리에서 나는 많은 야유를 당했지.

❓ 12월이라고 하면 예산편성의 시기이니까, 총리대신은 대단히 분주한 시기입니다. 그 한창때인 12월 18일, 사회당의 도도부현본부대표자회의가 개최되어 1월 해당대회에 대한 신중론이 제기되어, 23일의 중앙집행위원회에서 임시당대회를 2월 11일에 개최한다는 일정만을 결정하였습니다. 이것은 연기이네요.

❸ 그럼 그럼. 그야 신당결성이라 했댔자, 아까부터 말하듯이 내용은 아무것도 변하지 않고 간판만 바꾸는 것으로서는 의미가 없다. 그러므로 명실공이 새로운 층이 참가하여 신당이 되는 것이라면 좋지만, 그렇지는 않기 때문에 반대한 거야.

❓ 당대회가 2월로 연기되어서야 야마하나씨 등은 당을 나갈 수밖에 없게 되어버렸네요.

❸ 야마하나씨 등이 당을 나간다든가 안 나간다든가 하는 것에 대해

서는 그다지 의식하지 않았다. 그야 탈당하는 치들은 당연히 나올 것이라고는 생각하고 있었지. 여하튼 12월이나 1월은 총리대신으로서는 예산편성이나 국회의 예산심의가 시작되는 중요한 때이므로, 그다지 당에 관한 것을 고려할 여유가 없었지. 그러므로 사소한 일까지 개입하지 못하고, 기본적인 이야기만 듣고 대응하고 있었지.

❓ 당대회연기로 당내의 하나야마씨나 구보씨 등 신당추진파가 억제되어, 무라야마씨를 지지하는 측의 「무라야마정권을 지지하고 사민리베럴정치를 추진하는 회」가 우위에 서게 되었습니다.

❸ 당내의 역학관계는 그렇게 되었지. 국회의원의 수는 어쨌든 간에 지방조직 등을 포함한 당내는 좌측이 수가 많으므로 강했지. 그러므로 도도부현본부대표자회의 등 전국의 당기관을 소집한 회의를 개최하면, 좌측이 강한거지. 그러나 국회내부만 보면 우측이 많았을지도 몰라.

❓ 그런 구조는 협회파가 난동을 부리던 시대와 별로 다르지를 않네요.

❸ 아냐 아냐, 옛날과 달리 좌파가 지방조직을 좌지우지한다는 것은 없었지.

❓ 그리고 무라야마씨는 탈당움직임을 보이고 있던 야마하나씨와 1월 8일에 회동하셨습니다. 회담은 결렬. 직후에 무라야마씨는 방미하였습니다. 당내가 티격태격하고 있을 때에 총리대신으로서 외유도 하지 않으면 안 되고, 통상국회의 준비도 있고 힘드신 때였습니다.

● 당내문제에 그다지 깊이 개입해서 이리저리한다는 것은 좀처럼 할 수 없었다. 거기에 솔직히 말하자면 야마하나씨 따위는 이미 전혀 안중에 없었어. 탈당한다고 소란을 피우고 있었지만「이제 이런 사람의 문제에 내가 머리를 써서 무언가를 할 필요는 없다」는 정도의 느낌이었지. 구보서기장에 대해서는, 그가 당서기장이고 영향력이 크므로 무시할 수는 없기 때문에 소중히 하고 있었고, 언동에는 주의하고 있었다. 그러나 야마하나씨는 만나서 이야기하면「아아 이제 이는 안 되겠구나」하고 알아차렸고, 그다지 중요하게 보고 있지 않았었지.

❓ 몇 사람의 의원이 야마하나씨를 따라갈지 걱정하지 않으셨습니까.

● 걱정하지 않아. 정작 탈당한다고 하면 그다지 많은 의원이 따라갈리 없지.

❓ 결국 1995년 1월 17일에 야마하나씨 등 24명이 탈당이 아니고 회파이탈계를 제출하였습니다. 그런데 이것이「한신・아와지 대지진」이 일어난 날이었습니다. 신청을 낸 의원중에, 효고현 선출의원이 5명이나 포함되어 있었어요. 이것은 역시 정치센스가 나빴던 것이지요.

● 아아, 그때는 지진으로 그런 계제가 아니지. 회파이탈계 건은 누군가가 보고해 주었겠지만, 그러나 그땐 그런 일엔 머리가 돌지 않지. 그만 지진으로 머리가 가득 차있었지.

신당문제와 노동조합의 움직임

❓ 한신 대지진에 대해서는 나중에 자세히 여쭙겠습니다. 대지진발생 직후의 야마하나씨 등의 회파이탈 소동입니다만, 이 신당결성의 움직임에, 사회당의 최대의 지지조직인 연합의 야마기시 아키라 회장을 비롯한 주요 노조들은 어떤 움직임을 하고 있었습니까.

❸ 나는 야마기시씨하고는 그다지 연락을 한 일은 없다. 연합에는 구총평계의 노조가 20~30 정도 들어있었다. 자치로라든가 일교조라든가 전전통이나 전체 등, 그런 조합과는 관계하고 있었지.

신당문제에 대해서는, 자치로의 고토 모리시게 위원장이나 전전통의 가지모토 고오지 위원장 등이 중심이 되어 끊임없이 회의를 하고 있었다. 그런 자리에 나는 몇 차롄가 나가서, 이야기한 것은 「우선은 사회당과 신당사키가케가 하나로 된다. 이른바 리베럴층 사람들을 되도록 참가시켜서 새로운 신당을 만들고 싶다」는 구상이야. 그들도 그것에는 찬동하고 있었다.

❓ 연합회장이던 야마기시씨를 어떻게 평가하고 계셨습니까.

❸ 나는 별로 접촉이 없었어. 말이 잘 맞지 않는다는 것보다도 원래 나는 그를 그다지 평가하고 있지 않았지. 확실한 일시는 잊었지만, 내가 사회당위원장 때였던 것으로 생각되는데, 야마기시씨를 격려하는 모임 같은 것이 있었다. 거기에 초대를 받아 인사말을 했지. 야마기시씨는 곧잘 사회당을 비판하고 있었고, 우편향의 발언을 하는 일이 많았다. 그러나 이런 회합에서 인사말을 할 때에 그리 나쁜 이야기는 할 수 없다. 그래서 나는 「야마기시씨라는 사람은

괘씸한 놈이라고 생각하고 있었다. 그러나 지금 생각하면 그것은 역시 사회당을 좋게 하자는 마음이 있기에 하는 발언이라고 생각하고 있다. 그러므로 지금, 야마기시씨를 달리 보고 있다」와 같은 인사말을 한 일이 있지(웃음). 참, 아첨 같은 것이고 풍자이지. 야미기시씨는 그 후에도「사회당을 망친 것은 무라야마다」와 같은 얘기를 여기저기서 발설하고 있어. 그는 어쨌든 자사사정권을 만든데 대하여 반대였었지.

❓ 아마도 호소카와연립정권을 만들었을 때에 활발하게 움직이고 있었어요.

➕ 움직였지, 움직여. 야마기시씨는 오자와 이치로씨와의 관계가 비교적 좋았었지. 그러므로 구보씨들과도 가깝다는 거야.

❓ 자치로의 고토위원장은 어떻습니까.

➕ 고토씨는 홋가이도출신으로, 홋가이도지사이던 요코미치 다카히로씨에 가까웠던 것 아닐까. 요코미치씨가 지사를 그만두고 총선거에 출마할 때에는 여러 가지 응원을 하고 있었지. 결국 홋가이도의회는 요코미치씨와 함께 모두 민주당으로 가버렸다. 원래 홋가이도는 사회주의협회가 제일 강한 곳이었다. 주요 노동조합의 지도자에 협회파가 많았던 거야. 사회당왕국이라고도 하고 있었지.

❓ 좌파가 강하다면 본래 같으면 무라야마씨 등의 그룹에 가까울 터인데요.

➕ 그야 역시 요코미치씨의 영향력이 강했던 거야. 그러므로 모두 우

로 되어버렸지. 나와 동기의 사회당 국회의원도 있었지. 그들에게 「왜, 당신들은 우로 가버리는 건가. 이제껏 말해 왔던 것과 하고 있는 것이 다르지 않은가」라고 하자, 「도의회의원이 모두 민주당으로 가는데 우리들만 남을 수는 없다」고 하고 있었어.

❓ 그만큼 요코미치씨에게 힘이 있다는 것이네요.

❖ 그야 지사니까. 더욱이 3기나 하면 그야 강하지. 도의회의원을 장악하고 있었다. 그리고 국회의원은 도의회의원에게 의지하고 있으니, 도의회의원이 민주당으로 가게 되니 국회의원도 아무도 없게 되어버렸다. 그러므로 홋가이도는 국회의원도 전원이 민주당으로 가버렸지.

❓ 노동조합의 큰 흐름은 사회당내의 「주체파」가 아니라 「신당파」쪽으로 가버린 거네요.

❖ 참 노동조합은 그랬던 것 같아. 나에게는 그것을 멈추게 할만큼의 힘은 없었지. 그들은 자치로의 고토위원장이나 전전통의 가지모토위원장 등을 중심으로, 내가 수상이던 때부터 신당을 향해서 움직이고 있었다. 구 총평계의 몇 개 단산에는 본래 연합에 대하여 비판적인데가 있었다. 그런 패들과는 자주 연락을 하고 있었지만, 차츰 많은 사람들에게 끌렸겠지. 그리고 연합이 되고 나서는 노조는 완전히 변해버렸지. 역시 공로협이 중심에 있었으므로 총평이 있었던 거야. 그 공로협이 쇠잔하고 총평이 해체하여 연합이 되면서부터는 민간노조가 주도권을 잡았다. 노조의 이러한 움직임에 대해서는 우리들에게도 책임이 있다. 사회당과 사키가케를 중심으로

하는 신당문제가 지지부진하여 전망이 트이지를 않았다. 그일이 연합을 신당으로 치닫게 한 큰 원인이다.

원리주의의 일교조

❓ 선거에서는 생명줄인 노조가 급속히 신당쪽으로 달려간 것이니, 양호한 관계유지는 어려웠지요.

➕ 나는 총리가 되었을 때에, 노동조합과 관련하여 몇 가지 과제를 해결하려고 생각했다.

하나는 일교조와 문부성의 관계다. 일교조와 문부성은 단체간의 교섭도 하지 안하고, 대화도 하지 않는 나쁜 관계였다. 이것은 좋지 않다고 생각하고 있었다. 교육행정을 이야기하는데 일교조가 전혀 관여하지 못하고 있었고 이야기도 되지 않았다. 교육행정에는 역시 현장의 목소리를 존중하고 반영하지 않으면 안 된다. 내 내각에서는 요사노 가오루씨가 문부대신이었기 때문에, 그에게 문부성과 일교조의 관계를 수복해서 어떻게든 대화가 될 수 있도록 해달라고 부탁했다. 요사노씨가 여러모로 노력해 준 것으로 안다. 그 결과, 양자간에 대화가 되어서, 서로의 요구를 각각 수락한다는 것으로 일단의 합의가 된 거야. 일교조위원장인 요코야마 에이이치씨를 중앙교육심의회의 위원장으로 기용하는 이야기도 97년 4월에 실현되었다. 거기까지는 좋았지만, 그후, 일교조는 이러한 관계를 계속하거나 활용하거나 하지를 못하였지. 이제까지의 습관에서 벗어나지 못했었지.

❓ 일교조가 안 되는 것입니까.

❺ 그래, 일교조는 어떻든 주장이 앞서 가는 거야. 현실을 고려하면서 탄력적으로 대응한다는 것이 안 되는 것이 아닐까.

❓ 딴 것은 무엇입니까.

❺ 자치로와 자치성의 문제야. 이것은 지방공무원법으로 금지되어 있는 소방직원의 단결권 문제다. 1973년에 국제노동기구(ILO)가 일본 정부에 대하여 「단결권부여」를 권고했으나 그 후 이야기가 진행되지 않고 있었다. 그래서 내가 총리 때인 95년 5월, 자치대신인 노나카 히로무씨와 자치로의 고토위원장이 만나서, 일단 타협점을 찾아서 이 문제도 결착하도록 했다. 전국의 약 900의 소방본부에 「소방직원위원회」와 같은 조직을 설치하는 것으로 합의했었지. 이 위원회는 노동조합이라는 지위는 아니지만 지금도 활동을 계속하고 있다.

철도노동조합(국로) 문제도 있었다. 1975년의 파업권파업에 관하여, 구 국철을 승계한 국철청산사업단이 국로 등을 상대로 제소한 202억엔의 손해배상을 요구했던 소송문제와, 1987년의 국철분할민영화로 JR에 채용되지 않고 결국 해고된 1,000여명의 조합원 등에 대한 「채용차별」이라는 부당노동행위의 문제다. 운수대신인 가메이 시즈카씨가 해결을 위하여 노력해 주었다. 손해배상소송 쪽은, 94년 12월에 일단 화해가 성립하여 해결되었다. 그러나 부당노동행위에 관해서는 내 내각 때에는 해결안이 정리되지 않아 조정되지 못하고 끝났다. 이 문제는 민주당정권이 된 뒤 2010년 4월, 1인당 약 2,200만엔의 화해금이 지급되는 것으로 결착되었다. 어떻게든 양쪽 문제가 결착되어 다행이라고 생각하고 있다.

이들 노동조합문제는 모처럼 사회당 위원장이 총리가 되어 있으니 되도록 해결하지 않으면 안 된다, 는 생각으로 한 거야.

「히노마루」나 「기미가요」문제도 나왔었지. 나는 총리가 된 후 「히노마루」는 인정해도 좋다고 했었지. 이때는 아직 따로 법률로 뭣을 정하고 있는 것이 아니니까, 게양하고 싶은 사람은 하면 되는 것이고, 싫다는 사람은 안 해도 되는 것이 아니냐고 한 견해를 표명하였다. 그것을 가장 강하게 비판한 것이 일교조였었지. 졸업식이라든가 입학식이라든가 학교에서 무슨 식전이 있을 때마다 「히노마루」를 낸다든가 안 낸다든가, 「기미가요」를 부른다든가 안 부른다든가, 교사가 학생이나 학부모를 끌어들여 대소동을 일으키는 일은 좋지 않다. 그러므로 지나치게 그런 일로 갈등하는 것은 좋지 않다는 생각이었다.

일장기는 전후 게양하는 사람은 계속 게양하고 있다. 나는 새삼스럽게 이러쿵저러쿵 말해 봤자 하는 수 없다고 타협한 것 같은 견해를 표명한 거야. 그래서 일교조에게 비판받았으나, 나는 「당신들도 외국에 가서 외국의 노동조합과 대화할 때에, 테이블 위에 각각의 국기가 서있지 않은가. 당신들이 일장기를 인정하지 않는다면 "우리는 일장기를 인정하고 있지 않으므로 테이블에서 내려달라" 고 말한 적이 있는가. 그런 일은 없겠지. 외국에서는 인정하고 일본으로 돌아오면 인정하지 않는다는 이야기는 이상하다」고 반론했다. 그런 느낌이었어.

일장기란 것은 대단히 디자인이 좋아서, 외국의 평가도 높다는 거야. 「일장기를 선두로 전쟁을 한 역사가 있다. 그래서 안 된다」는 주장이 있다. 그러나 「일장기에 책임이 있는 것이 아니라, 그것을 내세워 전쟁을 한 무리들이 나쁜 거야. 지금은 일장기를 평화의 심벌로서 이용하면 좋지 않은가」라고 말한 학자가 있다. 나는 그것에 찬성이야(웃음).

❓ 「기미가요」쪽은 어떻습니까.

❗ 노래는 그다지 나도 적극적으로 찬동하는 것은 아니야. 지금 젊은 이들은 가사의 의미를 모를 것이야. 그러므로 좀 더 국민전체가 이해해서 부를 수 있는 노래를 만드는 것이 좋지 않을까 생각한다. 새로운 국가를 만드는 일이 있어도 좋은 것이 아닐까. 그러므로 나는 「기미가요」에 대해서는 그다지 강조하지 않았다.

❓ 그러나 졸업식에는 「기미가요」도 부속품인 걸요.

❗ 부속품이지만, 부르는 사람은 불러도 부르지 않는 사람은 부르지 않아도 된다. 다툴 것은 없잖아.

❓ 가사의 「임금님 세상은…」이라는 첫머리에 위화감이 있는 것입니까.

❗ 우리들은 어릴 때부터 계속 불러 왔기 때문에 그다지 위화감은 없다. 최근 오오이타의 어느 공민회관에서 강연했을 때에 30세 이전쯤 되는 젊은 사람으로부터 「천황제를 어떻게 생각하십니까」라는 질문이 있었다. 나는 「천황에 대한 견해는 여러 가지 있을지도 모르지만, 일단 헌법으로 상징으로서 인정되어 있는 것이니까, 나는 헌법을 지켜야 한다는 주장을 하고 있기 때문에, 천황에 대해서도 헌법의 규정대로라고 생각하고 있다」고 대응했다. 참, 질문한 사람

이 어떤 생각을 가진 사람인지 모르고, 어떤 심중으로 물었는지도 몰랐기 때문에. 이런 질문에는 그런 답변 밖에는 할 수 없는 거지.

❓ 무라야마씨는 천황제 비판론자는 아니시지 않습니까.

❗ 이젠 비판은 하지 않아.

❓ 총리가 되어서 천황을 뵙는 기회가 많아지셨지요.

❗ 많아졌어, 많아졌어.

❓ 어떤 인상이었습니까.

❗ 지금의 천황은 여러 가지로 잘 공부를 하시고 있어. 총리대신은 몇 달에 한 번, 천황에게 국정을 보고하는 기회가 있지. 그때 내가 전혀 모르는 나라 이름을 내놓으시고 해서 난처한 일이 있어요(웃음).

또한 지금의 천황은 진정 리베럴이시고 평화애호자라는 것을 알 수 있어.

❓ 여하튼 일교조는 문부성과의 접점을 활용할 수 없었던 것이네요.

❗ 그래, 살릴 수가 없었지. 지금은 일교조도 예전 같지는 않게 되었어. 조직률도 많이 하락한 것이 아닌가. 그건 할 수 없는 것이라 생각돼. 「히노마루·기미가요」 문제로, 현장에서 그만큼 대립해서는. 조합의 선생들의 본심을 물어보면, 모두 마음속으로는 「이렇게까지 하지 않으면 안 되는가」 하고 생각하고 있는데, 일부 사람을 제외하고 조합이 방침을 결정하는 것이니 하는 수 없이 하고 있는

것이 아닐까.

❓ 어째서 일교조는 그런 발상에서 탈피하지 못하는 것입니까.

➕ 그것은 흐름일 거야. 전통적인 운동의 흐름이 있는 것이 아닐까.

❓ 교조주의가 정치적, 사회적으로 힘을 갖지 못하는 것은, 무라야마씨는 몸에 스미도록 이해하고 계시겠습니다.

➕ 몸에 스며있지.

❓ 홋가이도의 도의회의원들이 한꺼번에 신당으로 간다고 할 때에 무라야마씨는 「당의 직원을 어떻게 할 것인가. 그들의 내일부터의 생활을 어떻게 할 것인가」하는 발상은 즉각하시는 것이네요. 땅에 발을 붙이고 있는 발상입니까.

➕ 뭔가 하려고 하면 여러 가지 문제가 있다. 이런 일도 있는 거 아닌가, 그러므로 간단히 되는 것이 아니라는 것을 알 수 있게 하기 위해서 말한 거지. 현실적으로 처리해야 할 문제가 있으면, 당연히 당 임원의 책임으로 해결해야 한다.

❓ 총리대신이라는 처지의 사람은, 이데올로기만을 휘둘러도 어렵겠지요.

➕ 그야 그렇지. 그런 짓을 하고 있으면 총리는 할 수가 없지.

당내 논의 진척 없는 신당문제

❓ 야마하나 사다오씨 등의 회파이탈 움직임은 한신·아와지 대지진으로 사라져버렸습니다. 그러나, 1994년 12월에 신진당이 창당된데 더하여 95년은 통일지방선거나 참의원선거가 예정되어 있었기 때문에, 사회당내의 신당문제는 진척되지 않은 채로 있었습니다. 무라야마씨는 2월 11일에 예정하고 있던 사회당대회를 3월로 연기, 다시 통일지방선거 후로 연기로 계속 연기하였습니다. 그리고 5월 27일에 임시 당 대회를 개최하여, 사회당의 해당과 민주리베럴 신당의 결성을 지향할 것을 결정하였습니다.

그래그래. 지진으로 야마하나씨의 움직임은 망가졌지. 지진으로 도움이 되었다는 사람도 있었지만, 나는 그런 생각은 없었다. 여하튼 그때에는 지진으로 머릿속이 꽉 차있었으니까. 그 무렵에는 야마하나씨 들뿐만 아니라 노동조합도 신당으로 달아나는 흐름이었지. 전체(全遞)라든지 주요 노동조합이 신당준비위원회 같은 것을 만들어서 움직이고 있었지. 구 총평계니 구 동맹계니 하는 것과는 무관하게 모두 그런 분위기였다. 다만 어떤 신당을 만들 것인가에 대해서, 노동조합 내부는 꼭 일치돼 있는 것은 아니었다. 우측으로 쭉 내달리려는 노조와 역시 사회민주주의 노선을 지키지 않으면 안 된다는 노조가 있었다. 후자는 자치로라든가 일교조라든가의 노동조합이지만 좌측이야. 그러나 노조의 이러한 움직임도 지진에 의하여 좌절되는 거야. 여하튼 95년 전반은, 대지진에 이어서 오오무진리교의 지하철 사린사건 따위로 큰일이었어. 나 자신은 신당문제를 생각할 여유는 없었다.

❓ 한편으로, 당내의 대세를 굳혀서 통일지방선거나 참의원선거에 임해야 했다. 결국, 선거준비나 당내문제에의 대응은 구보서기장에게 맡기신 것입니까.

➕ 그래, 당 문제는 그에게 맡겼지. 아마도 신당문제를 생각하면서 하고 있었을 거야.

❓ 그러나 이제까지의 이야기로는 구보씨를 어디까지 신용해서 좋을지 모르는 것이 아닙니까.

➕ 나에게는 그런 여유는 없었지. 이 무렵 신당문제에 대해서는 거의 얘기하지 않았지.

❓ 참의원선거를 앞두고 「이대로는 선거가 되지 않는다. 신당이다」라는 소리가 돌고 있었는데, 신당이면 선거에 유리하다고 생각하고 있었던 것입니까.

➕ 참, 사회당은 선거 때마다 계속 의석수를 감소시키고 있었지. 한참 전부터 사회당 그대로는 안 된다는 분위기가 되어 있었지. 93년의 총선거가 결정적이었지. 더욱이 신진당이 나와서 보수 2대정당 시대가 돼버리는 것이 아니냐는 위기감도 더해졌다. 노동조합으로부터도 「신당이다, 신당이다」하는 목소리가 강해졌다. 그것이 당내의 대부분의 속내였을 거야.

❓ 신당을 만들면 선거에 이길 수 있다는 것입니까.

➕ 그것은 그, 그저 그 당시에는 리베럴이라는 말이 자주 사용됐지. 이제까지의 사회당지지층뿐 아니라 리베럴층을 새롭게 결집해서

신당을 만들면 어떻게라도 될 것이 아닌가라는 발상이야. 어쨌든 사회당이 이제까지의 껍질을 깨고 이미지를 바꾸지 않으면 안 된다. 이제까지의 운동의 연장선상에 신당을 생각하는 것이 아니고, 과감하게 발상의 전환을 하여 좀 더 현실적인 정당으로 변해가야 한다는 발상이 대단히 강했었지.

❓ 그런 일을 당내에 집결해서 논의하고 있었던 것입니까.

❸ 그런 논의는 당내에서는 전혀 하지 않았었지. 다만「이제 사회당은 쓸모없다. 쓸모없다」「사회당으로서는 인제 선거는 할 수 없다」는 목소리만이 앞서가고 있었지. 이념적으로도 정책적으로도 어떤 신당을 만들면 좋을 것인가 하는 논의는 그다지 없었던 것은 아닐까.

❓ 무라야마씨 자신도 신당사키가케와 짜고 리베럴세력을 결집하여 새로운 당을 만들려고 하고 있었습니다.

❸ 그야 나도 역시 이대로의 사회당으로서는 안 되겠다고 생각하고 있었지. 시대는 거침없이 변하고 있는데, 사회당은 언제까지나 낡은 껍질을 짊어지고 있다. 과거의 사회당은 총평과 세트로, 또는 사회당과 노동조합이 연결되어 있다는 인상만으로 해왔다. 그야 총평이 왕성할 때는 그래도 지탱하였었다. 그러나 총평이 해체되고 연합이 되었다. 이 연합은 민간노조가 주도권을 잡고 있다. 민간노조는 총평의 노동운동과는 완전히 다르다. 그렇게 해서 사회당을 지탱해왔던 기반이 차츰 우경화하고 있을 때에 사회당은 여전히 옛날 체질을 유지하고 있다. 이 갭이 당의 쇠퇴로 이어져 왔

다고 생각해.

노동조합이 변화한 것은 사회전체가 변했기 때문이야. 당연히, 사회당도 종전의 껍질을 파열하고 좀 더 우측으로 폭을 넓혀가지 않는 한 이 이상은 신장하지 않는다. 그런 점에 대하여 당내는 대체로 일치하고 있었다고 생각해. 역시 시대의 변화에 대응할 수 있는 탄력성 같은 것을 가지고 지지층의 폭을 넓혀가지 않으면, 아무리해도 안 된다고 생각하고 있었다.

❓ 사회당이 거기까지 위기적인 상황에 놓여 있다는 것을 모두가 인식하고 있었음에도 불구하고, 당내는 옛날식대로 좌파와 우파와 같은 그룹으로 분열되어 있었어요.

❸ 으~음. 그래요. 하나는 역시 노동조합에 원래 총평계와 동맹계가 있었기 때문이다. 총평계의 노조는 대체로 사회당이고, 동맹계는 민사당을 지지하고 있다. 그러한 흐름의 차이가 당을 지지하는 기반에가 있어서 사회당도 그런 것에 이끌리고 있었다고 생각해. 그것이 단적으로 말하면 당내의 우와 좌로 이어진 거야.

❓ 그것이 사회당내의 무라야마씨를 중심으로 하는 그룹과 구보씨를 중심으로 하는 그룹의 두 개의 덩어리로 나누어져서, 무엇을 하든지 함께 할 수 없는 상황이 되었던 것이네요.

❸ 그렇지. 약간 간격이 있었을지도 몰라. 내가 사회당 위원장이 될 때의 경위로서 표출한 두 개의 흐름은, 그 후도 계속 남아 있었으니까. 역시 연합이 만들어져서 노동조합이 크게 변화한 것이 중대해. 과거 총평계의 중심이던 공로협은 해체하여 없어졌지. 민간노조가

중심이 된 연합으로 되어, 사회당은 연합과 일체가 될 수 있는 정당으로 탈바꿈해야 한다는 생각도 있었다. 나는 그래서는 안 된다. 정당은 정당의 주체성과 주도권을 가지지 않으면 안 된다는 입장이야. 그래서 사회당내는 연합 쪽으로 쭉 이행하려는 사람들과 이전의 노선도 지켜 가려는 사람으로, 결과적으로는 분열된 거야.

❓ 당 간부의 인간관계라는 요소는 큰 것입니까.

🅐 그야 전혀 없다고는 할 수 없지. 좋아하고 싫어하는 것도 있고, 여러 가지 일로 대립하여 온 관계도 있겠지. 그러나 신당을 만드는데 그런 것을 따지고 있으면, 오히려 당내에서 고립할 뿐이야. 누구에게나 좋고 싫은 것은 있겠지만, 운동을 진행시키거나 운동을 발전시켜 가려면, 가지각색의 사람이 필요하다. 그럴 때에 저 사람은 싫으니 안 된다든가 하고 있으면 되지 않는다.

정권을 담당할 자각이 빈약했던 사회당의원

❓ 그런데 당시, 사회당 위원장이 총리이고 사회당이 정권을 담당하고 있다는 의식을 사회당의원 여러분은 얼마나 가지고 있었던 것입니까.

🅐 신당문제 뿐이었어. 정권에 대해서는 남의 일처럼 생각하고 있었을까. 자민, 사회, 사키가케의 3당연립이라는 것도 있었고. 나는 3당에 의한 내각운영을 잘 하여야 하기 때문에, 당무에 관해서는 서기장에게 일임했다. 모처럼 사회당 위원장이 총리가 되어 정권을 잡고 있으니, 사회당은 이런 기회를 이용해서 당세를 확장한다든가

당의 정책을 실현한다든가, 여러 가지 방법이 있다고 생각하고 있었다. 그러나 당시의 사회당의원들은 「여당이 되었기 때문에 맘대로 말을 할 수 없다」「야당시절이 더 좋았다」고 하고 있었지.

❓ 「말을 할 수 없다」란 어떤 일입니까.

⊕ 야당시절은 국회의 위원회 등에서 빈번하게 정부·여당을 추궁하는 질문들만 하고 있었다. 그것이 여당이 되니 할 수가 없다는 거야. 그런 정도의 일이지. 결국 오랫동안 정권을 잡은 일이 없었기 때문에 어떻게 해야 할지 몰랐던 것이 아닐까.

❓ 야당 시절은 정부를 비판할 수 있다. 더욱이 자기들이 어떻게 한다는 것은 따지지 않는다. 그러나 여당이 되면 정부를 비판할 수 없다.

⊕ 그래그래, 야당시절은 공격뿐이야. 자기들이 어떻게 한다는 것은 그림자 내각 같은 것을 만들어 검토한 일은 있지. 그러나 여당이 되면 완전히 판이 다른 거야. 호소카와내각 때에도 6명이 입각하여 경험은 쌓고 있지만.

❓ 여당이 되면 자기들 정책을 실현할 수 있다는 것을, 여러분들은 생각하지 않았던 것입니까.

⊕ 그래 사회당의원은 자기들이 정권여당이라든가 책임 있는 입장이라는 것은, 역시 섭섭하게도 그다지 의식하지 않았었지. 각료에 들어간 멤버는 그런 것을 의식하고 있었을지 모르지만, 일반의원이 그러한 감각을 가지고 있었느냐 하면 없었을 거야.

그러나 나는 사회당 위원장이 수반인 내각이니까 사회당다운 것이 나오지 않으면 의미가 없다고 생각하고 있었다. 그러므로 미나마타병 미인정환자의 구제문제의 결착이나 피폭자원호법의 제정, 혹은 국가와 지방의 역할을 검토하여 권한과 재원을 국가에서 지방으로 이전하는 것을 지향하는 지방분권추진법의 제정 등, 이 내각이 아니면 할 수 없다고 생각되는 일을 하려고 생각했다. 그리고 옛 종군위안부이던 사람들에 대한 보상사업을 추진하기 위한 「여성을 위한 아사아평화국민기금(아시아여성기금)」의 창설도 추진했다. 어느 것이나 사회당수반내각이 아니면 할 수 없었던 것이라고 생각하고 있다. 다만 일반적인 정책중에서 사회당다운 것을 어느 정도 실현할 수 있었는가 하면, 그리 간단한 것은 아니다.

❓ 사회당의원에게는 정책결정에 관여하고 있다는 실감이 없으면서, 국회에서는 마음대로 질문조차 할 수 없다고 한다면….

❸ 그러니 불만을 토로하는 거야. 여러 번 불만의 목소리를 들었지. 나는 「그야, 여당과 야당은 역할이 다르기 때문에 정권을 잡은 당으로서의 역할을 다하면 되지 않느냐. 책임을 다하는데 따라서는 당신 선거에 유리하게 된다. 그런 것을 생각해서 하면 되지 않은가」하고 얘기한 적이 있다. 여당이 되면 이제까지와는 달리 시정촌장(市町村長)이나 여러 단체의 간부의 진정이 많아진다. 나는 「그런 기회를 잘 이용해 가면 되지 않은가」하고 얘기한 적도 있지.

❓ 오랫동안 대립관계에 있던 자민당과 처음으로 연립을 이룬 셈인데, 자민당은 어땠습니까.

❸ 「사회당 덕분에 여당으로 되돌아왔다. 이것은 소중히 하여야 한

다」고 생각하는 사람도 있는가 하면, 그렇지 않은 사람도 있었겠지. 여러 가지라고 생각해. 그러나 전체적으로는 사회당에 대하여 대단히 호의적으로 협력해 주었던 것은 틀림없어.

❓ 사회당의원과 비교해 자민당의원에게 여당의원이라는 자각이나 의식의 차이는 느끼셨습니까.

➕ 그건 있었어. 자민당의원의 경우, 정권의 유지나 운영을 위하여 진심은 반대라도 찬성하는 일이 있지. 가장 좋은 예가 95년 8월의 「전후 50년의 총리담화」가 그렇다. 그때 각료들은 모두 찬성했다. 그러나 내가 총리를 사임하고 나서, 자민당 중에는 반대라고 하던 사람이 있었지.

어쨌든 자민당은 여당경험이 길다. 호소카와 연립정권 때, 일시적으로 야당이 되어 야당의 비애라는 것을 따갑도록 경험하였으리라고 생각해. 그러므로 자사사 연립정권탄생으로 여당으로 돌아오자, 이것은 소중히 하여야 한다는 의식이 강했었겠지. 그것에 비교하면 사회당의 멤버는 「여당이다」「야당이다」하는 것은 전혀 관계없어. 진정이 많아졌구나 하는 정도는 느끼고 있는 것 같았으나, 그 이상은 아니었지. 그러므로 사회당의원에게 정권을 지켜야 한다는 의식이 어느 정도 강했는지는 모르겠어. 「여당인 것쯤은 아무래도 좋아, 야당인 편이 차라리 의원답잖아」라고 생각하고 있던 의원도 있었을 거야.

그래서 나는 총리라는 위치는 고독하구나 하고 느꼈다. 그것은 어쩔 수 없다고 생각해. 그러나 자기 당은 정권을 지탱하는 여당이니만큼 좀 더 여러 가지 역할을 달성해 주어도 좋은 것이 아닌가 하고 생각해. 또한 정권당으로서의 이점도 있는 것이므로, 그것을 자기의 선거에 플러스가 되도록 살려나가는 것도 할 수 있었을 거야. 그것은 섭섭하게도 사회당에게는 경험이 없기 때문에 할 수 없었지.

「95년 선언」으로 현실노선

❓ 이야기를 신당문제로 되돌리겠습니다. 사회당은 1995년 5월 27일에 임시당대회를 개최하여 사회당의 해당과 신당결성을 명기한 「95년 선언」을 채택하였습니다. 선언에는 일미안보유지나 자위대합헌 등도 포함되었습니다. 무라야마씨는 인사말씀에서 「사회당이 새로 태어나지 않으면 밝은 미래는 없다. 목표로 하는 것은 두 개의 보수정당 —자민당과 신진당—과 준별되는 제3극이다. 다만, 안이하게 당의 해당을 말하거나, 당을 분산화한다고 한다면 전망은 없다. 모든 당원이 참가할 수 있는 새로운 정당 만들기를 목표로 한다. 사회당은 사민, 민주, 리베럴 세력의 총결집을 위하여 땀을 흘려야 한다.」고 하셨습니다.

확실히 그런 인사말을 했었지. 그러나 신당만들기는 그 후도 좀처럼 움직이지 않았지.

❓ 사회당이라 하면 「호헌」「반안보」「반자위대」였으니까, 정책면에서는 상당한 전환이네요.

내가 총리가 되어 국회에서 답변할 때에, 당연히 자위대나 일미안보에 대한 질문이 나오니, 국회답변에 대해서는 당 3역들과 충분히 상의해서 해 왔다. 당내의 우측은 원래 자위대나 일미안보는 용인이었으니 문제는 없다. 좌측은 반대하고 있었지. 그러므로 좌측이 저항을 느꼈으리라고 생각되지만, 전체로서 당 집행부 사람들은 부득이하다고 생각하고 있었지. 나는 노동조합 간부라든가 사회당이 관계하는 주된 조직 등에도 모두 전화를 걸어 의견을 물었으나, 그들도 모두 하는 수 없는 것 아니냐는 느낌이었지. 그렇게 해서 「95년 선언」을 결심한 거야.

다만 내가 대단히 애석하게 생각하는 것은, 당대회나 당의 공식기관에서 정책을 변경한 후에 총리가 되어, 이미 변경한 정책대로 대응하였다는 순서였으면 더 좋았을 것인데, 순서가 거꾸로 되어, 먼저 내가 총리가 되고 나서 정책을 바꾸었으니, 「아아, 총리대신의 포스트에 앉았기 때문에 정책을 변경하지 않을 수 없었다」라든가 「정권이 탐이 나서 정책을 변경하였는가」하는 것과 같이 받아들여졌던 것이다. 그것은 이미 어쩔 수 없는 이야기지. 내가 총리가 된다는 건 아무도 생각하고 있지 않았으니까.

❓ 아무래도 돌연한 총리대신 취임이니까 하는 수 없네요.

🅜 사회당내에서는 오랫동안 자위대는 위헌인가 합헌인가라든가, 일미안보에 반대다 찬성이다라고 대립하는 의견이 있어서 끊임없이 토론하고 있었다. 그러나 결론을 내지 못 하는 거야. 그것은 당내에 이분된 생각이 있어서 좀처럼 일치된 결론을 내리지 못하여, 그 결과 모든 것이 흐지부지해져 버린 거야.

그러므로 나는 사회당 위원장이 총리대신이 된 기회라도 아니면, 주요정책을 변경할 수도 없을 것이라고 생각해서, 어떤 의미에서는

95년은 좋은 기회라고 생각했다. 당이 이제부터 발전해나가려면 이 기회에 정책을 변경한 것은 좋았던 것이 아닌가 하는 느낌이 나에게는 있다.

❓ 그럼에도 불구하고 임시당대회 직후인 7월의 참의원선거에서 사회당은 16석아라는 과거 최저를 기록하였습니다. 이 선거결과를 당하여 진정해 있던 신당문제가 또 움직이기 시작하였습니다. 전전통이나 지치로라는 노조가 먼저 움직이기 시작하고 「민주 리베럴세력결집」을 주장하기 시작하였습니다. 8월에는 전전통이 사회당지지단체로부터의 이탈을 결정하였습니다. 이러한 노동조합의 움직임에 무라야마씨는 상당한 거리를 두고 계셨던 것 같았습니다.

❂ 그야 그렇지. 이 움직임은 어느 편인가 하면 총평의 노선에서 와장창 우경향으로 키를 꺾는다는 얘기니까. 나는 거기에는 차마 동조할 수 없지. 역시 사회민주주의라는 노선을 상실하면 안 된다고 생각하고 있었지.

❓ 여기서 또 우와 좌입니까.

❂ 나오는 거지, 역시. 그래서 나는 노조와 거리를 두었지.

❓ 무라야마씨는 「사민 리베럴」이고, 노조는 「민주 리베럴」입니까. 알기 어렵네요.

❂ 일반사람들이 보면 모를 거야. 자본주의를 중심으로 한 자민당이나 신진당 하고는 다르다는 점이 없으면 혁신의 의미가 없고, 자민당 등에 대항할 의미가 없다. 그러므로 사회민주주의 노선이라는

것은, 이념적으로는 그러한 노선을 명확하게 제시하는 것이 중요하다는 의식이 강한 거야.

❓ 자민당과 연립을 짜고 있으면서 자민당과 대항이라 하신다면, 더욱더 모르게 됩니다.

❖ 정치라는 것은 그때그때의 정국의 상황에 따라 여러 가지 일이 일러날 수 있다. 자민당과 짜게 된 것인들 실제로 일어난 거지. 그러나, 그것으로 인해서 우리들이 가지는 본질적인 이념을 보류하거나 없애버린다고 하면 이야기는 전혀 다르다. 그렇지 않는 한 「자사사 연립정권」이라는 것은 있을 수 있는 거지.

「무라야마담화」로 퇴진시기를 생각하기 시작했다

❓ 신당추진파의 노조는 1995년 8월 하순에, 무라야마씨나 당내의 좌파를 배제한 정당을 만들고 싶다고 하여, 「민주 리베럴신당결성추진노조회의」를 결성하였습니다. 같은 무렵 홋가이도의 요코미치 다카히로씨도 「무라야마씨 밑에서는 승산이 없다. 언제나 정권에 관하여 매달려 있어서는 신당이 탄생할 기회는 없다」고 비판하고 있습니다. 한편으로 무라야마씨는 「전후50년의 무라야마담화」, 이른바 「무라야마담화」를 각의결정하는 등 총리대신으로서의 업무에 전념하고 있었습니다.

❖ 그들의 움직임은 나와는 무관하지. 아니 관계가 없다는 것보다는 오히려 비판적이었지. 실은 나는 이미 「무라야마담화」를 낸 95년 여름 무렵부터 내각총리대신 사임시기를 생각하고 있었지.

❓ 아주 일찍부터 생각하고 계셨네요.

❗ 이것은 누구하고도 의논할 수 없었고 말할 수 없었지만, 일단, 나는 이 내각에서 해야 할 일이나, 할 수 있는 범위에 대해서는 겨냥이 섰다고 느끼기 시작하고 있었다. 그래서 자기 마음속에서는 금년 연말이나, 해를 넘긴 이른 시기에 그만둘까 생각하고 있었다.

❓ 왜, 연말이나 신년 초라고 생각하신 것입니까.

❗ 그렇게 하지 않으면 신당문제를 포함해서 당 문제가 충족되지 않게 된다고 생각했다. 그러므로 총리대신을 그만두면 당 문제에 전념하려고 생각했다. 위원장이라는 책임상 그렇게 하지 않으면 안된다. 나로서는 「무라야마담화」가 총리대신으로서의 마지막 매듭 같은 것이었지.

조금 앞날 이야기지만, 나는 사민세력의 장래의 일이 걱정되었어. 그래서 총리를 사임하기 전의 12월초에 요코미치씨나 하토야마 유키오씨와 셋이서 호텔에서 식사를 했다. 그때 이야기한 것은 신당문제에 관해서 「사회당은 우선 신당사키가케와 함께 하고, 그리고 세력을 넓혀 가고 싶다」는 것. 그리고, 「나는 언젠가 제일선에서 사라질 사람이요. 총리를 그만두면 전면에는 나서지 않고 숨은 일꾼의 역할을 맡을까 해요. 더는 전면에 나설 생각은 없어. 원래 70세가 되면 국회의원을 그만둔다는 생각이었는데, 이미 70세도 넘어버렸다. 앞으로는 여러분께서 앞무대에 서서 해주기 바랍니다」라는 것이었다. 그들이 어떻게 받아들였는지는 모르지만.

그리고 자치로의 고토 위원장 등 「민주리베럴신당결성추진노조회의」 사람들과도 몇 차례인가 만나서, 「신당문제도 좋지만 역시 사회민주주의 노선을 확실히 고려해서 이 노선만은 축으로 하여 해나간다는 생각이 아니면 안 된다. 당신들은 오랫동안 노동조합운동을 해왔으니 알겠지만, 그런 인내심이 없어지면 안 되지 않는가」하고 얘기했다. 나의 의견에 「동의할 수 없다」고 한 사람은 그다지 없었지만은. 나는 노동조합이 기골을 빼앗겨 노동운동다운 것이 없어져버리면 안 되는 것이고, 노동조합운동은 사회민주주의 노선을 확실히 견지한 입장에서 전개해 주었으면 하는 마음이 아주 강하니까. 그래서 조합간부들에게 여러 가지로 그런 이야기를 했었지만, 그래도 흘려보내 버린 거야.

❓ 요코미치씨는 95년 여름에는 이미 무라야마씨에게는 비판적이고, 지방에서 리베럴세력 결집을 위하여 움직이고 있었습니다.

❗ 암, 그는 움직이고 있었어. 요코미치씨는 중의원의원으로서는 나보다 1기 빨리 당선한 사람이야. 사회당내에 「새로운 흐름회」가 생겼을 때, 우리들 동기의 당선멤버가 참가한다고 해서 나도 어울릴까 하고 참가했다. 그때, 요코미치씨가 부지런히 우리들을 보살펴 주었지. 나는 요코미치씨라는 사람은 장차 사회당의 서기장 등 중추적인 포스트에 앉아서 당을 지탱하게 될 사람일 것이라는 인상을 가졌지. 그러나 지사가 되고 나서 많이 달라졌어. 지사를 그만두고 다시 총선거에 나오게 되는데, 그때는 이미 사회당으로는 돌아오지 않을 작정이었다. 그러한 그의 언동을 보면서 우리들하고는 다르다는 인상을 가지고 있었다.

엄밀하게 계산해서 한 총리사임

❓ 95년 9월이 되자 사회당내에도 신당문제가 활발해졌습니다. 당내에 「새로운 정당만들기 추진본부」라든가 「새로운 정치세력결집을 호소하는 사람 회의」가 발족하였습니다. 9월 21일의 임시 당대회에서 10월 하순에 신당을 결성할 것을 확인하였습니다만, 그것도 결국, 연기되어 갔습니다. 무라야마씨는 「내년도 예산편성과 그 성립에 책임을 진다」고 발언하여 신당결성 움직임을 견제하고 있습니다. 한편으로 무라야마씨가 기대하고 있던 신당사키가케와의 합류 이야기는, 사키가케 측이 점점 소극적으로 되었습니다. 당내에 대립을 안은 채, 아무 것도 제대로 움직이지 않고 95년 가을이 지나갔습니다.

➕ 그 무렵은 내년도 예산편성, 오오사카에서의 아시아태평양경제협력회의(APEC) 등 여러 가지 일이 있어서, 나는 정말 당무에 관해서는 전혀 관심을 가질 여유가 없었지.

❓ 그러므로 신당문제는 연기한 것입니까.

➕ 그렇지. 다만, 이미 신년 초쯤에는 총리를 그만두려고 생각하고 있었지. 역시 차츰 당문제를 결착지우지 않으면 총선거에 대비할 수 없을 것이라는 생각이 있었으니까. 또한 내가 당대회를 연기해온 책임도 있었고. 마지막으로 확실히 당문제를 결착지우고 싶은 마음도 있었지. 그러나 나중에 되돌아보니, 현실은 내가 이리저리한다는 단계는 아니었었지.

❓ 총리대신으로 있는 한 신당문제는 모두 연기하려고 생각하고 있었습니까.

❸ 신당문제가 급박해서 그다지 시간적인 여유가 있다고는 생각하고 있지 않았지만, 연말이나 연초쯤에 총리를 그만두면 간신이 충족되리라고 생각하고 있었다.

❷ 반대로 얘기하면 연말이나 연초까지에 서둘러 해당하거나 신당을 만들 필요는 없다고 생각하셨던 것입니까.

❸ 아냐 아냐, 그런 것은 아니야. 참, 신당을 만들기 위해서는 역시 새로운 층이 참가하여 명실공이 신당이라는 자세가 생겨나지 않으면 안 돼. 이제까지의 사회당을 그대로 답습하여, 단지 간판만을 교체해서는 의미가 없다는 것이 나의 생각이니까. 그것은 일관하고 있었어. 그런데, 이 새로운 층으로 기대하고 있던 신당사키가케의 내부에 마찰이 있어 좀처럼 잘되질 않았어. 그런 것을 충분히 생각하는 경우, 서둘러 해당이다 신당이다 할 수는 없었지. 그래서 연말이나 연초 이른 시기쯤에 총리를 사임하고 당으로 복귀하려고 생각하고 있었다.

❷ 무라야마씨는 1996년 1월에 총리대신을 사임하셨습니다. 그때에는 「이제 피곤해서」등이 최대의 이유로 되어 있었습니다만, 진정한 사임의 이유는 신당문제였었네요.

❸ 그래, 그렇지. 큰 이유는 신당문제야.

❷ 지금껏 사임 이유를 거짓으로 설명하셨던 것입니까.

❸ 음 얘기하지 않았지.

❓ 그런 의미에서는 「무라야마담화」는 무라야마씨에게 대단히 큰 의미가 있었던 것이네요.

➕ 그럼, 일본으로서 마무리를 한 셈이지. 그리고 이것은 역시 자기 내각이 아니면 할 수 없다고 생각하고 있었지. 참 나에게 체력이나 기력이 충분히 있었는지 어떤지는 모르지만, 원래 총리에 취임할 때부터 「사회당 당수가 총리가 되는 것은 헌정의 상도에 반한다. 제 일당이 아닌 소수정당의 대표가 총리를 맡는다는 것은 변칙이다. 그러므로 이것은 그다지 오랫동안 할 것은 아니다. 다만 모처럼 수반으로 지명된 것이니, 사회당이 아니면 할 수 없는 것을 하겠다」고 생각했다. 처음부터 해야 할 것이 일단락되면 그만 끝이라는 작정이었지. 그런데 그러는 중에 사회당이라는 발판이 너덜거리고 있었던 거야. 이 이상 총리를 계속하면 내각도 망가지고 당도 망가진다. 그러므로 어디선가 매듭을 짓지 않으면 안 된다는 판단이야.

❓ 신당추진파는 95년 12월에 결성이라든가, 96년 1월에 해당·신당결당대회라는 스케줄을 줄줄이 내놓고 있었습니다.

➕ 나는 12월이 되어서, 당3역들을 관저로 불러 1월의 해당대회를 연기시켰다. 그런데 현실은 큰 흐름이 이미 만들어져 있었다. 이 움직임에는 내가 총리를 사임하고 나서는 이미 대항할 수 없었지. 이미 늦었던 거야. 신당문제는 후에 민주당으로 연결되는 흐름이 만들어지고 있어서, 나 자신을 포함해서 나의 친구들이 이미 받아들여지지 않는 편으로 돼버렸던 것이야.

❓ 후에 하토야마 유키오씨가 민주당을 만들 때에 무라야마씨나 다케무라씨의 참가를 거부하는 「배제의 이론」이 유명해졌습니다만, 사회당내에서는 이미 이 단계에서 신당에의 「장로빼기」「좌파빼기」가 나와 있었습니다.

❸ 그래그래, 그래그래(웃음).

❓ 자민당에서는 95년 9월에 총재선거가 있어, 하시모토 류타로씨가 고노 요헤이씨 다음의 총리가 되었습니다. 고노씨는 수상이 되지 못한 채로 끝난 셈입니다. 무라야마씨가 총리를 사임하면 하시모토씨가 총리가 되는 것은 확정적이었습니다.

❸ 하시모토씨는 내 내각에서 통상대신이었으나, 접촉은 그 이상도 아니고, 그 이하도 아니었다. 업무이외의 일은 별로 얘기하지 않았지. 96년 1월에 내가 사임을 공표하려고 하고 있을 때, 하시모토씨가 미국을 방문할 예정인 것을 알았다. 그래서 전화를 걸어 「조금 부탁이 있다. 미국행을 중지해주었으면 한다」고 했다. 「중요한 얘기가 있으니 일본에 있어주었으면 좋겠다」고 한 거야. 하시모토씨가 「저쪽에서 강연 등의 약속을 하고 있어서 지금에 와서 중지는 할 수 없다」고 하기에 「그보다 중요한 일이니 방미는 그만두라」고 전했다. 하시모토씨는 「그렇다면 하는 수 없네」하고 받아들여주었다. 이미 그때에는 하시모토씨도 퍼뜩 왔겠지. 내가 그런식으로 말하면 알겠지. 「총리를 그만 둔다」는 것은 한마디도 하지 않았지만 퍼뜩 알아 차렸기 때문에 그는 방미를 중지하고 일본에 남은 거야.

❓ 하시모토씨라는 정치가는 어떤 사람입니까.

❗ 하시모토씨는 내가 중원에 당선한 때부터 사로위원회에 있었다. 하시모토씨는 사로의 필두이사나 위원장을 하고 있어서, 위원회를 통해서는 접촉이 있었지. 어느 편인가 하면 머리 회전이 빠른, 그리고 정책을 잘 연구하고 있는 정치가야. 동시에 「어깨에 힘주는 견고한 사나이」라는 인상이었지. 그러나 접촉해보면 그다지 사나운 사람은 아니야. 실업문제나 고용문제에 관한 의원입법에서 함께 법안을 작성한 일도 있었다. 업무관계로 아주 접촉은 길었지만, 업무이외에 개인적인 교제는 그다지 없었지.

해산은 당장은 하지 않으리라고 생각하고 있었다

❓ 무라야마씨는 총리를 사임하신 후 사회당의 신당문제에 착수하려 하셨으나, 총리를 그만 두면 스스로가 중의원의 해산시기를 결정할 수 없게 됩니다. 후임의 하시모토총리가 해산을 서둘러서 해버릴 걱정은 없었습니까.

❗ 나는 중의원의 해산을 어떻게 할 것인가라든가 해산시기는 언제쯤이 좋은가라든가, 그런 것은 그다지 생각하지 않았다. 다만 하시모토씨가 총리가 되어도 해산이 그렇게 빨리 있을 줄은 생각하지 않았다. 그때에는 해산을 하지 않으면 안 되는 상황은 아니었다. 물론 하시모토씨가 총리가 되어 국민의 신임이 있는지 없는지 하는 것을 묻는다는 의미의 해산이라면 별문제이지만, 그러한 해산은 그리 간단히는 할 수 없는 거지. 또한 신임을 묻기 위한 해산을 하

기 위해서는, 이 내각으로 좋은가 나쁜가 하는 판단을 받기 위하여 일정한 기간이 필요하므로, 그렇게 빨리 선거가 있을 줄은 생각하지 않았지. 하시모토내각이 총선거를 감행하려 하여도 무언가 국민에게 묻는 것을 가지고 있지 않으면 안 된다. 정권이 바뀠다는 이유만으로 선거를 하는 것으로는 되지 않는다고 생각하고 있었지.

❓ 그렇다면 무라야마씨는 퇴진하시면서, 하시모토씨에게 해산총선거에 대하여 아무 것도 주문을 부치지 않으셨던 것입니까.

➕ 나는 사임후의 내각에 대하여 이 것 저 것 주문을 붙이는 것은 하고 싶지 않았지.

❓ 무라야마씨는 총선거의 전망 등에 대해서도 단단히 계산하고 계셨던 것이네요.

➕ 그렇게 성급하게 바로 해산이라는 것은, 어지간한 일이 없는 한 없을 것이라고 생각하고 있었지.

❓ 무라야마씨가 거기까지 생각해서 퇴진시기를 결정하고 계셨던 것은 아무도 몰랐을 것입니다.

➕ 아아, 그런가(웃음). 참, 그런 것은 아무에게도 이야기하지 않았으니까.

❓ 최고 권력자란 강인하지 않으면 할 수 없네요.

➕ 나는 표면상으로는 95년 참의원선거후의 내각개조로 새롭게 대신

이 된 사람이 연말에 그만둔다면 좀 안쓰러워. 적어도 대신으로 해를 넘기는 편이 좋을 것이라고 말하고 있었지. 또 하나는 퇴진이 너무 늦어지면 다음 내각에서 대신이 된 사람들이 갑자기 통상국회의 예산위원회에서 답변하지 않으면 안 되고, 이것은 곤란할 것이라는 것도 얘기했지. 그러므로 신 각료도 어느 정도의 공부하는 기간, 준비기간이 필요하다는 것으로 이리저리 일정을 계산하니 역시 1월 5일경이 좋을 것이라고 해서, 그날 기자회견을 해서 발표한 거야.

그때, 관방장관인 노사카 고오켄씨가 퇴진에 제일 강하게 반대했지. 「당신은 94년에 호소카와 모리히로총리가 내각개조를 하려고 할 때, "예산을 편성한 내각이 예산위원회의 심의에 출석해서 답변하는 것이 당연하지 않은가. 그럼에도 불구하고 예산편성에 전혀 관계가 없는 새로운 각료가 예산심의에 응한다는 것은 이상하다"고 반대하여 좌절시키지 않았는가. 그런 말을 한 사람이, 이제부터 예산심의가 시작되는 때에 사임하는 것은 이상하다」고 하는 거야.

❓ 노사카씨를 뭐라고 해서 설득하셨습니까.

❸ 그야 그것은 이유를 붙이기에 달려 있고 「예산은 내각과 여당이 편성하는 것이지, 개개의 각료가 하는 것은 아니다. 그리고 새롭게 된 내각이 예산을 이제부터 집행하는 것이니, 집행하는 입장에서 책임지고 답변하여도 되지 않는가. 그러므로 그런 말 하지 말아요」라고 했었지(웃음). 이리 저리 이야기하는 방법은 있지.

❓ 퇴진표명의 전날인 1월 4일에 이세신궁을 참배하고 기자회견을 하셨습

니다. 이것은 힘드셨지요.

음, 힘들었어. 다음날 또 기자회견을 하고 그만두는 것이니까. 그때는 「감쪽같이 속였다」라든가 여러 가지로 얘기했었지. 이세신궁에서는 사임을 결심하고 있어서 조금도 헷갈림이 없으니까 어떤 질문이 나와도 분명하게 대응할 수 있었지. 인간이란 헷갈림이 있으면 어디에선가 엉터리가 나오니까.

얼굴이 긴장되진 않으셨습니까.

아니, 그런 일도 없었어. 그러므로 인간은 무언가 극단적인 일을 당하게 되면 어떻게 할 것인가의 판단은, 설령 실패했댔자 상처는 적은 것으로 끝난다. 참 이런 일은 일생동안 몇 번이고 있는 것은 아니지만.

퇴진 후는 당 문제에 본격적으로 대처하게 되시네요. 당장 총선거는 없다고 가늠하고 계셨으니까, 시간적 여유도 있을 것이라고 생각하고 계셨었지요.

나는 이니셔티브를 잡고 추진할 정도로 적극적으로 하려고는 생각하고 있지 않았지만, 이대로는 사회당이 쓸모없이 되어버리니 어떻게든 재생시키려고 했다. 그것은 책임지고 하지 않으면 죄송하다는 생각이 있었지. 그러나 이미 그때는 늦었었다. 어떻게 할 수 없는 상황이었다.

꺼림칙했던 일미안보 공동선언

❓ 퇴진과 관련하여 또 하나 여쭙겠습니다. 미국의 빌 클린턴 대통령이 당초는 95년 가을에 오오사카에서 개최되는 APEC 참석차 내일할 예정이었으나 연기되어, 96년 4월에 내일하였습니다. 그리고 하시모토총리와 함께 일미동맹의 역할을 아시아태평양지역으로 확대하는 「일미안보공동선언」을 발표하였습니다. 자위대의 역할이 크게 확대된 것입니다. 이 문제와 퇴진시기는 관계가 있습니까.

❸ 오키나와의 미군기지문제에 대하여 나는 95년 1월에 방미하여 클린턴 대통령과의 회담에서 나하군항의 반환이나 오키나와 본도(本島)에서의 실탄포격훈련의 폐지 등 몇 가지 점에서 합의하였으나, 후텐마비행장 문제는 남아 있었어.

❓ 일미안보공동선언은 어떻습니까. 총리를 계속하고 계셨으면 무라야마씨가 일미안보공동선언에 서명하셨겠지요.

❸ 그야 그렇지만, 꺼림칙해. 일미안보공동선언에는 1978년에 결정된 「일미방위협력을 위한 지침(가이드라인)」의 수정이나 일본의 주변지역에서 어떤 일이 일어났을 때의 양국의 협력에 대하여 연구해 간다는 등을 포함하는 여러 가지가 포괄되었다. 그런 이야기가 오래 동안 있어왔다. 그러므로 글쎄 나는 「사회당의 총리가 이런 문제까지 하게 된다면 뒷일은 어떻게 되나」하는 생각은 있었지. 그런 일도 다소는 생각해서 총리를 사임하는 시기를 선택한 것이라고 생각은 하지만.

❓ 역시 그랬던 것입니까.

➕ 음. 「공동선언」이 그다지 적극적인 이유는 아니었지만, 마음속에 전혀 없었다고 하면 그것은 거짓이 되겠지.

❓ 일미안보공동선언은 돌연히 작성하는 것이 아니므로, 미국과 교섭을 하고 있을 과정에서 외무성이나 방위청으로부터 경과보고가 있을 것으로 생각합니다.

➕ 여러 가지 보고는 있었지. 여러 차례 왔었지. 방위청의 무라타 나오야끼 사무차관이라든가 외무성의 간부 등이. 그것에 대하여 나는 일일이 반대한다든가, 그것은 이상하지 않은가라든지 그렇게는 하지 않았지. 이미 그만두기 전이니까. 그만둘 사람이 너무 무책임한 것은 얘기하지 않는 것이 좋을 거라고 생각했던 걸까. 그다지 깊이 파고들어 논의하여 자기 의사를 말한 적은 없어.

방위청의 간부가 관저로 왔을 때에는, 노사카관방장관과 함께 관저에서 들었지. 그때는 예산편성시기로 방위예산을 상당히 삭감하려고 하고 있어서, 사무차관도 예산을 포함하여 여러 가지 보고를 위하여 왔었지. 후텐마비행장 문제는 히시모토씨가 총리로 된 뒤에 굳어졌지만 나의 재임 중에도 오래 계속해서 있었던 문제야.

❓ 방위청이나 외무성으로서는 사회당출신 총리와 관방장관에게 일미안보확대를 이해를 얻어야 했기 때문에 힘들었겠습니다.

➕ 글쎄, 여러 가지 이야기는 있었지만 커다란 노선은 이미 그어져 있는 것이니까, 그다지 논의꺼리로는 되지 않았지. 더불어 이미 총리를 그만둔다는 것을 대체로 결심하고 있었으므로, 그만둘 사람이

막말을 남기고 싶지 않았지.

이런 이야기는 도망치는 꼴이 되니까 이제껏 그다지 이야기한 일이 없어. 다만, 지금 나는 생각하지만, 안보조약에는 공과양면이 있지. 일미동맹의 덕택으로 일본은 방위비에 그다지 돈을 쓰지 않아도 됐지. 또한 중국을 비롯한 아시아 제국가에게는 일미안보조약이 있으므로 일본이 군사력을 강화하지 않는다는 「병뚜껑」론이 있다. 안보조약이 있으니까 일본은 걱정 없다는 안심감을 주고 있는 거지. ASEAN 여러 나라를 돌아보면, 어느 나라도 그런 걱정을 가지고 있으니까. 그러므로 나는 그런 면에서는 일미안보를 일단은 평가해도 좋다고 생각하지. 그러나 전후 반세기이상이나 경과하여도 아직껏 이만큼의 미군기지가 일본에 필요한 것인가 하고도 생각한다. 이쪽은 좋지 않은 면이야.

그러므로 95년 1월에 클린턴 대통령과 만났을 때, 나는 「외교문제라는 것은 국가간의 약속이 있으니 정권이 바뀠다고 해서 이제까지의 합의 등을 일방적으로 파기하지는 못하는 것이고, 해서도 안된다고 생각한다. 그러나 불합리한 점이 있으면 솔직히 이야기해야 할 것이다」라는 이야기를 했지.

그것은 안보조약을 확대 강화한다는 것이 아니고, 여러 가지로 생각해야 한다는 것을 말하고 싶었던 거야. 본디 안보조약을 체결했을 때에 이 조약이 대상으로 하고 있던 소련이라는 국가가 이미 해체되어 없어져버린 것을 비롯하여, 국제정세가 크게 변해 버렸다. 일본주변에서 본격적인 전쟁이 발생할 가능성이 없어진 것. 일부에서는 북조선이나 중국이 문제라는 것을 말하는 사람이 있으나, 현실문제로서 전쟁 같은 것은 있을 수가 없다. 그럼에도 불구하고 평화헌법을 가지고 있는 일본에 왜 이렇게도 장기간, 이렇게 많은 미군기지가 필요한 것인가, 더욱이 치외법권을 부여한 것 같은 형태로 말이야.

이와 같은 것을 생각하는 경우, 국제정세나 일본을 에워싼 정세를 솔직하게 이야기해서, 앞으로의 일미관계를 잘해 나가기 위한 안보조약의 수정은 있어도 좋은 것이 아닌가 생각되고, 필요한 것이 아닌가 하는 것을 나는 일관하여 말해 오고 있다.

그런 의미에서, 나는 안보조약을 긍정하는 거지. 당장에 파기한다고 한다면 말이 아니지. 그 위에 이제 말한 것 같은 이야기도 하는 것이 좋은 것 아니냐는 마음은 가지고 있었지. 그러므로 만일에 내가 좀 더 길게 총리를 하면서 가이드라인의 수정을 했다면, 나는 방금 이야기한 것 들을 책임지고 하려고 했을 거야.

❓ 퇴진은 1월이 좋을 것이라는 것은 누군가에게 상의하셨던 것입니까.

❗ 아니, 그런 건 아무에게도 하지 않았어. 참, 다케무라씨에게는 언제쯤 그만둬야 할까 한 것을 조금 귀띔한 일이 있을지도 몰라. 신당사키가케의 소노다 히로유키씨에게도 귀띔했을지도 몰라. 12월 초였던가. 소노다씨는 관방부장관으로 가장 좋은 상담상대였었어. 그 사람은 항상 정상적인 생각을 가지고 있다고 할까, 그다지 극단적인 이야기를 하지 않는 사람이니까. 그 사람의 판단은 그다지 틀리지 않으므로 나는 신뢰하고 있었지. 그러므로 부장관을 부탁했었지. 지금도 접촉하고 있지만.

❓ 언제 사임할 것이란 것을 구체적으로 상의하는 것입니까.

◉ 이니 아니, 그런 건 하지 않아. 그런 것은 앞뒤의 일정을 고려하여 자기가 판단한다. 언제쯤이 좋을 거라는 것은 상의를 하면, 관계가 있는 사람은 모두 반대할 것이 뻔하니까. 그러므로 이것은 좀처럼 상의할 수 없는 거야. 역시 그만둘 때는 혼자서 결정할 수밖에 없는 것이 아닐까. 그만둔다고 결심하면 미련이고 무엇이고 아무 것도 없으니까. 나에게는 총리대신에 대해서 미련, 그다지 없지(웃음).

퇴진하고 나서 알게 된 당내의 어려운 상황

❓ 1996년 1월 무라야마씨의 퇴진에 이어 하시모토 류타로씨가 총리대신에 취임, 그 내각에 구보 와타루씨가 부수상 겸 대장대신으로 입각하였습니다. 어떤 경위가 있었던 것입니까.

◉ 이 이야기는 나는 전혀 몰라. 구보씨가 대장대신이 된다는 상의도 없었고, 아무 것도 없었지.

❓ 당수에게 상의가 없는 것입니까.

◉ 없어. 아무 연락도 없었다고 생각되는데. 나는 그만둘 때에 하시모토씨나 다케무라씨에게 「자사사의 3당연립정권은 계속해서 해달라」고 부탁했다. 내가 하시모토씨에게 「뒤를 맡아달라」고 말했다는 이야기가 있지만, 그만두는 인간이 후계의 수반을 어떻게 할 것인가에 대하여 언급하는 따위 주제넘게 참견하는 짓은 하는 것이 아니라고 생각하고 있기 때문에, 그런 일은 절대 없어. 다만 「3당연립을 계속해 달라」고는 했다. 후임에 대해서는 「모두서 충분

히 상의해서 결정해 달라」고 한 것은 말했을지 모르지만, 쓸데없는 얘기는 일체 하지 않았어. 그리고 그만두는 인간에게 다음 총리를 누구로 할 것인가 지명하는 권한따위는 없어. 더욱이 다른 당인 경우에는 더더욱 없지.

조각을 어떻게 하는가도 하시모토씨가 수반으로 지명되면 하시모토씨가 결정하면 되는 거야. 상의를 해오면 나도 의견을 말하지만, 따로 특별한 일이 없으면 그건 그대로야. 그런 것이 아닌가.

❓ 그리고 무라야마씨는 당으로 복귀하였습니다. 어땠습니까.

당으로 돌아와 보니…, 당 내부가 참, 내가 생각하고 있던 그런 상황과는 많이 달랐어.

❓ 어떤 식으로.

여하튼 내가 일미안보조약을 인정하고 자위대를 합헌이라고 한 것에 대한 당내의 반발이 있었지. 그러한 당내의 공기를 알고「아아, 이것은 역시 나에 대한 평가는 의외로 엄중하구나. 내가 길게 당을 담당해 나가는 것은 아무래도 어렵겠구나」고 생각하기 시작했지. 그래서 도이 다카코씨에게 다시 한 번 당의 간판을 맡도록 하여, 나는 뒤에서 하는 것이 좋겠지, 하는 생각을 하기도 하였지.

당내에 명칭은 확실치 않지만 이론위원회라는 것이 있어서, 도이씨나 덴 히데오씨 등이 멤버로「자위대합헌이라는 판단은, 역시 위헌이라는 것으로 되돌리고 싶다」는 논의를 하고 있었다. 나는 덴씨를 불러서「덴씨, 이것은 어떤 것인가. 만일에 이런 방침을 결정한다면 나는 탈당할 수밖에 없다」고 했지.

❓ 탈당입니까.

❷ 그럼, 탈당한다고 했지. 그야 이미 기본적인 점에서 생각이 다르기 때문에, 그렇게 된다면 나는 당에 있을 수가 없다고 말한 거야. 그랬더니 덴씨는「그건 오해다. 그런 일은 없어. 가령 자위대를 인도양으로 파견하는 것은 위헌상태에 있다는 의미로 말하고 있는 것으로, 자위대 그 자체가 위헌이라고 하고 있지 않다」고 하기에「아아 그런가, 그러면 알았다」고 응했다.

❓ 다시 말하면, 무라야마정권 동안에 당은 조금도 변하지 않고 있었다는 얘기네요.

❷ 그럼, 그런 의미에서는 내가 정권을 담당하여 여러 가지로 고생한 것은 당내에서는 그다지 소용이 없었다는 거야. 섭섭하게도(웃음). 가령 당대회 같은 데에서 제기되는 의견을 들어보면,「아아, 내가 총리를 하면서, 저렇게 한데 대하여 역시 원활하지 않았던 면이 있었구나」하는 것을 느끼는 것이에요. 결국, 사회당내에는 정권이라는 것의 위치나 인식이라는 것이, 역시 없는 거야.

❓ 서기국은 어땠습니까.

❷ 서기국은 이미 옛날에 비하면 많이 변했지. 시비를 걸어오는 일은 없었지. 오히려 이쪽에서 야단칠 정도로 온순해져 있었지.

❓ 모처럼 총리로서 고생하고 땀을 흘렸는데, 당에 돌아오니 별로 변한 것이 없어서야 섭섭하네요.

❷ 그렇지, 역시. 지금도「사회당이 이렇게 된 것은 무라야마총리 때

에 자위대를 인정하여 합헌이라 하고, 일미안보를 승인한 것이 크게 영향을 주고 있다」고 보는 사람이 있다. 필요한 때에는 나도 「아니, 당의 방침을 변경한 것은 좋은 시기였다고 생각하고 있다. 틀렸다고는 생각하고 있지 않다」고 반론하고 설명하지만, 필요가 없으면 새삼스럽게 변명같은 건 하지 않아. 흘려 듣는 거야.

❓ 민주당과의 연립해소를 거쳐 사민당은 지금, 완전히 옛날 체질로 회귀한 인상이네요. 원리원칙만을 내걸고 있으면 정치가 운영되고, 선거에 승리할 수 있는 시대가 아니라고 생각하는데요.

➕ 아니 아니, 아니지. 그것을 나는 말하지만. 어쨌든, 역시 이론으로 앞서가는 자가 많으니까. 역시 정당은 사상집단은 아니잖아. 정당이니만큼, 현실문제에 어떻게 대응하면 제일 좋은가 하는 것을 끊임없이 생각하지 않으면 안 돼. 그것을 자위대는 위헌이다, 자위대는 위헌이니까 이런 것은 인정할 수 없다, 조속히 폐지해야 한다, 고 해봤자 도리가 없다. 우선, 국민은 그러한 의견에 이미 듣는 귀를 가지고 있지 않아, 라고 하는 것이 나의 주장이지만.

❓ 무라야마씨는 총리로서 최고지휘관으로서, 자위대의 사열식에 참석하였습니다.

➕ 나는 총리대신으로 있고 싶어서 여러 가지 정책을 변경한 건 아니야. 당을 변경시킬 찬스라고 생각해서 정책을 변경했다. 그런데 당으로 돌아와 보니 그다지 변해 있지 않았어(웃음). 물론 옛날과 똑같은 얘기만 하는 사람들만은 아니었지만. 역시 변해서 잘했다고 생각하는 사람도 있었다. 그러나 그런 사람은 침묵하고 있어. 아무

말도 하지 않지.

❓ 그 사회당입니다만, 무라야마씨가 총리를 사임하신 후인 96년 1월에 당대회를 개최하여, 당명을 「사민당」으로 변경하였습니다. 무라야마씨는 계속하여 사민당 당수로 취임하고, 구보씨의 후임 간사장에는 사토 간쥬씨가 취임하였습니다.

❖ 사민당으로 변경됐지. 신당의 당명을 어떻게 할 것인가 하여 당내에 위원회를 만들어서 논의하고 있었다. 일반공모도 했다. 그래서 몇 갠가의 안이 나왔다. 「사회민주당」이라는 안이 많았지만 「민주당」이라는 안도 있었다. 「사회」라는 말을 피하자는 사람들도 있었지만, 역시 「사회」라는 이름을 말이야, 이만큼 역사와 전통을 가지고 있는 당의 이름을 완전히 지워버리는 것은 참을 수 없는 것 아니냐고 하여 「사회민주당」으로 낙착한 거야.

❓ 무라야마씨의 의견이 통한 것이네요.

❖ 나의 의견만은 아니지만. 그것에 찬성하는 사람이 많았지.

❓ 정책에 대해서는 「기본이념과 정책의 기본과제」를 결정하였습니다만, 「호헌」「헌법을 지킨다」라는 말을 넣기로 되었습니다.

❖ 역시 「호헌」이라는 것은 당의 심벌 같은 것이니까.

❓ 간사장에 사토 간쥬씨를 기용한 것은 어떤 것이었습니까. 무라야마씨는 친근하신 우에하라 고오스케씨를 기용하고 싶었다고 보도되고 있었습니다.

● 그것은 그다지 집착하고 있지 않았어. 인사는 순조롭게 진행되었어.

? 이 당대회는 무라야마씨 주도로 진행되었네요.

● 그건 그런 시기였었지. 그때부터 한동안은 그런 느낌으로 할 수 있었지.

? 당명은 변경하였습니다만, 그후 96년 10월의 총선거까지가 어려웠습니다. 사키가케와의 신당결성은 원만하지 않고, 총선거 직전에 당수를 도이씨로 교체하여서 총선거에 임하게 되었습니다.

● 신당문제는 움직이지 않아. 움직이지 않았던 것이 다 뭐야. 당이 분열하고 말았으니. 그간에는 정말 괴로웠어. 그래도 나는 할 수 있는 데까지는 해야 한다고 생각하고 있었지. 다만 언젠가는 모자를 바꿔야 한다고 생각하고 있었지. 애당초 나는 70세가 되면 국회의원을 그만두려고 하고 있었기 때문에「이제 선거에는 나가지 않겠다」고 계속 얘기하고 있었지. 당에도 정년제같은 것이 있었으니까「이제 그만 둬야겠다」고 생각하고 있었지만, 그것이 총리대신이 되었기 때문에 늦어진 거야. 다음 선거는 당수를 바꿔야 한다는 판단이야. 내가 깃발을 흔들어서는, 좀처럼 당 전체가 활기차게 솟아올라서 선거한다는 분위기가 되지 않을 것 같아서, 이제 간판을 바꾸어서 싸우는 편이 유리하다고 판단한 거야.

오산이었던 사키가케에 대한 대응

❓ 신당 사키가케와의 합병 이야기입니다만, 무라야마씨는 적극적이고 사키가케의 다케무라씨도 전향적이었습니다. 왜 잘 안 되었던 것입니까.

➕ 나는 어떻게 해서 신당을 만들어 갈 것인가도 생각하고 있었다. 「어떻게든 사키가케와 사민당이, 우선 하나가 되어 새로운 정당을 출범시키는 방향으로 진행하고 싶다」고 계속 말했다. 그런데 사키가케의 멤버 중에, 사회당과 함께 되는데 대하여 저항감을 가지고 있는 사람이 있었지. 애당초 자민당에 있던 의원뿐이었으니까, 일교조를 비롯한 노동조합에 반발이 강하다. 그러므로 나는 노동조합 멤버에게 「사키가케 중에는 노조에 비판적인 자나 저항감을 가진 자도 있다. 그러므로 되도록 노동조합 쪽도 사키가케의 젊은 멤버와 교류하여 이해를 얻을 수 있도록 노력해 달라」고 한 적도 있다. 그리하여 사회당은 사키가케와 정기적으로 조찬회 등을 하며, 정책 공부회나 국회대책 등도 해왔었지.
다케무라씨 같은 사람은 이해해주고 있었지만, 다나카 히데마사씨는 약간 저항이 있었던 것 같아. 그는 경제학자이므로 역시 사회주의에 저항이 있었을 거야. 나는 「그야 당신의 주장도 알지만, 되도록 기대에 부응하도록 사회당을 탈피하도록 노력을 하겠다. 그러나 당신이 생각하고 있는 것 같은 사회주의는 이미 지금은 존재하지 않아」라고 한 적이 있지만(웃음).

❓ 그런 노력이 결실하지 않았던 것이네요.

➕ 그렇지. 지금 되돌아보아 제일 섭섭하게 생각하는 것은, 역시 우

리들이 합병에 대하여 적극적으로 주장하지 않은 것이야. 왜 하지 않았나 하면, 사키가케 중에 사민당에 대하여 저항감을 가진 의원이 있었기 때문에, 지나치게 사민당이 주장을 내세워 선두에 서서 이끌어가는 짓을 하면, 사키가케가 따라오지 않게 되는 것이 아닌가 걱정했기 때문이다.

되도록 사키가케를 전면에 내세우고, 사민당은 그것을 백업하는 형상으로 하는 편이 좋을 것이라고 생각하여 조심하고 있었지.

그랬더니, 96년 여름에 사키가케의 내부가 분열하고 말았다. 하토야마 유키오씨 등이 독자적으로 움직여서 다케무라씨 등이 배제되었다. 이것으로 사키가케가 분열하는 꼴이 되어버려 나는 「이것은 아주 나쁜 짓을 했구나」하고 생각했다. 그래서 함께한다는 이야기는 진척하지 않게 되었다. 그때는 간 나오토씨도 하토야마씨와 함께 행동했었지.

❓ 하토야마씨 등은 독자적으로 신당을 만들게 되고, 그것이 96년 9월에 결성한 민주당이었습니다.

➕ 사키가케와의 합병설이 무산되었기 때문에, 우리들도 어떻게 할 것인가 하게 되었다. 당내에서 「하토야마씨 등이 신당을 만든다고 한다면, 그것에 합류할 것인가」하는 것을 논의하여, 9월 12일의 상임간사회에서 단번에 「전원 합류하자」고 얘기가 된 거야. 그랬더니 하토야마씨 측에서 「조직적으로 집단으로 와주어도 곤란하다. 한 사람 한사람, 개인별로 참가해 달라」고 해왔다. 즉 우리들을 선별한다는 거야. 나도 뱃속으로는 「무슨 건방진 말을 하느냐, 이만큼의 역사와 정통을 가지고 있는 사민당 조직을 해체시킨 후에 오

라는 것은 무슨 짓이냐」하는 저항감이 있었다. 그래서 우리들은 「그런 조건을 붙인다면, 합류는 그럼 그만 두겠다」고 되었다.

그랬더니 홋가이도의 사민당 도의원들이 와서 「왜 언제까지나 주저하고 있는 것인가. 홋가이도는 모두 하토야마신당으로 갑니다」고 한다. 그들에게는 자치로출신자가 많았었지. 나는 「그런 무책임한 말을 하지 말라. 모두 가버리면, 사민당 조직에서 일하고 있는 직원들은 어떻게 한다는 건가. 해당이라 했자 간단히는 안 되는 거야. 그런 것도 전혀 생각하지 않고 모두서 간다는 것은 무책임하기 짝이 없다」고 상당히 설득한 일이 있지. 그들은 「신당으로 간다는 것을 당은 일단 정하고 있는 것이 아닌가」하고 나를 비판했다. 나는 「그야 결정했지. 결정했지만 말이 다르지 않는가. 사민당이 다음 총선거의 후보자로서 공인한 사람을 하토야마신당이 안 된다고 하여 선별해서 신당에 받아들이지 않으면 어떻게 하는가. 그런 무책임한 일은 할 수 없다」고 답했다. 그들은 「하토야마씨 등이 정말로 사민당의원들을 선별할 지 어쩔지 확인해야 한다」고 한다. 그래서 사토 간쥬 간사장등이 하토야마씨 등에게 실제로 어떻게 대응할 것인가를 확인하려 갔더니, 「총선거의 공인조정에서는 사민당의 공인후보가 자동적으로 민주당공인으로 된다고는 할 수 없다」고 한다. 이래선 안 된다.

그런데 이미 그때에는, 노동조합 쪽이 민주당지지로 가버렸다. 당연히, 노동조합의 지지를 받던 의원은 모두 민주당으로 가는 거야. 사민당의 경우, 노동조합의 지원 없이 선거에 당선했던 의원이란 그다지 없으므로, 이미 대세로서 신당으로 가버리는 흐름으로 되어버렸지. 그러나 하토야마씨 등이 전원을 받아들인다는 것이 아니어서, 9월 18일, 상임간사회에서 다음 총선거는 사민당으로 싸울 것을 결정했다. 다만, 민주당에 참가하는 의원이 있어도 그것을 거절하지 않기로 한 거야. 여기까지 오면 이미 하는 수가 없으니까. 「우리들은 남아서 사민당의 깃발을 지켜가기로 하자」고 하여, 마치 결사대 같은 거야. 그렇기는 하지만 결국은 노조의존의 선거를 해온 정당이므로, 그것이 없어져 버리면 어려운 거지.

❓ 어쩐지 서글픈 이야기네요.

➕ 총리를 사임하고 당으로 돌아왔을 때에 「아 아, 당이 이렇게 돼있는가」하고 자기 나름으로 반성했었지. 거기에 오산은 사키가케였어. 사키가케의 당내가 저렇게 될 줄은 생각지 않았지. 사키가케의 멤버와 좀 더 속을 털어놓고 적극적으로 얘기를 하고 있었으면 전개는 달랐을지도 몰라. 너무 조심스럽게 했다는 반성을 했지. 아마 그렇게 해봤자 하토야마씨 등이 이쪽 이야기를 들어줄지 어쩔지 모르지만.

❓ 결국 사민당은 신당결성에 실패하고, 많은 의원이 민주당으로 합류하였습니다. 사민당은 96년 10월의 총선거에 단독으로 나서, 결과는 겨우 15의석. 더욱이 소선거구에서 당선한 것은 4명뿐이었습니다.

➕ 그야 뭐, 태반이 민주당으로 가버렸으니 하는 수 없지. 그러나 역시 책임을 느끼지. 내가 총리를 한 것은 무엇이었던가 하고. 역시 3당 연립정권이 잘못이었던가 하고 생각해 버리지.

❓ 그렇게 생각하시는 것입니까.

❗ 그야 단순히 그리는 생각하지 않지만, 그런 반성을 하는 거지. 잘했던 것인가 잘못했던 것인가 하고 생각해버리지.

❓ 자사사정권은 마이너스편이 많았다는 것입니까.

❗ 아니, 나는 그렇게는 생각하지 않아. 그렇게 생각하지 않지만, 당이 일반국민 여러분, 혹은 사회당을 지지해주신 여러분에게 좀 더 이해를 받을 수 있도록 한 노력이 필요했던 것인가 하고. 무라야마3당연립정권의 성격이나 실제로 해온 성과에 대하여, 당이나 당의 지지자에게 좀 더 이해를 얻을 필요가 있었던 것 아닌가 하고 생각했고, 그런 것을 위한 노력이 모자랐던 것 아닌가 하는 반성이야.

❓ 전후 50년의 총리담화, 피폭자원호법, 미나미타병, 지방분권 등, 의석수에 비해서는 사회당다운 정책을 실현했다고 생각합니다만.

❗ 그런 점에 대하여 자진해서 PR하려는 짓은 하지 않아. 당 쪽에서도 그런 일은 하지 않아.

❓ 그뿐 아니라, 결과적으로 당이 총리를 방해하여 분열했다는 인상입니다.

❗ 참, 그런 경향이 있지. 그것은 전후 최초의 사회당내각이었던 가타야마 데츠 내각에서도 똑같았지. 그때에는 좌파와 우파가 대립해서 결국 내각이 무너졌지.

❓ 사회당정권에 공통되어 있네요.

➕ 공통되어 있는 건가. 잘 모르겠지만, 정권보다도 당 쪽, 혹은 당내에서 자기들 그룹의 주장을 밀어붙이는 것을 중요시 한다고 비판받아도 하는 수 없다는 느낌이야. 사회당에 그런 숙명이 있었는지 어떤지 모르겠지만, 좀처럼 탈피하지 못한 것은 사실이야.

❓ 무라야마씨가 관저에서 당본부로 돌아오신 때에 보신 것은, 아무 것도 변하지 않은 사회당이었다.

➕ 음, 그래 그래. 그러나 그것은 정권에 있던 기간이 짧았다는 것도 있었을지도 모르지. 그리 간단히 변하는 것은 아니지. 그리고 내각을 맡았다고 해도 사회당 단독정권이 아니잖아. 물론「만년야당」이란 말을 듣던 사회당이 총리자리를 얻어 좋은 경험을 하여, 그것이 사회당의 피나 살이 되어준다면 좋을 것이라고 생각했지만.

지금과 같은 상황으로, 사회민주주의정당이 정권을 잡는다는 것은 감히 상정할 수 없지만, 세상이 변하면 좀 더 사회민주주의세력이 대두할 가능성이 나올지도 모르지. 아마 그 이전에 중의원의원의 정원삭감 등의 문제가 구체화하면, 사민당은 사라져버릴 것이라는 걱정 쪽이 강해. 아니, 정말로. 그러한 어려움을 되씹으면서, 서로 노력해야 한다고 생각한다. 최근, 사민당의 지방의원에 젊은 의원이 증가하고 있다. 존재의의를 자각할 필요가 있다고 생각해.

제6장

「무라야마담화」 「한신대지진」 「미군기지문제」

3당 합의의「전후 50년의 국회결의」

❓ 신당문제 등 정치문제에 대한 이야기가 계속되었습니다만, 다음은 정책에 대하여 여쭙겠습니다. 무라야마정권에서 기억에 남아있는 것은 뭐라고 해도 1995년 8월 15일의「전후 50년의 총리담화」입니다. 그에 앞서「전후 50년의 국회결의」도 있습니다. 둘다 무라야마씨가 힘을 기울인 문제라고 생각합니다.

➕ 국회의결은 1994년 6월에 자사사연립정권을 만들 때의「공동정권 구상」안에 들어있다.「신정권은 전후 50년을 계기로, 과거의 전쟁을 반성하고 미래의 평화에 대한 결의를 표명하는 국회결의의 채택 등에 적극적으로 대처한다」고 되어있다. 국회에서 결의한다는 것은, 3당이 연립정권을 만들 때의 합의사항이야. 그렇지만 이것은 국회에서 결정할 일이고, 총리인 나는 국회결의를 하라고 할 입장이 아니야. 그래서 3당간의 합의가 있는 것이니 3당에서「전후 50년문제 프로젝트팀」을 만들어서, 거기서 국회결의 문제를 진행하고 있었던 거야.

그러나 역시 소극적인 의원과 적극적인 의원이 있는 거야. 사회당은 적극적이고 신당사키가케는 약간 중립적, 자민당은 어느 편인가 하면 꽁무니를 빼고 있는 모습이었지. 그러한 상황 속에서 우리들은 합의사항에 있는 것이니, 역시 깔끔히 해야 한다고 하여 이야기를 진행시켰던 거야. 그러나, 앞에서도 얘기했듯이 이것은 국회내에서의 문제이고, 3당의 간사장이나 서기장 등이 중심이 되어 집중해 나가야 할 것으로 정부가 개입할 일이 아니므로, 어느편인가 하면 나는 관심을 가지고 바라보고 있을 수밖에 없는 처지였지. 다시 말하면 국회의 이야기니까 정부는 개입할 수 없다는 거지.

❓ 무라야마씨는 총리인 동시에 사회당의 당수시니까, 할 수 있는 방책은 있었겠지요.

❸ 그러므로 사회당으로서는 적극적으로 채택하도록 노력을 했지.

❓ 무라야마씨는 95년 5월에 중국을 방문하셨습니다.

❸ 그때는, 방중 전에 국회의결을 상정해줬으면 했지. 그런데 자민당으로부터 「중국에 대한 손선물로 하려는 것은 부당하다」고 반대가 나왔던 거야(웃음).

❓ 5월말에는 자민당의 모리 요시로오 간사장이나 사회당의 구보 와타루 서기장, 사키가케의 하토야마 유키오 대표간사의 세 사람과 만나서 「전후 50년의 국회결의는 다음 국회로 연기할 수는 없다」는 강한 지시를 내리고 있습니다. 이것은 개입입니까

❸ 개입이라 할까, 그저 요청이야. 정부로서는 국회에 요청하는 것은 있을 수 있지.

❓ 이것은 정부로서의 요청입니까.

❗ 글쎄, 정부로서의 요청으로는 되지 않는 거지.

❓ 무라야마씨 개인의 지도력의 발휘시네요.

❗ 그럴 거야.

❓ 그 후, 국회결의에 대한 논의는 차츰 열을 띠게 되어 찬부양론이 격렬했습니다. 무라야마씨는 어떤 내용으로 하려고 생각하셨던 것입니까.

❗ 그것은 이미, 거듭 내가 국회의 소신표명연설이나 기자회견 등에서 반복해서 얘기해왔던 것이야. 그것은 최종적으로는 무라야마담화로 되는 것이지만, 그 무라야마담화에서 서술되어 있는 것들에 대하여, 역시 국회에서도 명확하게 결의에 포함시켜야 한다고 생각하고 있었다.

❓ 94년 7월, 총리가 되어 최초의 소신표명연설에서 무라야마씨는 다음과 같이 말씀하셨습니다.「전후 50주년을 눈앞에 두고, 나는 우리나라의 침략행위나 식민지지배 등이 이 지역의 많은 사람들에게 견디기 힘든 고통과 슬픔을 안긴데 대한 인식을 새롭게 하고, 깊은 반성위에 서서 부전(不戰)의 결의하에, 세계평화의 창조에 힘을 다 하겠습니다」. 키워드는「침략행위」「식민지지배」, 그리고「고통, 슬픔을 안긴」과「반성」이네요.

❗ 아암, 그렇지. 과거의 전쟁에 대한 반성, 사죄를 명확히 하는 결의를 해달라는 것이야. 그런데 자민당 중에는 그런 것은 말할 수 없다는 사람들이 있다. 그것은 이미 명확한 거야.

참담한 결과로 된 「국회결의」

❓ 좀처럼 이야기가 진척되지 않고 있다가, 6월이 되어 3당의 간사장·서기장회담이 개최되었습니다. 무라야마씨는 「침략행위와 식민지지배라는 문언은 뺄 수 없다」고 주장하고 있습니다. 그래서 자민당이 독자적인 안을 제시하였습니다. 그것은 「열강이 침략적 행위나 식민지지배를 경쟁했던 한 시기, 일본도 와중에 있어 자국의 안녕을 고려하여, 많은 나라와 전쟁을 했다」는 내용이었습니다.

❸ 이것으론 안 돼. 이 내용으로는 알기 쉽게 얘기하면 「다른 나라가 도둑질을 하니까, 일본도 도둑질해도 좋지 않은가」하는 것으로 되어버린다. 역시 일본이 주어로 되어있지 않으므로 일본의 책임이 명확하지 않아. 일본이 도대체 무엇을 하였는가, 그것은 잘한 일인가 나쁜 인인가 하는 것이 없으면 의결로 되지 않지 않는가.

❓ 그래서 다시 3당의 간사장·서기장이 회담을 하여 다음과 같은 안으로 합의하였습니다. 그것은 「세계의 근대사상에 있어서의 무수한 식민지지배나 침략적 행위를 고려하여, 우리나라가 과거에 행한 이러한 행위나 타국민 특히 아시아 여러 국민에게 끼친 고통을 인식하고, 깊은 반성의 뜻을 표명한다」는 내용이었습니다. 실제의 국회결의의 문면도 같은 것으로 되었습니다.

❸ 이 문안에 대해서도 보수파의 저항이 강해서 채택시에, 결석자가 증가했었지.

❓ 「식민지지배나 침략적 행위를 고려하여」라는 것은 에둘러 하는 것처

럼 알기 어려운 표현이네요.

❶ 타협한 듯 한 안이야. 찬성·반대 양쪽이 여당 안에 있으니, 합의한다고 하면 타협의 산물이 되지 않을 수 없겠지. 국회란 것은 그런 곳이야. 그때에는 「애당초 국회에 이러한 내용의 결의를 상정한다는 것이 무리한 거다」「3당합의 자체가 애당초 무리한 합의인 것이다」라고 하는 사람도 있었다. 그래 그런 것이 국회의 한계인 거야.

❷ 그래도 「여기까지 왔으니 좋겠지」하는 느낌입니까.

❶ 그야 이미 하는 수 없지. 「좋다」는 것보다는 「하는 수 없지」하는 거야. 국회에서 합의한 것에 대하여 총리가 좋니 나쁘니 할 수는 없는 것이니까. 국회가 자주적으로 결정한 것이니까 「이건 이미 한계이군」하고 생각할 수밖에 없었어. 자민당 내에는 「저 전쟁은 결코 잘못이 아니었다」「식민지해방을 위한 정당한 전쟁이었다」고 정당화하는 의원이 적지 않으니까 말이야. 그러나 나는, 3당이 합의하고 있는 것이니까 확실히 하여야 한다고 하며 노력하였지.

❷ 국회결의가 난항하고 있을 때, 이미 이것과는 별도로 총리담화를 발표하려는 것을 생각하고 계셨습니까.

❶ 그야 그렇지. 이미 나는 「50년의 매듭이니까 어떤 구획을 명확히 할 필요가 있다」고 하고 있었지. 대외적으로는 정부로서도 「전쟁에 대한 반성」을 말할 필요가 있는 거 아니냐고 생각하고 있었지. 나는 총리가 된 후 중국이나 한국, ASEAN제국 등 동남아시아를 94, 95년에 방문했다. 각국에서 수뇌회담 같은 것을 하면, 그런 것

이 필요하다고 새삼스럽게 느낀 것이야. 특히 한국과 중국은, 역사문제에 대한 인식문제로 요구가 강했다. 전쟁에 대한 사죄에 대하여 「일본은 전혀 사죄하지 않았다」「전쟁의 뒤처리인 보상도 하지 않았다」라는 목소리가 계속 귀에 들어오고 있었다.

당시 ASEAN제국은 전후의 저 폐허 속에서 단시일에 세계 제 2의 경제대국이 된 일본에 대한 평가가 대단히 높아서 경의를 표하고 있었다. 이제 이러한 나라들은 일본으로부터 경제원조를 받아서 발전하였기 때문에, 일본에 대하여 그러한 감정을 갖는 것은 당연할지도 모르지. 그러나 뱃장속으로는 역시 역사문제에 대하여 불만을 가지고 있는 거야. 더 나아가 일본은 노골적으로는 이야기하지 않지만, 일본은 경제대국이 되었으나, 다시 군사대국이 되어 과오를 되풀이 하지 않으면 좋겠지만, 하는 불안을 가지고 있는 거야. 그러므로 그러한 여러 가지 것을 감안하면, 역시 이것은 50년의 매듭에 일단 구획을 해둘 필요가 있다고 생각하고 있었다. 앞으로 일본은 아시아의 일원으로서 살아가고, 또한 아시아에 존재감을 보여 가려면, 아시아제국과의 사이에 신뢰관계가 없으면 안된다. 그러므로 담화를 내는 편이 좋은 것 아닌가 하고 생각하고 있었다.

❓ 담화를 내려고 생각하신 것은 94년경부터였던 것입니까.

❸ 총리가 되기 전부터, 일본으로서 그런 것이 전후 50년의 해에 필요할 것이라고 생각하고 있었다. 역시 일본은 아시아의 일원으로서 아시아에 존재감이 있어서 비로소 국제사회에서 말을 할 수 있는 거야. 아메리카와의 관계도 중요하지만, 역시 아시아에서의 존재감

이 있어야만이 아메리카도 일본을 소중히 하는 거야. 그것이 없으면 고립한 단순한 섬나라에 불과하다는 것으로 되어서, 아무도 관심을 가지지 않게 되어버린다. 장래에도 일본이 아시아에 있어서 존재감을 가진 나라이기 위해서는, 각국과의 신뢰관계를 소중히 하지 않으면 안 된다. 그러므로 총리담화가 필요하다고 생각했다.

❓ 대단히 현실적인 관점에서 생각하고 계셨던 것이네요. 이것은 국회결의도 같은 이유입니까.

● 물론, 국회결의도 같은 이유로 필요하다고 하여 여당3당이 합의한 거야. 그러나 그때에 내용을 어떻게 할 것인가에 대해서까지는 얘기하고 있지 않았다.

❓ 그 국회결의는 95년 6월 9일의 중의원본회의에서 찬성다수로 가결하였습니다만, 투표결과는 참담한 것이었습니다. 우선 신진당이 식민지 지배와 침략행위에 언급한 위에「그러한 행위를 다시 되풀이하지 않도록 다짐한다」는 것보다 훨씬 강경한 표현의 수정안을 제시하였습니다만, 여당측이 수용하지 않았기 때문에 170여명이 표결에 결석하였습니다. 거기에 여당측도, 자민당뿐 아니라 사회당, 신당사키가케에서도 합계 70여명이 표결에 결석하여, 결석자는 약 250명에 이르렀습니다. 더욱이 출석한 공산당이 반대로 돌았기 때문에, 결국, 찬성은 230명으로 전 중의원의원의 과반수에 미치지 못하였습니다.

● 그야 반대하는 사람은 결석해버렸으니 하는 수 없지. 자민당은 물론이지만 사회당내로부터도 수정이나 타협한 것이 불만스럽다고 하여 결석자가 나왔지.

❓ 결의는 일단 표결되었습니다만, 수정을 가한 위에 표결에서 찬성이 정수의 과반수에 미달하는 최악의 결과로 되었습니다.

⊕ 더욱이 중의원뿐이고 참의원은 논의도 하지 않았어(웃음). 이건 심하지.

❓ 화가 치밀었지요.

⊕ 화가 치민다는 것이 아니고, 이것이 그때의 국회의 실태라는 것이야.

❓ 식민지지배나 침략행위의 잘못을 인정하는데에, 이렇게도 저항감이 있는 것입니까.

⊕ 그래, 당시는 제국주의시대로, 구미각국이 아시아 각국에 경쟁하듯이 식민지배를 확대하고 있었다. 그러므로 그때의 정세로서는, 일본으로서도 식민지를 늘려나가는 것이 국위의 선양이 된다고 하고 있었던 거야. 그러므로 결의에 반대하는 보수파의 인간은, 구미각국에 지지 않도록 일본도 했다는 거뿐이고 일본만이 나쁜 것이 아니라는 생각이야. 더욱이 결과적으로는 아시아제국은 식민지로부터 해방되지 않았느냐, 그것은 일본의 덕택이라고까지 하는 사람도 있다. 확실히 당시의 위정자나 정부의 간부 등 당사자는 모두 그런 것을 서술하여 남기고 있다. 그러나 우리들은 당시의 인간이 아니기 때문에, 이제, 객관적으로 역사적 사실을 보고 우리들 나름의 평가를 하면 되는 것이야. 그러므로 오늘날의 입장에 서서 과거를 되돌아보는 때에는「역시 그 전쟁은 잘못이었다. 많은 희생자를 내거나, 파괴하거나, 감내하기 힘든 고통을 주었다. 그것은 과

오였다. 그러므로 저지른 행위에 대해서는 솔직히 인정해서 사죄할 것은 확실히 사죄한다, 보상할 수 있는 것은 보상해서 결착을 짓는다」는 것은 당연한 것이 아니냐고 생각한다.

❓ 무라야마씨로서는 이 국회결의의 결과를 보고 총리담화로 깔끔하게 일본정부로서의 생각을 표명하려고 생각을 바꾸셨던 것입니까.

❗ 그야 그렇지 뭐. 역시 국회결의의 경과를 보고, 이대로서는 모처럼 국회가 결의하였음에도 불구하고 중의원의원의 과반수가 찬성하고 있지 않은 것이니 의미가 없을 뿐 아니라 역으로 마이너스가 돼버린다. 그러므로 정식으로 깔끔하게 총리담화를 내려고 생각했었지.

❓ 이 국회결의에서도 사회당은 분열하여 14명이 결석하였습니다. 이것은 하는 수 없는 것입니까.

❗ 하는 수 없다고 하는 것보다는, 국회결의는 3당합의를 할 때에 당의 정책심의회에서 검토하여 중앙집행위원회에서 확인하고 있었다. 그 3당합의에서 보면 상당히 빗나간 것이지. 이래서는 결의의 의미가 없어지고, 애매하게 되어버린다. 역효과야, 찬성할 수 없어, 라고 하여 결석한 것이라고 생각돼.

세부에 집착했던 「총리담화」

❓ 다음에 1995년 8월 15일의 무라야마총리담화에 대하여 여쭙겠습니다. 이러한 담화는 아무리 총리대신의 생각이 강해도, 실제의 문장을 총리자신이 쓰시는 것은 아니잖아요.

❸ 내각관방의 외정심의실을 중심으로 관방장관이나 관방부장관 등도 참가하여, 일단 문안을 만든 거야. 역사학자도 약간명 참가한 것 같아. 그것을 다시 검토하고, 수정하여, 최종적인 것으로 해 간 거야. 당시의 외정심의실장은 외무성출신의 다니야 사쿠다로씨로, 중국전문가로 후에 중국대사를 한 사람이야.

❓ 다니야씨 등이 작성한 원안은 많이 수정한 것입니까.

❸ 음, 몇 번인가는 수정한 느낌이 들어. 예를 들어 「침략」이라는 표현에 대해서도 「침략적 행위」라든가 「침략전쟁」이라는 표현으로 해야 한다는 의견들이 있었지. 이 부분은 가장 논의되었지. 「명확하게 침략전쟁이라고 규정하는 것이 좋다」는 의견도 있었고, 「아니, 지금까지의 경과에서 보면 거기까지 숙고하는 것보다는 침략적 행위 정도로 해두는 편이 좋다」는 등 여러 의견이 있었다. 결국, 나는 「침략」의 한 마디로 할 것으로 하였다. 그 이외의 부분에 대해서는, 내가 그때까지의 국회연설이나 기자회견에서 대체적인 것은 몇 차례나 말했기 때문에 그것을 줄거리로 하여 만들어졌다.

❓ 통상, 정부의 문장에서는 「종전」이라는 말을 흔히 사용하는데 총리담화에서는 「패전」이라는 표현으로 되어있네요.

⊕ 이 부분도 원안에서는 「종전」과 「패전」의 양쪽 의견이 있었지. 문장의 흐름 속에서 어느 곳에서는 「종전」이라는 용어를 사용하고 다른 곳에서는 「패전」이라는 말을 사용하는 안이 되었지. 그리고 나는 「총리담화」를 각의결정하기 전에 주된 각료나 자민당 간부에게 전화를 걸어 사전에 상의한 거야. 대체로 모두 이의는 없었지만, 하시모토 류타로 통상대신은 달랐지. 「당신, 그 문안 봤는가」하고 물었더니 「봤다」고 한다. 「이의는 없읍니까」하고 물으니 「아니 아나 따로 없네요. 다만 감히 말한다면, 그 문장을 보면"종전"과 "패전"의 두 용어가 사용되고 있다. 어느 쪽인가 하나로 맞추는 것이 좋지 않을까요」라고 한다. 나는 「아, 그건 좋은 지적이다. 어느 쪽이 좋다고 생각하십니까」하고 물었더니 「그야 뭐 "패전"쪽이 좋지 않겠습니까」라고 하기에 나도 「아아, 그것은 나도 찬성이다. "패전"으로 통일하자」로 된 거야(웃음).

? 「무라야마담화」에서는 「우리나라는, 멀지 않은 과거의 일시기, 국책을 그르쳐, 전쟁에로의 길을 걸어 국민을 존망의 위기에 빠뜨리게 하고」의 부분이 자주 논의되었습니다. 이제까지 없던 표현이 포함되어 있어서, 예를 들어 「멀지 않은 과거의 일시기」말입니다.

⊕ 이것은 언제부터 언제까지라고 하는 구체적인 규정을 하기가 어렵고, 그런 것을 한정할 필요가 없는 문장이야. 애당초 총리담화라는 것은, 역사적인 기록이거나 뭔가 역사적인 사실을 증명하기 위한 문서가 아니다. 어떤 종류의 정치적인 문서인 거야. 그러므로 「일시기」가 어디서부터 어디까지의 범위인가 하는 것은 제각기 해석하면 되는 거야. 각자가 담화를 읽고 기억에 있는 전쟁을 회상하

여「저런 일이 있었으니까, 그것을 말하고 있구나」하고 상정해 주면 되는 거야. 예를 들어「로코교(루고우찌아오,盧溝橋)사건에서」와 같이 한정할 필요는 없지. 국민전체가 이런 일이 이런 시기에 있었다고, 그러므로 역시 이것은 잘못이었다, 이런 일을 되풀이해서는 안 된다는 식으로 받아들여 주며는 좋은 것이고, 그 이상 천착하여 언제부터 언제까지와 같은 것을 규정하는 것과 같은 종류는 아니야. 그래서 막연한 표현으로 되어 있는 거야.

❓ 이 부분은 무라야마씨의 아이디어는 아닌 것이지요.

❗ 그렇지뭐. 만들어진 원안에 들어 있었지. 처음 읽었을 때에 나는 이런 표현 밖에는 없을 것이라고 생각했고, 그저 이것으로 틀림없다고 생각했지. 그런데 기자회견에서 나에게「과거의 일시기라는 것은, 역사적으로 언제부터 언제까지를 지칭하는 것인가」하고 물은 자가 있었지.

❓ 그건 접니다.

❗ 당신인가(웃음).

❓ 그 기자회견에서는「국책을 잘못하여」의 부분에 대해서도「그 주어는 천황을 가리키는 것인가」라고 질문했습니다만,「이번 담화로 국책의 잘못을 가지고 천황의 책임을 운운하는 것은 전혀 아닙니다」하고 회피하셨습니다.

❗ 그런 질문은 미리 상정하고 있었기 때문에 답변도 준비해 두었던 거야.

「독선적인 내셔널리즘」을 배제하다

❓ 또 하나, 「담화」 속에서 「아차!」하고 생각하게 한 것은 「패전의 날로부터 50주년을 맞은 오늘날, 우리나라는, 깊은 반성에 입각하여, 독선적인 내셔널리즘」을 배제하고, 책임있는 국제사회의 일원으로서 국제협조를 촉진하고」라는 부분입니다. 이 「독선적인 내셔널리즘」이라는 언어가 엄청나게 인상적입니다.

장래를 향해 기술한 부분인 거야. 그때, 일본에서는 「대동아공영권」과 같은 용어를 사용하고 있었지. 그리고 구라파에서는 히틀러, 일본에서는 도조 히데키를 중심으로 한 팻쇼적인 사고가 확산되고 있었다. 「아시아를 지배하는 것은 일본이다」하는 것들을 오로지 독선적으로 고집하여 하고 있었지. 그것은 왜곡된 내셔널리즘에 지나지 않아.

❓ 지금 말씀하신 것은 「과거에 있어서의 독선적인 내셔널리즘」이지요. 이 「담화」에서 말씀하신 것은 오늘날에 있어서도 그러한 것을 배제하지 않으면 안 된다는 것입니까.

그야 그렇지. 과거를 되돌아보면 일본은 이러한 과오를 범했지. 다시 같은 과오를 범해서는 안 된다. 그러므로 독선적인 내셔널리즘은 안 된다는 것이다. 이것은 앞으로의 이야기이기도 하다. 역시 내셔널리즘이라는 것은, 어떤 일이 있을 때에 대두할 가능성이 있는 거야. 물론 자기가 속하는 나라나 민족을 사랑하는 것이 나쁜 건 아니야. 그러나 자기들이 다른 나라보다도 우수하다고 자부하여 다른 나라에 피해를 끼치는 것 같은 독선적인 내셔럴리즘은 절대로 안 된다. 그런데 현실의 정계에서는 이것에 가까운 생각을 가지고 있는 사람이 있는 거야. 자민당에도 있었고, 특히 우익들에는 많아. 그런 생각을 가지고 있는 사람이 총리대신 등 책임있는 입장에 들어서면, 나라의 정책이 독선적인 내셔널리즘에 빠지기 쉽다.

❓ 야스쿠니신사 참배를 고집한 고이즈미 쥰이치로씨나, 「무라야마담화」를 강하게 비판하고 있는 아베 신조씨와 같은 총리경험자는 「독선적인 내셔널리즘」은 아니라는 것입니까.

❸ 고이즈미총리가 야스쿠니신사에 참배한 것이 독선적인 내셔널리즘이라고는 말할 수 없을지도 몰라. 또한 아베씨에 대해서도 나는 그렇게는 생각하지 않아. 아베씨의 주장은 「전후 레짐으로부터의 탈각」이라고 하고 있다. 아베씨가 말하는 「전후레짐」이라는 말이 무엇을 의미하는가 하면, 역시 새로운 헌법체제나 그 헌법에 입각한 교육기본법, 아마 주로 이 두 가질 거야. 이것들이 전후 일본을 형성해 왔던 것인데, 그것이 잘못이니까 바꾸지 않으면 안 된다는 것이 단적으로 말하자면 아베씨의 견해이자 역사관일 거야. 그러한 아베씨의 생각이라는 것이 타국에 대하여 어떻게 한다는 것이 아니고, 일본국은 이렇게 하는 것이 좋다, 이러지 않으면 안 된다는 주장이니까, 구체적으로 어떻게 하려고 하고 있는지는 알 수 없고, 해석할 수는 없지만, 왜곡된 내셔널리즘이라든가 독선적 내셔널리즘이라고는 말 할 수 없는 것 아닌가 하는 느낌이야.

❓ 아베씨나 그 동료 의원들은 「종군위안부문제」에 대단히 강경한 태도로써 무라야마씨의 대응을 비판하고 있습니다. 이러한 주장은 중국이

나 한국과의 외교관계에도 영향을 미칩니다만, 이러한 생각은 무라야마 씨의 정의로서는 독선적 내셔널리즘이라고 할 수 없는 것입니까.

우리들은 「위안부」그 자체의 존재는 인정하고 있는 거야. 그러나 당시의 정부나 군이 관여했다는 사실은 없고, 어디까지나 업자가 한 일이라고 하고 있는 거야. 그 설명에 대해서는 해석의 문제니까, 아마 독선적 내셔널리즘이라고는 할 수 없는 것 아닌가 하는 느낌이야. 우리들은 「종군위안부」는 사실로서는 민간업자가 한 것이지만, 그것에 대하여 군이 후원하거나 관여하거나 하여 하고 있었다고 해석하고 있다. 그 일은 부정할 수 없다고 생각하고 있어.

그러면 이른바 도쿄재판을 부정하는 역사관이나, 그 연장선상에서 전전의 정부나 군부의 행위를 미화·정당화하여 총리대신의 야스쿠니신사 참배를 주장하고 있는 생각은 어떻습니까.

그것은요, 식민지지배나 침략을 받은 한국이나 중국 혹은 동남아시아의 나라들로서는, 일본국은 반성이 부족하다는 것으로 되겠지. 그런 의미에서도 역시 해석을 잘못했다고 본다. 그러므로 전쟁을 미화하는 해석은, 역시 잘못이고 역시 독선적 내셔널리즘에 의거하고 있다고 하지 않을 수 없다.

이 문제는 단지 일본만의 일이 아니다. 예를 들어 중국에서는 강택민(쩽쩌민)씨가 국가주석때인 1990년대에 「애국교육」이라는 명칭으로 반일교육을 추진했다. 그 속에서 일본의 전쟁에 대하여 엄중한 내용을 가르쳐 왔다. 이것은 결과로서는 잘못하면 역시 왜곡된 내셔널리즘으로 전가될 걱정이 있다. 그런 의미에서 세계를 바라보면, 여러 나라가 그런 과오를 범할 수 있다고 생각돼. 그러므로 각국은 상호 교류를 깊이 하여 이해를 하면서 때로는 견제도 하여, 서로 충분한 배려를 할 필요가 있다.

❓ 여하튼 이 「총리담화」에 대해서는, 무라야마씨는 세부에 이르기까지 표현 등에 신경을 써서 작성하신 것이네요.

❗ 그렇지. 그러므로 저 문장은 잘된 것이라고 생각해(웃음).

❓ 누구에겐가 상의하셨습니까.

❗ 그것은 참, 여러 사람이 관계했지. 관방장관이나 관방부장관 등 외정심의실장, 또는 외무성의 외무심의관이나 국장 등도 여럿이야. 그렇지만 앞에서도 얘기했지만, 나 자신이 그때까지 국회의 연설을 비롯하여 여러 곳에서 이야기를 하고 있었고 내부에서도 의견교환을 하고 있었으므로, 모두 내가 생각하고 있는 것은 알고 있었지. 그러므로 그다지 용어나 표현에 신경을 쓰거나 하지 않고 마쳤다고 할 수 있지. 원안을 보고, 참 이건 잘 정리하였다고 생각했었지(웃음).

❓ 전후 50년에 해당하는 95년 8월 15일은 오전 10시부터의 각의에서 「총리담화」를 결정하고, 11시부터 기자회견을 하였습니다. 저는 관저기자클럽의 간사사였기 때문에 총리비서관으로부터 사전에 「기자회견에서 어떤 질문을 할 것인가」라는 질문을 받았습니다. 나는 「그러면 질문을 생각하겠으니 담화를 사전에 보여 주세요」라고 했더니, 「보여드릴 수 없습니다」하고 거절당했습니다. 「담화를 보지 않고 질문 따위를 생각할 수 없지 않습니까」하는 시비가 되어서, 그대로 기자회견이 되어

버렸습니다. 「총리담화」가 배부된 것은 기자회견의 직전이었습니다. 당황하게 읽어 삼켜서, 모두에 아까 얘기한 것처럼 천황의 전쟁책임이나 「국책을 잘못한 시기」등에 대하여 몇 가지 질문을 한 것입니다.

❸ 그야 「담화」를 사전에 배부하는 것은 무리인 거야.

❷ 무라야마씨는 질문에 대해서는, 명확한 것은 말씀하시지 않았습니다. 나로서는 한방 먹은 것 같은 느낌이였어요. 그러나, 무라야마씨는 미리 준비하신 것처럼, 시원시원 대답하고 계시던 것이 인상에 남아 있습니다.

❸ 기자회견에서 어떤 질문이 나올 것인가 하는 것은, 미리 예상하고 있지. 그래서 이러한 질문이 있을 때에 어떤 답변을 할 것인가 하는 자료는 가지고 있었지. 이거나 저거나 표현에 주의하여야 할 난제들뿐이니 자료를 준비해 놓지 않으면 안 되는 거야.

호헌론자로서 천황제를 긍정

❷ 「총리담화」에 대한 생각은 알았습니다만, 그것을 떠나서 무라야마씨의 천황관을 여쭙겠습니다. 솔직히 말해서, 전쟁시의 최고권력자였던 청황에게는 당연히 전쟁책임이 있다고 하는 것이 자연스런 발상이라고 생각됩니다만.

❸ 일본이 전쟁에 패배하니 맥아더장군을 비롯하여 미군이 일본에 들어왔다. 그때 일본인은 전혀 저항을 하지 않았기 때문에, 미군은 아무런 혼란 없이 진주할 수 있었다. 그래서 맥아더는 일본이라는 나라나 사회는 천황을 중심으로 이루어져 있고, 천황이 한 소리

지르면 국민전체가 그것에 따른다는 것을 알았다. 그 후의 점령정책을 진행해 나가는데 있어서 천황의 존재는 무시할 수 없다고 생각해서 천황의 전쟁책임을 묻지 않았고, 신헌법으로 천황을 상징으로 자리매김한 거야. 그러므로 참 뭐라 할까, 정치가로서의 입장에서 말하면, 새로운 헌법이 상징으로서의 천황의 존재를 인정하고 있는 것이니 호헌론자로서는 솔직히 천황을 긍정한다. 그 이상의 것을 이래저래 말할 필요는 없다. 그런 입장이야.

❓ 정치가로서는 그런 것이네요. 개인으로서는 별도입니까.

❸ 나는 군국소년이었으니 말이야. 그러나 20세를 넘을 무렵부터 패색이 농후해진 전쟁 상황을 보고, 약간은 사물을 비판적으로 보는 눈이 자라났지. 군의 통제권은 천황에게 있었던 것이니까「이러한 무모한 전쟁을 한 것은 이상하다」는 마음을 차츰 가지게 되었다. 다만 천황을 죄악시하는 그런 것은 아니었다. 아마 천황에 대해선, 그 이상을 말했댔자 소용이 없는 거야, 이것은. 저 전쟁에서는 통수권을 군이 독선적으로 남요하고, 천황은 실권이 유보되어 있었던 거야. 그것이 역시 과오의 원인이라고 생각해. 그러나 형식적으로도 실질적으로도 통수권은 천황에게 있는 것이고, 그것에 관한 해석은 여러 가지가 있을 거야. 그러므로 그 이상, 천착하는 해석은 이제 그만 하지 않는다는 것이야.

❓ 그리고,「무라야마담화」는 그 후의 일본외교에서 살아 있습니다.

❸ 그렇네. 후계의 총리대신이 모두 마음속으로 어떻게 생각하고 있는지는 모르지만, 혹시나 마음속으로 반대하고 있는 자를 포함해

서, 역시 모두 한국이나 중국을 방문하면 「무라야마담화」를 답습한다고 하고 있다.

❓ 무라야마씨 이후의 자민당출신의 총리는, 왜 무라야마담화를 무시할 수 없는 것일까요.

❗ 그것은 역시 중국이나 한국, 아시아 제국과의 외교관계를 유지하고 발전시키기 위해서는 이 이외는 없다는 것일 거야. 만일에 부정하면 큰일 날것이니 말이야.

❓ 무라야마씨는 거기까지 계산하시고 「총리담화」를 내신 것입니까.

❗ 아니, 거기까지 계산은 하지 않았지. 앞으로 어떻게 돼나갈 것인가 따윈 알 수도 없고. 그러나 일본이 이제부터 앞으로 나가기 위해서는 「이것 밖에 없구나」하고 생각했지.

❓ 10년 후, 고이즈미총리 때에 「전후 60년 담화」가 나왔습니다. 「우리나라는, 과거 식민지지배와 침략에 의하여, 많은 나라들, 유독히 아시아제국의 사람들에 대하여 다대한 손해와 고통을 주었습니다. 이러한 역사적 사실을 겸허하게 받아들여, 새삼스럽게 통절한 반성과 심심한 사죄의 마음을 표명함과 동시에, 지난 전쟁에 있어서의 내외의 모든 희생자에게 삼가 애도의 뜻을 표합니다」라고 하는 내용으로 「무라야마담화」를 계승하고 있습니다.

❗ 같은 것이야.

❓ 한편으로, 무라야마내각에서는 각료가 침략이나 식민지지배를 정당화

하는 것 같은 발언을 하여, 그것이 외교문제가 되어 각료를 사임시키는 문제가 반복되고 있습니다. 94년 8월에는 사쿠라이 신 환경청장관이 「침략전쟁을 하려고 전쟁한 것은 아니다」고 발언, 95년 11월에는 에토 다카요시 총무청장관이 「일본은 한국에 좋은 일도 했다」고 하여, 두 사람 다 사임했습니다. 또 담화의 각의결정 직전인 95년 8월에는 시마무라 요시노부 문부성대신이 취임회견에서 「지난 전쟁을 침략전쟁이라고 생각하느냐」는 질문에, 「침략전쟁이 아니냐는 것은, 생각의 문제」「일본만이 그런 일을 했다면, 이 문제에 골똘할 필요가 있지만, 세계 중에는 여러 가지 사례가 있다」고 발언하였다가, 철회했습니다. 모두 자민당의 독수리파 의원입니다만. 이러한 발언이 나왔을 때, 총리대신으로서는 어떻게 대응하셨던 것입니까.

그것은 역시, 내각의 방침에 적합하지 않는 발언을 하는 것은 용납되지 않는다. 그야 당연하지. 그것이 싫다면 그만두는 수밖에 없지.

그런 것을 강하게 얘기하는 것입니까.

그야 말하지요.

에토씨의 발언은 담당기자와의 오프레코간담 자리에서의 발언이라는 것으로, 당초는 에토씨가 「오프레코이므로 진퇴문제로는 되지 않는다」고 주장하고 있었습니다.

그야, 그 내용으로는 오프레코로는 되지 않아. 기본적으로는 총리의 발언이나 각료의 발언은 오프레코는 없는 거야. 나는 그렇게 생각하고 있어. 어딘가에서 오프레코라고 하고 까다로운 이야기를 하면 언젠가 반드시 노출되는 거야. 그러므로 공식적으로는 이렇게 생각하고 있지만 비공식적으로는 이렇다는 식으로 얘기하는 것은 있어서는 안 되고, 말하지 않는 것이 좋다고 생각해.

❓ 약 1년 반의 내각이었지만, 되돌아보아 가장 자랑스럽게 생각하고 계시는 것은, 역시이 담화입니까.

➕ 그래, 역시 이 담화야.

무라야마내각의 정책결정과정

❓ 무라야마정권시대의 정책결정에 대하여 여쭙겠습니다. 호소카와연립정권과 비교하면, 자민, 사회, 신당사키가케의 3당에 의한 연립정권의 일상적인 운영은 원활했다고 생각됩니다. 탑다운방식이 아니고 연립여당내에 각종 프로젝트팀을 만들어, 그 의원수도 자민 3, 사회 2, 사키가케 1이라는 비율로 자민만으로 과반수가 되지 않도록 하였습니다.

➕ 자민당은 연립 안에서는 자세를 낮추고 있었지. 원활하게 된 이유의 하나는 3당의 당수인 자민당의 고오누 요헤이씨, 신당사키가케의 다케무라 마사요시씨, 그리고 사회당의 나의 세 사람의 관계가 좋았던 탓일 거야. 셋이서 자주 여러 가지 얘기를 하였지. 그러므로 서로 잘 알아서, 내가 어떤 생각을 가지고 있는지를, 나머지 두 사람이 잘 알고 있었던 거야.

호소카와정권은 발족한 당초에는 국민들 사이에 압도적인 지지가 있었다, 여론조사의 내각지지율이 70%를 넘고 있었지. 국민의 대망을 받아 성립된 내각이었으므로, 당연히, 장기적으로 계속될 것으로 생각했는데 결국, 계속되지 못했어. 그것은 사가와규빈문제라는 호소카와총리의 개인적인 문제가 있었기 때문이기도 해. 그러나, 실태로서는 민주적 운영이 되고 있지 않았다는 편이 큰 거야. 호소카와정권은 7당과 1회파가 모인 연립정권이기 때문에, 이것을 민주적으로 운영해 나가기 위해서는, 서로 논의하여 합의점을 찾아 나가야만 한다.

연립을 짤 정당 간에 싸움을 해도 무방하지만, 단지 싸움만으로는 안 된다. 여러 가지 논의하는 과정에서 서로 접근하여 어느 정도의 결론이 나면, 서로 이해할 수도 있다. 그런 것을 통하여 정당간의 협력관계가 강화되어 간다. 그런 정권운영을 하지 않으면 잘되지 않는다. 숫자로 결정해서는 안 되는 거지. 호소카와정권의 실패를 감안하여 나는 두 밤이고 세 밤이고 논의하여 합의점을 찾아내는 정권운영을 하자고 얘기해 왔다. 그것은 이미, 고오노씨도 다케무라씨도 알고 있는 거야. 서로 약속한 신사협정 같은 것으로, 그렇게 운영해 나가는 것에 모두가 협력해 주었다고 생각해.

예를 들어「위안부문제」에서는 대단히 격렬한 논의가 있었다.「이 문제는 이미 전부 처리되어 있다」고 말하는 사람도 있다.「그런 일은 없다. 역시 국가에 책임이 있는 것이니 어떤 형태로든지 국가가 보상하여야 한다」고 하는 논의도 있다. 여러 가지 있었지만 최종적으로 기금이라는 형태로 낙착되었지.

그런 방식으로 하였기 때문에 내 정권은 그런대로 잘 되었었거든. 호소카와정권은 그러한 방법으로는 하지 않았었지. 더욱이 오자와 이치로씨 등에 의한 이중권력지배라는 비판도 나와 있었지. 이러한 정권운영은 원활하지 않을 거야.

❓ 의원수가 압도적으로 많은 자민당이 대단히 허리를 나추고 있었습니다.

❗ 수로 결정하면 자민당 우선으로 돼버려. 무엇이든 자민당이 주장하는 대도 돼버려. 그러나 그렇게는 안 돼. 연립정권인 것이지 자민당 단독정권이 아니기 때문에, 자민당이 온순해지는 것은 당연하지. 자민당은 1993년의 총선거에서 패배해서 야당으로 전락했다. 자사사연립정권으로 여당으로 복귀하기까지의 10개월가량, 자민당은 야당의 비애를 통감했을 거야. 비애를 말이야. 정당은 정권을 잡고 있지 않으면 무력해. 야당이 되자 갑자기, 예산편성시기가 되어도 자민당본부는 뻐꾹새가 울고 있어서, 업계단체나 관료들이 오지 않는다는 것을 알았을 거야. 그러므로, 이거야 절대로 정권만은 놓쳐서는 안 된다고 생각하고 있었을 거야.

❓ 3당의 의원으로 구성하는 프로젝트팀이 당에가 있어서, 여기서 주요정책을 논의하여 합의를 만들어 갔습니다. 한편으로 내각도 예산이나 법안 등을 결정하여 국회에 제출합니다. 내각과 당과의 관계는 원활했던 것입니까.

❗ 그야 원활하게 이루어졌지. 문제에 따라 어느 쪽이 리더십을 잡는가 여러 가지로, 내각 쪽이 주도권을 잡는 경우도 있고, 3당이 협의해서 낸 결론을 존중하는 경우도 있었지. 전체적으로 그러한 운영은 원활하게 이루어졌다고 생각해.

내각이 리더십을 잡은 케이스는 미나마타병의 미인정환자의 문제였어. 그것은 내각이야. 여당이 리더십을 잡은 정책은, 지금 구체적으로 생각나지 않지만, 여하튼 묘한 이야기지만 정부가 국회에 제출한 법안이 3국회 연속으로 전부, 100% 성립한 거야. 부결된 법안이 하나도 없다는 것은, 3당관계가 원활했다는 것이 아니겠는가.

소비세율의 인상

❓ 무라야마내각은 발족한지 얼마 안 되어서 1994년 9월 22일에, 소비세를 3%에서 5%로 인상하는 세제개혁대강을 각의결정하였습니다. 같은 날에 여당 3당도 당측의 세제개혁대강을 결정하였습니다. 이것을 받아서 세제개혁관련법은 11월 25일에 성립하였습니다. 소비세율인상은 내각과 여당의 어느 쪽이 리드한 것입니까.

❸ 세제개혁은 내각이 제기하여 여당이 합의하지 않으면 안 되는 것이기 때문에, 3당에서 일단 합의해 주었다. 나는 총리취임 전부터 약간의 소비세인상은 부득이하다고 생각하고 있었다. 취임 시는 엔고로 경기가 저미한 상태였으므로 그 대책으로 5조 5천억엔의 소득세 감세를 3년간 실시하기로 하고, 경기도 약간 상향하는 시점에 감세분의 재원보전과 고령화에 대비할 필요도 있기 때문에, 소비세인상은 부득이하다는 무드도 있었다.

세제개혁대강의 논의 시에는, 소비세율인상에 대해서는 법안을 만들 것을 모두가 양해했다. 일단 3년 후인 97년 4월부터 시행한다. 그러나 그때의 경제상황이라든가, 재정상황이라든가, 행정개혁의 진전상태 등을 감안하여 결정한다는 부대조항을 명확하게 법률에 규정하게 되었다. 그 후에는 세율을 어떻게 할 것인가 하는 얘기로 옮겨 갔다. 그러자 세율은 3당수에게 위임한다는 것으로 된 거야. 그래서 나는 3당수와 이야기를 했다. 그때에 「소비세를 인상한다는 것까지 결정하고, 세율은 나중으로 미룬다는 것은 어지간히 무책임한 것이 아닌가. 그러므로 여기서 책임지고 세율도 결정하는 것이 좋다」고 주장하였다. 총리가 그렇게 말한다면 그렇게 하자고 하여, 5%로 하기로 되었다.

저소득자의 부담이 과중해지는 역진성 문제를 어떻게 해서 해소할 수 없을까 하는 논의도 있었다. 이 문제에 대해서는, 나도 몇 번이고 어떻게 안 될까 하고 얘기했다. 그랬더니 대장성 간부가 와서 「세율은 3%가 5%로 인상되지만, 증가하는 2% 중 1%는, 새로이 창설된 지방소비세로서 도도부현의 자주재원이 된다. 그렇게 되면 국가에는 1%분만 들어온다. 그럼에도 불구하고 더 이상 역진성 대책을 도입한다면, 세율을 인상하는 의미가 없다」고 하여 반대하는 거야. 결국, 소득세의 과세최저한을 인상하는 조치를 하여 타협했지만, 그런 논의는 많이 했었지.

❓ 사회당내는 어땠습니까.

세율을 5%로 하기로 되어서 나는 상당히 당에서 공격을 받았지. 단지 사회당이 이제까지 소비세에 반대해온 정당이라는 이유만은 아니다. 95년에는 참의원선거가 예정되어 있었으나, 개선기를 맞이하는 참의원의원의 다수는 89년의 참의원선거에서 소비세반대를 호소하여 당선하였다. 1기 복무하고 나서 「소비세찬성」으로 변했다고 해서야 선거가 되지 않는다고 거세게 말들을 들었지. 참 나도 거기까지는 생각이 미치지 못했었지. 그런 사람들에게는 실제로 소비세가 인상되는 것은 3년 후니까, 「나는 인상에 반대다」라고 하면 되지 않느냐고 한 적도 있다.

다만 상대방에 따라 다르지만, 「소비세인상에 반대다」고 해오던 의원에게 「앞으로 일본은 고령사회로 되어 가고, 연금이나 의료, 개호에 방대한 재원이 필요하게 된다. 아무리 생각해도 지금대로는 재원이 부족하다. 보험료 등을 인상하여 국민의 직접적 부담을 증대시킬 수도 있으나, 소비세인상도 포함해서 국민전체로서 커버할 필요가 있다. 그것은 부득이하다고 생각해」라고 하면 되지 않느냐고도 했다. 소비세인상 찬성의 이유를 당당하게 호소하면, 국민은 이해해 줄 것이라고 말했지.

❓ 아주 양극단입니다.

⊗ 그야 양극단이지. 참의원선거에서 후보자가 연설할 때에는 애매한 것을 말할 수는 없고, 하지 않는 것이 좋다. 「나는 이렇게 생각한다」고 명확하게 자기 의견을 말하고, 「여러분, 어떻게 생각하십니까」라고 호소하는 사람이 있다. 이해와 납득을 얻을 수 있도록 설득하는 것도 정치가의 역할이다.

「자사사」에서 「자자공」으로 —— 자민당의 늠름함

❓ 무라야마정권시절, 연립여당 3당의 관계는 좋아서 정권은 안정되어 있었습니다. 그러나, 무라야마씨가 퇴진하신 후, 96년의 총선거를 거쳐

98년의 참의원선거에서 자민당이 대패하여 하시모토총리가 사임하고, 오부치 게이조씨가 총리대신으로 취임하였습니다. 곧 새로운 연립을 모색하는 움직임이 활발해지고, 마침내 자민당은 자유당, 공명당과 연립을 짰습니다. 「자자공」연립정권 말입니다. 이러한 경과를 되돌아보면, 지민당이 정권으로 부활하고 체력을 배양하기 위한 2년간이나 3년간, 사회당과 사키가케는 이용당했을 뿐이었다고도 보여집니다.

참, 정국이라는 시점에서 보면 그렇게 될지도 모르지. 그러나 그 「자사사」 연립정권시절의 2, 3년간, 내각은 직면했던 과제를 처리해 가는 역할을 다하고 있다. 그때의 정권이 무엇을 했는가 하는 정책의 관점에서 보면, 꼭 「이용당했다」는 것만으로는 납득할 수는 없다고 나는 생각하지.

자민당에 대해서 말하자면, 오랫동안, 정권을 자유자재로 해왔기 때문에, 야당을 경험하여 어떻게 하면 정권을 잡을 수가 있는 것인가 하고 여러 가지로 생각했을 테지. 그때 다행하게도 야당에는 사회당과 사키가케가 있었기에, 3당이 하나의 정권을 만들면 정권으로 복귀할 수 있을 것이라고 생각해서 내가 설득당했던 거야. 설득당했지만, 성립된 정권에는 그런대로 역사적 역할이 부과되어 있다. 사회당 수반의 내각이야. 이 내각이 아니면 이룰 수 없는 과제를 수행한다. 마침 전후 50년의 매듭인 내각이야. 50년의 매듭에 마무리를 하는 것도 큰 역할이라고 생각했지. 총리대신을 하고 나서 「자신은 이러한 역할을 했다」고 말할 수 있으면, 그런대로 국민에 대하여 의미가 있었던 것이라고 생각했다.

사민당이나 신당사키가케와 헤어진 후, 자유당이나 공명당과 함께 연명

해간 자민당은 강인한 정당이네요.

강인하지. 나는 총리를 사임하고 하시모토정권을 객관적으로 볼 수가 있었다. 하시모토내각에는 구보씨가 부총리 겸 대장상으로 입각했다. 사민당의 당수는 도이씨로 교체되었다. 그러므로, 정국의 중심에서 거리를 둘 수가 있었다. 그렇게 해서 보고 있으니, 96년의 총선거 후에 자민당은 야당의원을 한 사람, 두 사람씩 차츰차츰 빼갔었지. 그 수는 모두 12명이나 되고, 드디어 97년 9월에 자민당 단독으로 과반수를 차지해버렸다. 그렇게 되니 역시 자민당의 대응이 냉담해졌던 것이 아닌가 싶어. 이렇다면 연립정권에 남아있을 의미가 없다고 해서, 사민당은 각외 협력으로 되어 나가게 된 거야. 그 후는 더욱 거리가 멀어져 가게 된 거야. 그래서 최종적으로는 파탄되어 버리고, 98년 6월에 연립해소가 되어 버렸다. 그런데, 자민당은 98년의 참의원선거에서 대패해버린 탓에 새로운 연립상대를 찾아, 자유당, 공명당과 함께하게 되었다. 「자자공」은 「자사사」와는 이제 확 달라져버렸다. 참 그것이 역사의 흐름인 것일까, 하는 수 없는 거지.

자민당의 늠름함의 원천은 인재의 풍부함입니까.

확실히 자민당에는 인재가 많아요. 그것과 역시 정권에 대한 집념이야. 저런 정도의 집념이 없으면 안 되는 거야. 자민당인들 당내가 꼭 일치되어 있는 것은 아니야. 여러 파벌이 있어서 의견이 다르고, 총재선거가 되면 서로 적인 것처럼 부딪치고 있다. 그러나, 한번 승부가 나버리면 모두 거기에 따른다. 그러니만큼 자민당은 장기간, 정권을 유지할 수 있었던 거야. 당 전체에 그러한 건전함이 있었던 거야. 그런 점이 2009년에 정권을 잡은 민주당과 다르지.

❓ 물론 사회당이나 사민당과도 다르네요.

❗ 그야 다르지, 달라. 애당초 정권에 대한 집념이 없어. 사회당은 정권을 잡는 것의 묘미라고 할까, 권력을 가지고 있다는 입장을 어떻게 활용하고 당의 정책을 반영하고 실현시켜 갈 것인가 하는 것을 생각하지 않아.

종교법인법 개정

❓ 다음에 종교법인법개정에 대하여 여쭙겠습니다. 이 개정법은 무라야마 내각시절인 95년 12월 8일에 성립하였습니다. 복수의 도도부현에 시설을 가진 종교법인의 소관이 도도부현에서 문부성으로 이관되는 것, 임원명단 등의 서류를 매년 제출할 것 등이 주된 개정점이었습니다. 당연히, 공명당의 지지모체인 창가학회도 대상으로 되어 문부성의 관할로 이관됩니다. 법안심의과정에서는 창가학회의 아키타니 에이노스케 회장에 대한 참고인질의도 하였습니다. 명백한 공명당 공격이네요.

❗ 이 법 개정의 이유는 오오무진리교 사건이야. 종교법인은 헌법상에도 법률체계 속에서도 특별취급되고 있어, 어떤 의미에서는 치외법권적인 데가 있는 거야. 그렇지만, 이렇게 종교단체가 많아진 것이나 오오무진리교 사건이 일어난 것을 생각하면, 치외법권적인 취급을 이대로 방치해 두어도 되는 것인가 하고 생각했다. 종교법인

의 활동을, 행정이 일상적으로 어느 정도 파악하고 있을 것이 필요하다. 그러므로 이 개정을 해야 한다는 판단이었다.

종교단체는 민주적인 운영으로 되어 있지 않은 면이 있었던 것으로, 신도가 자기가 속한 종교단체의 재정상황을 알 수가 없거나, 어디까지 운영에 관여할 수 있는가가 명확하지 않기도 하다. 이것은 역시 좋지 않아. 신도가 종교단체의 운영활동 등에 관여할 수 있는 것 등 민주적인 운영은 필요한 것이다. 더욱이 세금면에서 우대가 인정되어 있다. 그런 특권을 부여하고 있는 것이라면, 나름대로 종교법인의 활동을 파악할 수 있는 구조로 해두지 않으면 안 되지 않은가 하여 개정한 거야.

? 헌법에 규정되어 있는 「신교의 자유」와의 관계는 어떻게 되는 것입니까.

+ 아니 아니, 「신교의 자유」를 잘못 인식하면 안 돼. 신교의 자유는 사상신조의 자유이니까 그것은 당연히, 인정한다. 그러나 종교단체의 행위가 치외법권적으로 되어, 행정이 전혀 관여할 수 없다는 것은 이상하지 않은가.

? 「정교분리」에 대하여 헌법의 규정은 「여하한 종교단체도, 국가로부터 특권을 받거나, 또는 정치상의 권력을 행사해서는 안 된다」고 하고 있습니다. 이 해석에 대하여 자민당은 창가학회를 의식하여, 「종교단체의 정치활동을 금지하고 있다」고 해석하도록 주장하였습니다. 그러나, 무라야마씨는 국회답변 등에서 「금지하고 있지 않다」고 한 그때까지의 정부견해를 변경하지 않았습니다.

헌법이 「신교의 자유」를 보장하고 있다고는 하지만, 일부의 종교단체가 극단적으로 정치적인 개입을 한다든가 정치적 행위를 하고 있으므로, 이전부터 과도한 면이 있는 것이 아닌가 하고 느끼고 있었다. 그러나, 이번의 법개정은 오오무진리교 사건이 계기가 되어 종교법인법의 개정이 필요하다는 것으로 되었다. 그러나, 종교단체의 정치활동에 대해서는, 이제까지의 정부견해를 변경하려고는 생각하지 않았다.

어디까지나 법개정의 목적은 「당신은 이 종교단체에 가입해서는 안 된다」고 하는 따위를 말하는 것은 아니다. 신교의 자유를 보장하는 것은 당연하다. 다만, 종교단체가 사회적으로 행하고 있는 행위에 대하여, 행정이 완전히 노터치로 무엇을 하건 관여할 수 없다고 하는 것은 이상하지 않은가 하는 것이다. 개입은 좋지 않지만, 무슨 일을 하고 있는지 알아야 한다는 취지다.

무라야마씨는, 국대위원장 시절에 야당의 결속을 중요하게 생각하여 「사공민 노선」을 유지하여 왔습니다. 그 무렵에도 창가학회에 대해서는 문제가 있다고 생각하고 계셨습니까.

이미 60년 전의 이야기지만, 나는 우연히 하숙하고 있던 방의 미닫이 너머로, 집주인이 창가학회회원에게 설득당하고 있는 것을 들은 적이 있어. 어떻게 될 것인가 하고 있었더니, 어느 사이엔가 학회원이 되어 있었다. 매일 찾아오는 학회원의 열성에 못 이겼을지도 몰라. 그러나 나는 이러한 「설복」에 의문을 가졌던 것을 회상한다.

물론, 국회에서는 절대다수를 가진 자민당에 대항하는 의미에서

「사공민」을 중요하게 해왔다. 특히 공명당의 국대위원장이던 간자키 다케노리씨에게 그런 의미에서의 위화감을 가져본 일은 없었다. 어떻든 간에, 이때의 종교법인법의 개정은, 전국에 다수 존재하는 종교단체 중에 종교단체의 이름을 빌린 위법한 활동이 문제로 되어 있는 사례가 많아서, 국민의 안전·안심에 책임을 가진 정부·행정이, 그러한 종교단체의 활동에 대하여 일상적으로 알 수가 있도록 한 것으로, 필요한 것이었다고 생각해.

한신대지진과 히가시니혼대지진

❓ 무라야마정권에서 최대 사건의 하나는 1995년 1월 17일의 한시대지진입니다. 정보가 충분히 전달되지 않았다는 것도 있어서, 관저의 초동대응이 소홀했다고 비판받았습니다.

➕ 그 지진이 있었을 때, 나는 관저에 있으면서 아침 6시 뉴스를 보았다. 탑뉴스는 야마하나씨 등이 국회의 회파에서 나간다는 뉴스였다. 고오베의 영상은 방영되지 않았고, 지진이 있었던 교토 등 2, 3개소가 보도되고 있었다. 진도 5라든가 6이라든가로 전하고 있었다. 고오베 쪽이 피해는 컸었는데, 통신기기가 파괴되어 연락을 할 수 없게 되어 있던 탓일까, 전혀 정보가 들어와 있지 않았다. 나는 즉각 교토의 지인에게 전화를 걸었는데 「진도는 대단히 컸지만, 다행히 피해는 없었다」고 하기에 그것은 다행이다 하고 안심하였다.

그랬더니, 잠시 후에 재해를 담당하는 비서관으로부터 전화가 있었다. 그는 우연히 법사(法事)인가 뭔가가 있어서 본가로 돌아가 있었던 거야. 역시 마음에 걸렸던 거야, 여러 가지 정보를 수집해서 내에게 전화를 걸어서「고오베 쪽에서 지진이 있었습니다. 대단히 큰 것 같습니다. 아직 확실한 정보는 없습니다만, 큰 피해가 발생한 것 같습니다」고 보고해 주었다. 그리고 관저로 나가서 여기 저기 연락을 취했지만, 여하튼 매스컴 등에서 질타를 받았었지.

당시는 이러한 피해시의 정부의 대응이 명확하게 정비되어 있지 않았었다. 수상관저에는 24시간 대응하는 시스템은 없었고, 담당의 국토청에는 당직제도도 없었던 거야. 고오베와의 연락도 점심때 가까이 되어서 처음으로 이루어졌다. 대응이 늦어졌다고 말해도 변명의 여지는 없어.

❓ 그런 와중에, 어떻게 대응하였습니까.

❗ 지진이 발생하였는데 총리는 평상시처럼 담담하게 업무를 하여 예정되어 있던 일정을 진행하고 있었다는 비판도 있었다. 그야 내부 사정을 모르니까 그런 비판을 할 거야. 17일 오전의 각의에서 재해대책기본법에 입각한 비상재해대책본부를 발족시켰다. 다키 미노루 소방청장관이라든가 재해대책에 필요한 사람을 즉각 현지로 파견하여, 끊임없이 연락을 할 수 있는 태세로 해서 정보를 파악했다. 다키장관에게는「필요하다고 생각하는 것은 당신 판단으로 모든 것을 해 달라. 법률이 없어도 해 달라. 법률은 나중에 개정하면 된다. 최후 책임은 내각이 진다」고 지시를 했다.

그러나「일상업무만 하고 재난에 대해서는 아무것도 하지 않았다」고 비판하는 사람이 있다. 그런 것은 아무것도 모르는 사람이 말하는 것이지 그런 일은 없다. 실제로는 필요한 조처를 해서 확실히 대응하였었지. 지진이 발생하였다고 해서 총리대신이 모든 것을 전부, 스스로 해야 하는 것은 아니야. 지장이 없는 한 일상업무도 하지만, 재난대응도 필요한 것은 했지.

1월 20일에는, 홋가이도개발청장관 겸 오키나와개발청 장관이던 자민당의 오사토 사다토시씨에게 재해대책담당대신을 맡도록 했다. 오사토씨는 도쿄와 현지를 빈번히 오가며 필요한 대책을 강구해 주었다. 또한 각 성이 자기들 부서에서 잘 대응해 주고, 대책본부에서 통합해서 대응하였다. 그런 의미에서는 조직적 대응이 이루어졌다. 또, 재난과 관련하여 필요한 16개 법률을 불과 1개월 사이에 성립시킬 수가 있었다. 당시의 국회는 야당도 「필요한 것이고, 반대할 수 없다」고 한 대응이었었지.

비상재해대책본부는 본부장이 오자와 기요시 국토청장관이고 본부원은 관계성청의 관료였었다. 그런데 이 태세로서는 관료가 중심이 되어 업무를 결정하기 때문에 정치판단이 원활하게 되지 않는다고 하여, 이가라시 고오조 관방장관과 이시하라 노부오 관방부장관 등과 상의하여, 본부장이 총리고 전 각료가 멤버로 되는 「긴급대책본부」를 19일의 각의에서 따로 설치하였지. 이 본부는 법률에는 입각하고 있지 않았지만, 여하튼 내각이 일체가 되어 정치주도를 발휘하여 지진재해대책에 임하는 태세를 만들었었지. 그런데 이런 일을 해도, 그것을 비판한 기사가 있었어. 재해대책기본법에 없는 것을 만들었다든가 말이야. 내각이 전체로서 대처한다는 것은 중요한 것이고, 내각을 멤버로 한 본부에서 대응하는 것이 강한 태세라고 생각한다. 현지에는 효고 현청내에 현지대책본부를 설치하고, 국토청 정무차관을 장으로 관계 각성청의 담당자를 배치하여, 지사나 시정촌장과 연계를 갖도록 해서, 오사토 담당대신들과 함께 대응해 주었었지.

❓ 재해 첫날은 차치하고, 그 후의 대응은 잘 되었다는 말씀이시네요.

➕ 정치가뿐 아니라 관료도 일체가 되어 대응했으니까 말이야. 관저에는 자치성 사무차관 경험자인 이시하라 관방부장관이 있었다. 그는 전체적인 것을 잘 알고 있었다. 내각도 각 성도 국회도 관료도, 모두 한 방향을 향해 대처해 주었었지. 그것이 가장 좋았어. 그리고, 한신대지진은 보란티어 원년이라고 일컬어질 만큼 전국으로부터 보란티어의 사람들이 모여들어, 피재해자를 도와주었다. 민간인뿐 아니라, 전국의 공무원도 찾아 왔다. 그런 힘이 컸다.

❓ 2011년 3월 11일에 발생한 히가시니혼대지진과 잘 비교됩니다만, 정부나 국회 등의 일체감은 한신대지진 때가 있었던 것입니까.

➕ 한신대지진과 비교하면 히가시니혼대지진은 단지 지진뿐 아니라 쓰나미에 더하여 원자력발전소의 사고 등 재해의 규모도 질도 전혀 다르므로, 일괄해서 비교할 수는 없다고 생각돼. 그렇지만 좀 더 할 수 있는 방법이 있었던 것 아닐까. 특히 자기들의 생활이 앞으로 어떻게 될 것인가 하고 불안하게 생각하는 피해자 여러분에게, 안심과 복구에 대한 희망과 활기를 주는 일이 충분히 행해지고 있다고는 생각되지 않아. 또, 내각과 여당인 민주당이 하나가 되어 대응하고 있는 것 같이 보이지도 않아. 각 각이 역할을 분담하여, 맡은바 자리에서 노력하고 있을 것으로 생각되나, 누구가 책

임을 지고 있는 것인지 분명치 않고, 분산되어 있는 인상을 주고 있는 것은 아닌가.

이것은 하나의 예이지만, 예를 들어 사가현 겐가이정의 겐가이정원자력발전소의 재가동 문제에서, 가이에다 반리 경제산업대신이 현지를 방문해서 기시모토 히데오 정장의 양해를 얻어내서, 사가현의 후루카와 야스시 지사에게도 재가동을 요청하였다. 그런데 다음날, 간 총리가 재가동에 대해서는 스트레스테스트가 필요하다고 크레임을 부쳤다. 가이에다씨는 총리가 사다리를 치워버리는 꼴이 되었다. 가이에다씨는 총리대신의 사전양해 없이 단독으로 행했을 것일까. 어떤 경위가 있었는지 알 수 없으나, 이런 대응은 각내 불일치가 아닌가. 나는 재가동에 대해서는 스트레스 테스트도 필요하고, 신중한 위에 신중을 거듭해서 처리해 주기를 바라고 있지만, 그렇다면 총리의 방침을 각내에서 일치시켜 두어야 하지 않을까. 적어도 담당 대신하고는 타합을 해 두었어야 하지 않았나 생각해. 또한, 간 총리는 7월 13일의 기자회견에서 「원발에 의존하지 않는 사회를 목표로 해야 하기에 이르렀다. 계획적, 단계적으로 원발의존도를 낮추어, 장래는 원발이 없어도 해나갈 수 있는 사회를 실현해 나간다」고 「탈원전」을 주장하였다. 그런데 각료들 사이에서 반대의견이 나오자 다음다음날 인 15일에 깨끗이 「자기 생각을 말한 것이다」고 주장을 바꾸어 버렸다. 만일에 그렇다면 기자회견 중에서 「이것은 나 개인의 생각이지만」하고 미리 양해를 구했어야 하지 않았을까. 다만 애당초 총리대신의 기자회견은 내각을 대표하는 것이므로, 개인의 발언 같은 것은 없는 것이라고 생각하지만.

또한 민주당이 주장하고 있던 「정치주도」의 결과, 「정과 관」의 관계가 어떻게 되어 있는가가 의문이다. 관료는 전국에 깔려있는 행정조직을 통하여 일상업무를 처리하고 있다. 경험도 지식도 풍부하다. 사물을 처리하고 대책을 강구함에 있어서, 「결단과 책임」은 정치가에게 있는 것은 당연하지만, 관료가 가지고 있는 조직과 지식을 재해의 복구부흥에 살려나가는 것도 중요하다고 생각해.

이 미증유의 대재해의 복구부흥에 대하여, 필요한 대책은 정국을 배제하고 정도 관도, 여당도 야당도 일체가 되어서 추진하는 것이 중요하다. 그 책임은 내각에 있다. 그러니 만큼 총리대신의 리더십이 제기된다. 총리의 책임은 중대하다고 생각해. 한신대지진 때에는 자민, 사회, 사키가케의 여당 3당은 하나로 뭉쳐 대처하고, 특히 자치대신인 노나카 히로무씨나 운수대신인 가메이 시즈카씨를 비롯한 각 각료는 각각의 담당부서에서 적극적으로 행동하였었지. 또한, 야당도 재해대책에 관해서만은 적극적으로 협력해 주었다.

❓ 확실히 히가시니혼대지진 때에는 혼란이 계속되었습니다.

➕ 총리대신이라는 권력자의 자리에 있는 사람은, 한번 사임한다고 말하면 당장 사임해야 한다. 한번 사임한다고 말하면 인심은 반드시 떠난다. 그런데 간씨는 6월에 내각불신임안이 제출되자 민주당의 국회의원회에서 「재해대응에 겨냥이 서면 젊은 사람에게 책임을 인계하고 싶다」고 발언했음에도 불구하고, 좀처럼 사임하지 않았다. 그간에, 내외의 제문제는 진척되지 않고 국정의 공백이 가져오는 영향은 컸었다. 더구나, 간 총리 한 사람의 진퇴를 두고 민주당도 국회도 휘둘리고 있었다. 이것은 이상한 얘기야.

재해복구, 부흥에 대하여 여야당은 그렇게 의견이 다를 리가 없으므로 필요한 예산이나 법안은 당장 이루어져도 좋을 거야. 뒤틀린 국회 상황이니까 안 된다고 하는 것은 없다. 대지진에의 대응이 필요한 때에, 많은 의원이 정국만을 생각하고 있는 듯 보였다.

오오무 진리교사건과 파방법의 적용

❓ 오오무사건에서 생각나는 것은 파괴활동방지법(파방법)의 단체규제에의 적용신청이네요. 파방법은 사회당이 역사적으로도 강하게 반대해온 법률입니다. 이 법률에 입각하여 설마 사회당위원장이기도 한 무라야마씨가 총리대신 때에 처분을 신청하신다는 것은 엄청난 운명이네요.

❸ 정말 운명이야. 그때는 정말로 고민했지. 파방법을 담당하는 법무대신은 미야자와 히로시씨였다. 파방법은 성립시에 사회당이 반대한 법률이고, 지나치면 위험한 법률이므로, 적용은 신중하면서도 신중을 거듭하여 검토해 주세요, 그렇게 몇 번이고 부탁한 일을 기억하고 있다. 그때, 최종적으로 공안조사청이 공안심사위원회에 오오무 진리교에 대하여 단체활동을 규제하는 처벌의 신청을 한 거야. 그때는 결국, 공안심사위원회는 적용하지 않는다는 판단을 하였다. 그것은 차치하고 신청을 검토하고 있을 때에 절차를 담당하는 공안조사청의 간부가 「파방법의 절차는 공안조사청장관이 인정하면 되는 것으로 되어 있습니다」고 하여왔다. 나는 「장관의 판단만으로 할 수 있다면 해 보세요. 다만 공안조사청은 하나의 행정기관에 불과하다. 그리고 행정기관의 장은 총리야」하고 말했지. 이것은 「장관의 판단만으로 신청하는 것은 절대 안 된다」는

의미야.

❓ 총리대신의 양해가 필요하다는 것이네요.

❸ 그야 그렇지. 총리대신이 양해하지 않으면 처분의 신청은 할 수 없다. 그것은 당연한 얘기다. 최후는 미야자와 법무대신이 관저로 찾아와서 「여러 가지로 검토해 보았습니다만, 역시 적용은 부득이하다고 생각합니다」고 하였다. 그때 내가 가장 많이 생각한 것은, 당국이 오오무 진리교라는 단체를 어디까지 파악하고 있는 것인지 잘 알 수 없었던 것과, 만일에 지하철 사린사건 등과 동일한 사건이 재발하면 큰일이라는 것이었다. 상당히 여러 각도에서 검토했지만, 아무래도 눈이 닿지 않는 곳이 있었다. 그리고, 주위가 모두 적용신청은 부득이하다고 하잖아, 나도 하는 수 없다고 판단했다.

❓ 정말, 다시 사건이 발생했을 때에는 파방법을 적용하지 않았기 때문이라는 빌미를 잡힐번도 하네요.

❸ 그렇게 되면 난처하지. 그것이 가장 두려운 거야. 그러므로 파방법을 사용하는 것은 부득이해.

❓ 사상신조라는 쪽에서 보면 어지간히 고통스러웠지요.

❸ 고통스럽지. 그러나, 사상신조보다도 행정을 맡고 있는 입장인 것, 혹은 국민의 안전을 지킨다는 책임 쪽이 더 크니까.

❓ 정부는 적용신청을 하였습니다만, 공안심사위원회는 적용요건을 충족시키지 않았다고 하여 적용은 보류되었습니다.

❸ 그렇게 되어서, 앞으로 오오무 진리교가 어떻게 될 것인가 전망이 설 때까지 계속 신경이 쓰였지. 다시 동일한 사건이 발생하지 않았으면 하고 걱정하고 있었지.

오키나와 미군기지문제와 오오타지사

❷ 수상이 되어 약 반년후인 1995년 1월 11일, 무라야마씨는 미국을 방문하여 클린턴 대통령과 회담하였습니다. 이태리·나폴리 서미트에 이은 두 번째 회담이었습니다. 그때 오키나와의 미군기지문제로, 나하 군항반환, 요미단무라의 보조비행장의 파라슈트훈련 중지와 반환, 현도(縣道) 104호선 넘어의 실탄포격훈련의 중지 등을 요구하였습니다. 이때, 나는 동행취재를 하였습니다. 외무성은 무라야마씨가 수뇌회담에서 미군기지문제를 거론하는데에 소극적이었습니다만, 무라야마씨는 「여하튼 오키나와 문제를 어떻게든 하고 싶다」고 주장하였다고, 당시, 관계자로부터 들었습니다.

❸ 음음 그야, 오키나와의 미군기지문제는 나에게도 큰 문제였으니까.

❷ 그리고, 95년 9월에 오키나와에서 미군에 의한 소녀폭행사건이 발생하였습니다. 이것으로 오키나와의 미군기지문제에 불이 붙어, 오오타 마사히데 지사가 현내의 반전 지주 등이 소유하는 미군용지의 강제사용 절차로, 대리서명을 거부하는 사태로 발전하였습니다. 「미군기지가 강화, 고정화된다」고 하는 것이 오오타지사의 거부이유였습니다.

❸ 그때에는, 오오타지사가 조금 무릎을 맞대고 이야기를 하고 싶다

고 하기에 관저로 찾아오도록 해서, 4시간이상 이야기를 했다. 오키나와의 실정이나 지사의 생각 등 여러 가지 이야기를 들었다. 11월 4일이었는데, 먼저 오전 10시 지나서 관저에서 이야기하고, 정오 넘어서부터 공저에서 중식을 하면서 결국 3시 넘게까지 이야기했다. 그때에 나는 주된 내용으로 세 개 정도를 이야기했다.

첫째는 오키나와의 미군기지문제에 대한 인식이다. 역시 일본국내의 미군기지중 75%가 오키나와에 집중되어 있는 것은, 대단한 중하라는 것은 안다. 일상적으로 여러 사건이나 사고가 발생하여, 현민 여러분이 대단한 고통을 받고 있는 것도 안다. 이 일은 대단히 죄송한 일이다. 그러나, 많은 국민이 오키나와의 기지문제는 오키나와의 문제일뿐이라고 밖에는 인식하고 있지 않다. 솔직히 말해서 나는 그렇게 생각해. 그것은 역시 좋지 않아. 정부로서는 오키나와의 기지문제는 일본전체의 문제이고, 정부의 문제라고 인식하여 대응한다는 것을 이야기했다.

두 번째는, 오오타지사가, 일본정부가 지나치게 명확하게 대응해주지 않기 때문에 미국에 가서 미국정부에 직소한다고 한다. 오오타씨는 「미정부와 이야기하면, 일본정부로부터 그런 이야기는 듣고 있지 않다고 하는 일이 많다. 이쪽에서 던진 공이 되돌아와 버리는 일이 종종 있었다」고 호소하고 있었다. 그것은 좋지 않기 때문에, 금후는 기지문제에 대해서는 오키나와현과 수상관저가, 직접 이야기할 수 있는 새로운 협의기구를 만든다는 것을 약속하였다, 관방장관과 오키나와현 부지사가 각각 책임자가 되는 이 협의기관은 각의에서 설치를 결정하기로 하였다.

세 번째는 대리서명 문제다. 이제까지도 오오타지사는 기지문제로 여러모로 고민해 왔다. 이번의 대리서명 문제에 대하여, 나로서는 지사에게 이리저리 해달라고 할 수는 없다. 그러나 섭섭하게도 미국하고 사이에 조약이 있어서 정부로서는 강제사용을 계속하지 않을 수 없다. 지사가 거부한다면 총리대신이 대리서명을 하게 된다. 그러므로 정부가 하는 일에 대하여 이해를 해 달라. 이해까지 안 가더라도 알아줬으면 좋겠다는 것을 부탁한 거야.

❓ 대리서명이 필요한 대상자는 약 3,000명으로, 면적은 37만 평방미터였습니다. 그리고, 이번에 지사가 대리서명하지 않으면 먼저 1996년 3월에 요미단무라의 소베통신소의 용지 일각의 사용기한이 끝나는 것으로 되어 있었습니다.

❸ 그러므로 총리가 하지 않으면 안 되게 되어 있는 거야. 이 일은 좀 알아줬으면 한다고 오오타지사에게 부탁한 거야. 그랬더니 오오타씨는 「정부와 다툴 의사는 없읍니다」고 하기에 「아아 그런가, 그것은 좋습니다. 그 점을 알아주신다면 고마워요」라고 하였다. 오오타씨는 「처음으로 총리와 차분하게 이야기할 수 있었다」고, 꽤 감사하고 있었다.

❓ 오오타지사는 미군의 폭행사건에 대하여 「미국 측이 사죄했는데, 기지를 제공하고 있는 일본정부수뇌로부터는 한 마디도 없었다」고 말하여 정부의 대응을 비판한 것 같네요.

❸ 오오타씨는 소녀폭행사건이 발생하여 개최된 현민집회에 나가서 인사말을 한 때에, 모두에 「소녀를 지킬 수가 없었다. 죄송하다」고 사과하고 있는 거야. 그래서 나는 오오타씨와의 회담에서 「당신

은 그런 인사말씀을 하신 모양인데, 새삼 여기서 나는 일본정부로서도 소녀를 지키지 못한데 대하여서 사과하여야 한다고 생각하고 있습니다」고 이야기했다. 그리고 오키나와의 이야기를 천천히 여러 가지 들었지.

❓ 이 사건이 계기가 되기도 하여, 1996년 4월, 일미정부은 후텐마 비행장의 이전에 합의 하였습니다. 그런데 그로부터 15년이상이 지났는데도 불구하고, 사태는 전혀 움직이지 않았습니다.

❸ 내가 총리 때에 일미안보조약을 긍정한 것은, 전후 50년을 지나고, 안보조약을 만들었던 때와 현재로서는, 안전보장문제 등을 에워싼 환경이 크게 변했다. 그러나, 일관하여 일본에 미군기지가 있고 미국의 수호를 받고 있다. 이 모습을 수정할 필요가 있다. 일미관계는 어떠해야 하는지 원점에서 검토해 가는 것이 필요하다. 그렇지 않으면 반미감정만 높아져 간다. 그러기 위해서는 안보조약파기를 전제로 한 논의는 안 된다고 생각했다. 앞으로는 일미 2국간의 문제로서가 아니라, 다국간의 문제로서 생각해야 한다고 생각해서 안보조약을 긍정한 거야. 그런 관점에서 보면 후텐마 비행장 문제도 다국간의 관점이 필요하다.

지금, 일미안보조약은 일본만의 문제가 아니고, 아시아 전체에 대해서도 의미를 가지고 있다. 그 안에서 후텐마 비행장을 어떻게 할 것인가, 생각해야 할 것이다.

비판받은 주전문제

❓ 주택금융전문회사, 이른바 주전문제도, 무라야마씨가 총리 때에 심각한 국면을 맞았습니다. 버블경제의 붕괴로 주전 각사가 불량채권을 안고, 경영이 위기에 빠졌습니다. 이대로 파탄시키면 일본전체의 금융시스템에 커다란 영향이 미친다는 것으로, 95년 12월, 정부는 공적자금을 투입할 것을 각의결정하였습니다.

➕ 아아, 지금도 기억하고 있어. 6,850억엔이라는 금액도 확실히 기억하고 있지. 참 그 무렵은 까미귀가 울지 않는 날은 있어도 주전문제가 보도되지 않는 날은 없다시피 연일 비판받았었지. 나는 여기저기서 설명하였었지.「이 공적자금의 투입은 주전을 구하기 위하여 하는 것은 아닙니다. 주전은 앞으로 법적인 수단이 취해질지 모릅니다. 또한 경영진이 잘못을 하고 있으면 처벌되는 것은 당연한 일입니다. 이 문제의 본질은, 금융기관이 주전 각사에게 다액의 자금을 대여한데 있다. 주전이 망하면 금융기관에게도 큰 문제다. 역시 일본 경제의 동맥인 금융시스템이 신용을 상실하면 일본은 존립이 어렵다. 그러므로 공적자금투입을 하지 않을 수 없습니다」고. 그랬더니「농협을 돕기 위해서 하는 것이냐」고 하는 질문이 나왔다. 농림계 금융기관의 부담능력을 초과하는 부분에 대하여 공적자금을 투입하는 것이니까. 그래서 나는「아아 농협도 중요합니다. 농업은 중요한 것이고, 농업을 지키고 있는 농협의 역할은 크다. 그러므로 농협이 망해도 된다고는 생각하지 않습니다」고 이야기한 거야. 그러나 실태는 역시 막심했어.

❓ 주전 케이스가 정부에 의한 최초의 공적자금의 투입이었습니다. 그 후는 더 거액의 공적자금을 금융기관 구제를 위하여 투입하였습니다. 그러나, 그때가 처음이었으므로「왜, 세금을 써서 구제하는 것인가」하는 비판이 강했었네요.

➕ 그야, 처음이니까 하는 수 없지. 그러나 그렇게 해서 좋았다고 생각해. 그 후의 금융기관에 대한 투입은, 금액이 전혀 달랐음에도 불구하고 아무 비판도 없었다. 그뿐인가「더 내야 한다」고 하는 논의조차 있었다. 참, 매스컴도 적당하다는 느낌이었어. 금융기관에 몇 조엔이라는 돈을 내는데「더 내도 되는 것 아닌가」하고 보도하여, 어째서 주전 때에는 그보다 적은 금액이었는데, 그렇게도 비판했을까.

미야자와씨에게 어드바이스를 구한 외교

❓ 내정문제에 쫓기는 나날이었다고 생각합니다만, 총리대신에게는 외교도 중대한 업무입니다. 통상적 업무 속에서 외교가 점하는 비중은 컸었습니까.

➕ 업무의 웨이트로 말하면 내정문제 쪽이 컸었지. 그러나 솔직히 말해서 나에게 외교는 무거운 짐이었어.

❓ 무거운 짐입니까.

➕ 그야, 나는 영어가 능하지 않아. 역시 언어가 안 되면 외교란 것은 피하는 거야. 그것은 총리대신이 된 뒤에 이야기가 아니야. 국회의

원에게는 여러 가지 외유기회가 있다. 그러나 언어가 안 되면「나는 언어가 안 되니 말할 수 없다」고 피하는 거야. 그러므로 나는 외국으로도 그다지 가지 않았지. 국회의원이 된 뒤에 몇 번이나 갔을까. 거의 가지 않았어. 도무지 외국인과 이야기한다든가 논의한다는 기회도 적었고 회피해 왔지. 그런데 총리대신이 되니 외교기회가 많아져서, 이것은 처음부터 무거운 짐이라는 느낌이었지.

총리대신에 취임하니 당장, 나포리 서미트에 가게 되어 있었다. 그래서 출발 직전인 94년 7월 5일, 미야자와 기이치 전 총리를 만나 여러 가지 이야기를 들었다. 미야자와씨가「당신은 언어문제로 여러 가지 마음을 쓰고 있는 것이 아닙니까」하고 묻기에 나는「그야 마음에 걸리지요, 영어는 전혀 안 되는 것이니까요」라고 대답했지. 그랬더니 미야자와씨는「그건 걱정않아도 됩니다. 서미트에서 영어를 말할 필요는 없어요. 미테랑 불란서 대통령이나 콜 독일 수상도 영어로 이야기하지 않을 터이지요. 당당하게 일본어로 하시지요. 통역이 확실하게 따르고 있으니, 서투른 영어 같은 것 쓰시지 않는 것이 좋습니다. 그런 건 조금도 마음에 두실 필요없습니다」고 말해 주었다. 그때부터 조금 마음이 편해졌었지(웃음).

❓ 일상적으로는, 그때그때의 세계정세 등에 대하여 외무성의 간부가 브리프하여 주는 것입니까.

⊕ 그야 그렇지요. 예를 들어 나포리 서미트에 가기 전에는, 회의의 주된 의제에 대하여 상세하게 여러 기지 설명해 주었다. 이런 것은 도움이 돼요. 모르는 것보다는 알고 있는 것이 좋으니까.

❓ 중대했던 과제는 있었습니까.

⊕ 음~. 내 때에는 상대국 수뇌와 언쟁을 벌여야 할만큼 까다로운 문제는 그다지 없었어. 그것은 관료가 사전에 상대국과 협의하여 조정해 주고 있었던 것 아닐까. 1995년 11월에 오오사카에서 APEC가 있었을 때는, 일본에서의 개최니까 내가 의장이 된다. 어떻게 회의를 진행할 것인가, 외무성은 상당한 기간에 걸쳐 숙고하고 있었다. 각국 간에 사전에 여러 가지로 이야기를 집약하고 있었다. 나는 그 결과에 편승하는 격이었으니까, 그다지 힘드는 것은 없었다.

❓ 총리취임 직후의 나폴리 서미트는 힘드셨지요.

⊕ 그때는 서미트의 도중에 배탈이 나서 회담에는 나가지 못했었지. 그러나, 2국간의 수뇌회담은 서미트의 수뇌회담 전에 했지. 미국의 클린턴 대통령과 1시간정도 이야기했다. 다른 수뇌회담은 경의표시방문 같은 것으로 짧았었다.

❓ 무라야마씨가 서미트에서 배탈이 났다는 것은 큰 소동거리가 되었었네요.

⊕ 나폴리에 도착한 때에는 특별히 몸 상태가 나쁜 것이 아니고 보통이었었지. 다음날, 달걀성이라는 곳에서 수뇌회담이 있을 예정이었으므로 차로 거기를 가니, 입구에 보이가 마실 것을 들고 서있었지. 모두 그것을 받아들고 가기에 나도 아무 주저 없이 손에 들었다. 그것이 복숭아 쥬스인가 뭐로, 달큼하고 시원해서 맛이 있어서, 그만 쭉 들켰다. 수뇌회담이 시작될 때까지 한 시간인가 한 시

간 반쯤이 남아있어서, 모두 정원을 바라보면서 산책했었지. 그때는 아무렇지도 않았지. 그리고 정작 수뇌회담이 시작되기 때문에, 넓은 회의장에 들어가 의자에 앉았다. 둥근 테이블을 각국 수뇌가 에워싸듯이 앉았다. 그런데 앉자마자 배가 이상해지는 거야. 「아아 이것은 안 된다」고 생각했다. 회담도중에 이상하게 되면 창피하기 때문에, 잠깐 용변을 보고 오려고 자리를 섰다. 용변을 마치고 돌아왔지만, 또 이상하다. 이것은 안 되겠다고 생각해서 옆에 있던 담당자에게 만일 돌아오지 않으면 고오노 외무대신에게 연락을 해 달라고 부탁하고, 자리를 일어서 나갔다. 그래서 만사가 끝이야.

❓ 그때 어떻게 된 것입니까.

❸ 그것이 참, 의식이 몽롱하게 돼버린 거야.

❓ 설사로 그렇게 돼버리는 것입니까.

❸ 설사로 탈수증상이 심했던 것으로 보여. 경호관이 안아주었었지. 스스로는 그다지 의식하고 있지 않았지만, 역시 피곤했던 거지. 이러한 경험은 처음이었어. 그것은 혹독했어. 그게 일정도 조금은 힘들기는 했지. 클린턴 대통령과의 회담이 처음이었어. 그때는 그다지 피곤하다고는 생각하지 않았다. 끝나고 호텔로 돌아와 쉬고 있는데, 다음 회담이 시작됩니다 하고 부르러 온다. 영락없는 방아깨비 같아서, 회담하고 호텔로 돌아와 휴게한다, 또 회담하고 돌아온다, 호텔 방에서 잔다, 또 일어나 간다, 와 같이 말이야. 잠자코 쉬지 못한 채였지. 그러므로 역시 피곤했었다고 생각해. 그러나 긴장하고 있었기 때문에 피곤을 느끼지 못 했던 거야. 그리고, 피곤해

서 위가 정상적으로 작용하지 못하는 데에 차가운 복숭아 쥬스를 단숨에 마셨으니, 안 좋았던 거겠지.

❓ 총리대신의 외교라는 것은 체력이 중요하다는 것이네요.

⊖ 그래, 몇 차례가 하고 있는 동안에 차츰 고통스럽지는 않았지만.

매스컴과의 접촉

❓ 총리대신이 되면 24시간, 매스컴의 감시하에 들어갑니다. 일거수일투족이 기사가 됩니다. 고통스럽지는 않았습니까.

⊖ 그다지 고통을 느낀 일은 없지만은. 그러나, 싫증나는 경험도 있지. 1995년 11월 4일, 이스라엘의 라빈수상이 텔아비브에서 암살되었다. 이틀 뒤에 국상이 치러졌으나 나는 출석하지 않았다. 고오노 요헤이 외상을 수상특사로서 파견했었지. 그것에 대하여, 기자단으로부터 뒷따르면서 질문당했지. 나는 「국회가 있기 때문에 가지 못해서 애석하다. 라빈수상과는 9월에 만나서 이야기를 했었고」라고 했다. 그랬더니 다음날, 어느 신문 기사에 「총리는 "라빈수상과는 만난지가 얼마 안 되어서 갈 필요가 없다"고 말했다」고 쓰고 있는 거야. 그래서 뒷따르는 때에 그 신문사의 기자에게 「이것은 내가 이야기한 것과 전혀 다른 내용이 아닌가」하고 잔소리를 했었지. 그는 「저는 이런 기사는 보내지 않았습니다」고 한다. 왜 그런 일이 있었는지 모른 채로 있다.

또 하나 있다. 오오사카에서의 APEC 때야. 각국 수뇌는 부인들과도 함께 와 있으므로, 그 접대를 하여야 한다. 그런데 집사람은 몸 상태가 좋지 않아서 할 수 없으므로, 딸에게 부탁했다. APEC가 끝나고 오오사카 공항에서 돌아갈 때 일이지만, 딸이 교토여자대학을 졸업하였으므로 친구들이 공항으로 전송을 나와 있었다. 딸이 트랩을 올라가고 있는데 친구들이 「잘 가요」하고 큰 소리를 질렀기 때문에 딸도 트랩위에서 「잘 있어요」하고 손을 흔든 거야. 그랬더니 다음날, 어느 신문은 2면의 테두리 기사에, 일반 시민은 딸을 전송 나온 것이 아닌 것인데 트랩에 서서 손을 흔드는 것은 우스꽝스럽다는 제목이 붙어 있었다. 지금도 기억하고 있지만, 그 기사를 보고 딸은 짜증을 내면서 「아버지, 인제 앞으로는 함께 가지 않겠습니다」고 화를 냈다. 친구들이 전송을 와 있었으니, 손을 흔드는 것은 당연한 일인데 기자는 그것을 몰랐던 거야. 심한 기사였지.

❓ 총리대신이 되면, 여러 가지로 보도되기 때문에 매스컴을 혐오하는 사람이 많네요.

❂ 아니, 나는 혐오하지 않아. 특별히 매스컴을 싫어할 필요도 없어. 이쪽인들 보도되어 선전하고 싶은 일도 있는 것이니까, 피차 활용한다는 것은 중요하다. 다만 왜곡해서 틀린 것을 보도하면 안 된다.

총리대신의 생활

❓ 총리대신이 되면, 사생활도 제약이 많아져서 아주 부자유스럽게 되리라고 생각합니다만, 어떠하셨습니까.

고향으로 가면 고향을 따르라야. 총리대신이 된 이상은 하는 수 없다. 그야 이미, 참아야 하는 것은 참을 수 밖에 없지. 나는 저녁에도 외식은 거의 하지 않았었지. 애당초 요정 같은데서 먹어본 일이 별로 없으니까. 식사는 대체로, 공저에서 하고 있었다. 누군가하고 식사를 하는 경우에도 공저에서, 요리는 딸이 만들어 주었다.

저녁에 누군가와 함께 밖에서 식사를 한다는 것은 싫으셨던 것입니까.

좋아하고 싫어하는 것이 아니지만, 총리대신이 되면 역시 거북스러워요. 밖에서 식사라고 한다면, 경호의 경찰관이 가게주변을 경비하여야 하지 않아. 예를 들어 어느 레스토랑에 가게 된다면, 경찰은 사전에 가게 내부도 주변도 모두 점검하며 걸어 다녀야 하지 않아. 그런 이야기를 들으면 아주 번거로워져요. 그렇게까지 해야 한다면 차라기 공저가 좋아. 공저에서 식사하자고 해버리게 되지.

공저에서의 식사도, 밖의 레스토랑 같은데 부탁하면 가져다주지요.

국회답변의 타합 같은 것 때문에, 비서관과 공저에서 조찬회를 자주하였지. 주먹밥과 된장국과 건어물을 딸이 준비해 준다. 모두 그것이 제일 맛있다고 하며 먹었었지.

검소하시네요.

다른 내각에서는 총리가 요정을 이요하고 있었던 모양이야. 모두 그런 일을 하고 있었다면 나도 그렇게 했으면 좋았을 걸 하고 생각한 일도 있어(웃음). 그야 사회당의 의원이라는 것은, 그런 일에 전혀 익숙하지 않으니 하는 수 없지.

정권교체와 민주당의 한계

❓ 2009년의 총선거에서 자민당이 야당이 되고, 민주당이 과반수를 점한다는 최초의 본격적인 정권교체가 실현하였습니다.

❖ 그 총선거는 대단히 의미 있는 선거였다고 생각해. 55년 체제가 생긴 후로 거의 일관하여 자민당정권이 계속되었다. 몇 차례 선거를 하여도 정권이 바뀌지 않기 때문에 국민도 체념기분이 강해졌었지. 그런데 09년의 총선거에서, 처음으로 국민은 자기들의 투표로 정권교체를 실현시켰다. 투표로 정권을 바꿨다는 것은 획기적인 사건입니다.

나의 모교인 메이지대학에 오카노 가호루씨라는 정치학의 선생이 계셨다. 오카노씨는 자주「내일의 일기는 바꿀 수가 없지만, 내일의 정치는 바꿀 수 있다」고 하여 주권재민의 의식을 강조하고 있었다. 유권자가 어디까지 의식하고 있었는가는 별문제로 하고, 2009년의 총선거에서 처음으로 우리들의 투표행위로 정치를 바꿀 수 있다는 것을 실감했다. 그것은 대단히 좋은 일로, 한 사람 한 사람이 그러한 자각을 가지는 것이 일본의 정치를 변화시켜 가는 큰 힘이 된다고 생각해.

다만 이 정권교체는 민주당에게로 바람이 불어서가 아니고, 자민당이 너무나도 심했기 때문에 정권이 민주당으로 옮겨진 거야. 그러나 탄생한 민주당정권은 쓸모없었지. 그 최대의 원인은 역시 관료기구라는 살아있는 조직을 활용할 수 없었다는 것이야. 관료에게 정치가가 부림을 당해서는 안 되지만, 부릴 수 없는 것도 안 된다. 민주당은 출발점에서 잘못하고 있었어. 각성에서 대신, 부대신

등 정무 삼역이 관료를 개입시키지 않고 회의를 열어 사안을 결정하고 있었다. 이래서는 안 된다. 필요에 따라 각각의 정책담당자를 넣어서 의견을 듣고 상의를 해서 사안을 결정해 가지 않으면 안 된다. 결국 정책의 정합성이 없어지고, 인기에 영합하는 정책만이 눈에 띄게 되었다. 그것이 민주당정권의 한계였었지.

일본은 삼권분립이니까 행정의 역할을 무시해서는 안 된다. 즉 관료를 무시해서는 안 된다는 것이야. 예를 들어 오키나와의 후텐마 비행장의 이전문제에 있어서 총리인 하토야마 유키오씨가「현외·국외」라고 했을 때에, 이제까지의 일미합의 등의 누적을 무시하는 것이기 때문에, 어지간히 무슨 전망이나 확신이 있어서 말한 것이라고 생각했다. 그런데 아무 것도 없었다. 그때그때의 분위기에 추종하는 것 같은 발언을 하는 것은 잘못이다. 역시 사전에 충분히 검토해서, 관료의 의견도 들어서, 최후에 스스로 판단해서 결정해야 한다. 무언가 판단하기 전에 명확하게 현상에 대하여 관료로부터 이야기를 들어두지 않으면 오류를 범하기 쉽다. 할 수도 없는 것을 총리가 말해버리면 끝이야. 그러한 위험성을 민주당정권에게서 느낀다. 민주당이 말하는「정치주도」는 관료를 배제하거나 무시하거나 하는 것을 의미하고 있는 것처럼 보인다. 그것은 틀린 거야.

그리고 또 하나 문제인 것은, 마니페스토가 거의 백지수표로 되어 있는 것이다. 이것은 정치에 대한 국민의 불신감을 높이게 된다. 이 문제는 명확하게 생각하지 않으면 안 된다. 즉 선거 때에는 자기들에게 유리하게 될 내용만을 마니페스토에 넣고, 정권을 잡으면「재원이 부족하므로 할 수 없다」고 한다. 이런 것은 이유로 될 수 없잖아요.

❓ 어떻게 하면 좋은 것입니까.

➕ 실행 불가능한 것은 말하지 않는 것이지요. 그리고 잘못하면 잘못한 것으로, 솔직하게 사과하는 거야. 그 자리를 회피한다든가 꾸민다든가 하는 정치는 하지 않는 것이 좋은 것이에요.

❓ 민주당이라는 정당은 어떻습니까.

➕ 소속하는 국회의원이 제각기 행동하고, 도저히 정당의 모습을 하고 있다고는 말할 수 없어요. 더군다나 정권당의 모습을 갖추고 있지 못하다고 생각해. 그 최대의 이유는 정당의 강령이 없기 때문이라고 생각해. 정당의 강령이 없다는 것은 정당에 명확한 근거가 없다는 것이고, 명확한 사상의 기반이 없다는 것이다. 그러므로 무언가 중요한 것을 판단하려고 해도 안 된다. 결국 국민은 민주당의 간부나 각료 등이 말한 것을 듣고 신용하는 수 밖에 없다. 그래서는 안 된다. 역시 민주당의 기축은 이런 것으로, 일본을 어떻게 하려고 하고 있는가 하는 기본적 노선을 명확히 하지 않으면 안 된다. 그런데 그러한 강령이 없으므로 정권운영도 당내도 혼미하고 있는 것이 아닐까. 거기에 뒤틀린 국회라는 고통스런 환경이 첨가되어 있다. 그래 여기까지 이르면 정책연합으로, 정책을 중심으로 야당과도 충분히 이야기를 해서, 야당과 합의를 한 위에 정국을 운영해 나가는 이외에는 없는 것이 아닐까. 그러한 마음을 가지고 야당의 주장을 듣지 않으면 안 돼. 더욱이 일본은 히가시니혼 대지진이라는 미증유의 국난에 처해 있다. 복구 부흥을 위하여 허심탄회하게 야당에게 협력을 구하고 성의를 가지고 이야기하는 것이 중요하다.

❓ 그러나 뒤틀린 국회의 운영은 민주당이 아니더라도 어렵습니다.

❂ 법안을 성립시키기 위하여 민주당은 당연히, 자민당이나 공명당의 협력이 필요하게 된다. 그러나 야당은 간단히 응하지 않는다. 그 결과, 국회는 여야당간의 거래만 하고 있고 정치가 국민을 향하고 있지 않다. 국회는 좀 더 국민을 향한 논의를 하지 않으면 안 된다. 국회의 논의는 국민이 자극을 받아서 모두들 생각을 한다. 그것이 국회의 논의에 반영되도록 되어야 한다.

그렇게 돼있지 않기 때문에 현실 정치는 침체되어 있는 것이야. 그러므로 오오사카의 하시모토 도오루 시장과 같이 기세 있는 사람이 나오면 많은 유권자가 기대하고 지지가 집중한다. 하시모토씨 같은 존재는 유권자를 자극하고, 정치문제에 대하여 생각하는 기회를 주는 역할을 하고 있을지도 몰라. 그러나, 동시에 어디로 향해서 달리고 있는 것인지 모르는 위험도 있다. 어떻든 이러한 현상이 일어나는 것은 중앙정치가 기능하고 있지 않기 때문이야.

❓ 최근에는 여야당을 불문하고 정치가는 24시간 내내, 자기 선거에 대하여 마음을 쓰고 있네요.

❂ 역시 소선거구제도가 좋지 않은 거야. 각 선거구에서 과반수의 지지가 없으면 당선되지 않는다. 지지를 늘리기 위하여 자기와는 다른 의견에 대해서도 영합하지 않으면 안 된다. 그것은 정치가를 오도한다. 또 소선거구의 선거는 어떤 의미에서는 총리대신을 선임하는 선거이기도 하다. 소선거구의 후보자는 당선하기 위하여 자기 생각이나 의견을 말하지 않고 인기있는 지도자에게로 흘러간다. 그렇게 되면 자기 뜻과 다른 짓을 하지 않으면 안 되고, 대중영합

적인 정치가 돼버린다. 그것도 좋지 않다고 생각돼.

❓ 그러나 소선거구제도는 당분간 변하지 않을 것입니다.

❗ 바꾸는 것이 좋아. 이것은 안 좋아. 역시 중선거구제도가 좋은 거 아닐까. 애당초 나는 정계가 2대정당으로 수렴되어 가는 것이 반드시 좋다고는 생각하지 않아. 단독정권보다는 연립정권 쪽이 베터라고 생각해. 왜냐하면, 다른 정당이 각각 의견을 내어서 합의점을 찾아서 정권을 운영해 가는 편이 보다 민의를 반영한다고 생각하고 있기 때문이다.

❓ 연립정권은 정권이 안정하지 않는다는 결점이 있습니다.

❗ 그것은 운영하기에 있지. 연립정권이라고 해서 반드시 안정적이 아니라고는 할 수 없지. 잘 운영하여 끊임없이 국민의 소리가 반영되면 단독정권보다도 연립정권 쪽이 좋다고 생각돼. 그리고 연립정권의 장점은 비밀을 유지할 수 없다. 은밀하게 일을 처리해 나갈 수가 없다는 점이야. 즉 복수의 정당이 정책을 결정해 가면 반드시 어디선가 정보가 새나간다. 그러므로 비밀리에 수면 아래에서 일을 처리해 나가는 것들을 할 수 없지. 그 결과, 보다 민의가 반영됨과 동시에 투명성이 높은 민주적인 방법으로 정권이 운영돼 간다. 그러므로 국민에게 잘 알릴 수가 있고, 국민에게 판단자료를 제공하는 것도 가능하다. 나의 경험에서 보더라도 그편이 좋아.

❓ 자사사정권은 성공한 예입니까.

❗ 연립정권이 잘 되는가 어떤가는 운영하기 나름이니까. 정치를 담

당하는 자는 보다 민의를 반영하여, 민주적인 운영을 하여 국민의 의사를 끊임없이 묻는다는 자세를 가지고 하면 잘 되는 거야.

역시 사회민주주의야

❓ 최근의 사민당에 대해서 여쭙겠습니다. 국회의원의 수는 과거의 사회당과는 비교할 수 조차 없고, 정계에서의 존재감은 없는 거나 마찬가지네요.

❸ 지금 상황을 보면 참괴의 마음을 견디기 힘들어. 일본의 정계에는 사민당적인 생각이 필요하다고 여긴다. 그러한 세력을 다시 한 번 확대하기 위해서는 무엇이 필요한가, 사민당은 앞으로 어떻게 하면 좋은가, 여러 가지 생각을 해보지만 지혜가 없다. 소선거구제도는 계속되겠지. 그런 상황에서 사민당이 의석수를 늘리는 것은 어렵겠지. 그러므로 지방에 사민당 세력을 만들어 가고, 그것을 통합해 가는 것이 필요하다. 그러나, 나도 이미 맘대로 몸이 움직이지 않아서…….

❓ 연합이라는 최대조직이 민주당지지로 돌아서 있으므로, 세력확장은 어렵겠지요.

❸ 노조가 따르고 있지 않다는 것이 가장 큰 문제야. 사회당시절에 당이 독자적인 조직을 가지지 않고 노조에게 업혀 왔던 것이 오늘날의 결과로 되어 있는 거야. 거기에 사회민주주의의 매력도 후퇴되어 있다. 국민은 물론 최근에는 학자도 사회민주주의에 대한 관

심을 상실해 버리고 이 말을 사용하지 않게 되었다. 사민세력의 존재가 노조에서도 학회에서도 그리고 국민들 사이에서도 저조해져 버린 거야.

❓ 소수의 의원 밖에 없는 사민당은 과거의 사회당처럼 원리주의로 회귀하고 있지 않습니까.

➕ 정치 세계는 주의 주장보다도 무엇을 사회에 기여할 것인가 하는 현실주의 시대로 되어 있다. 이데올로기를 문제삼는 사회가 아니다. 그러므로 이대로 간다면 사민당은 소멸하는 것 아닌가 하는 걱정이 있지. 일반 사람들 사이에서도 사민당에게 좀 더 노력해 달라는 사람은 있는 것이니, 그러한 목소리에 응할 수 있는 활동을 하여야 한다. 그러나 좀처럼 되지 않아. 되지 않는 것은 수가 적다는 것만이 이유는 아니다. 사민당은 지금, 중참 합쳐서 단지 10명의 국회의원을 가지고 있다. 이렇게 적어지면 매스컴도 취급해 주지 않고, 국회에서의 발언기회도 없다. 이 10명이 더욱 노력해서, 적어도 의사통일을 해서 밖을 향해서 행동해 주었으면 해.

나는 우루과이 라운드의 쌀 시장개방문제 때에 「사회당은 이제까지의 주장이 반대이지만, 이번에도 기계적으로 반대라는 것으로는 안 된다. 현실 정치는 그러한 것이 아니다. 내외의 새로운 움직임이 있는 것이니만큼 탄력적으로 어떻게 할 것인가, 어떻게 하면 좋은가를 생각해서 결론을 내지 않으면 안 된다」고 말했지.

사민당은 2010년 5월에 민주당과의 연립을 해소했다. 그런데 연립을 나온 것에 대해서, 나중에 그것이 나쁘다든가 나오지 않았어야 했다는 등 여러 의견이 당내에서 나와 있어. 연립이탈의 원인이 된 오키나와 미군기지 이전문제에 대하여, 사민당은 국외이전이라는 방침을 견지하여 연립을 해소할 것인가, 그 방침을 유지하면서도 현실적인 대응을 해서 연립에 머무를 것인가, 확실히 어려운 판단을 필요로 했을 것이야. 앞으로도 당내, 특히 10명의 중참 양원의 의원이 납득이 가도록 논의를 해서 일치된 행동을 할 수 있도록 노력해 줄 것을 바라고 있어.

❓ 정당이라는 것은 인원수가 적을수록 내부대립이 격렬해요.

❸ 역시 경쟁하는 것일까. 여하튼 내부의 논의만으로는 탈피하지 못하므로, 바깥 공기를 들이는 편이 사민당을 위해서도 좋을지도 몰라.

❓ 무라야마씨는 지금도 사회민주주의를 훌륭한 것이라고 생각하고 계시는 것입니까.

❸ 나는 지금도 사회민주주의정당이 정권을 잡지 못하더라도 의회에서 일정한 힘을 가진 정당으로서 존재하는 것은 필요하고, 없어서는 안 된다고 생각하고 있어. 물론 사회민주주의정당이 정권을 장악할 수 있다면 그편이 좋지만, 국민이 거기까지 지지해 주지 않으면 정권을 잡을 수 없으니깐. 일본의 경우, 정권을 잡는다는 것은 좀처럼 어려울 거야.

❓ 사민당이 리얼티가 있는 정책을 제시할 수 있는 정당이 되어 있지 않으므로, 국민의 지지를 얻지 못하는 것 아닙니까.

❸ 그래, 그렇게 바꿔서 말해도 좋아요. 그러나 정권을 잡을 수 없어도

정권을 견제하는 의미에서, 역시 사회민주주의적인 정당이 필요하다고 생각해. 나는 노동조합의 간부 제군에게 「노동조합은 자본주의사회에 있어서의 유일한 대중적 저항세력이다. 그러한 역할을 가지고 있는 것이다. 그런데 지금의 노동조합은 그러한 역할을 다하고 있지 못하므로 못쓴다」고 하고 있다. 자민당도 민주당도 보수정당이다. 정계재편이 일어나도 보수세력끼리 다수를 점한대서야 안 된다. 사회민주주의정당이 야당인 때에는 야당으로서의 임무와 역할이 있다. 사민정당이 확실히 존재하고 정책에 대하여 여당과 절차탁마하는 긴장감이 정계에는 필요하다. 그리고 정권을 잡으면 정권을 잡은 입장에서 하는 방법이 여러 가지 있다. 앞으로도, 그때그때에 따라 역할을 다하지 않으면 안 된다. 적어도 국회에서 나름대로의 존재감이 있는 정당으로 성장할 것을 원하고 있다.

해제

「신당」이라는 마물에 의존한 정당

야쿠시지 가쓰유키

도이 다카코 위원장 밑에서 사회당이 참의원선거에서 역사적인 대승을 거둔 것은 1989년이었다. 도이씨의 「태산이 움직였다」는 말이 화제가 된 그 선거다. 「자민당의 정권 쳇바퀴 돌리기는 용납하지 않는다」고 소리높이 외치던 당시의 사회당에는, 당장이라도 자민당으로부터 정권을 탈취해 버릴 것 같은 위세가 있었다. 그런데 그로부터 10년도 안 되는 사이에 사회당(96년에 사민당으로 당명변경)은, 중참양원의 국회의원 30명 남짓한 약소 정당이 되어버렸다.

사회당은 자민당과 함께 「55년체제」의 지탱자로서 오랫동안 전후 일본의 정계의 중심적 역할을 담당해 왔다. 그리고 90년대에는 호소카와 연립정권과 자사사 연립정권에서 여당의 일원으로서 정권을 담당했을 뿐만 아니라, 이 책의 주인공인 무라야마 도미이치 위원장이 내각총리대신으로 취임까지 하고 있다. 정치의 중심무대에 등장하여, 각광을 받을 존재였던 터의 사회당에게 도대체 무슨 일이 일어난 것인가 — 그것이, 무라야마씨에게 가장 물러보고 싶은 점이었다.

무라야마 도미이치씨라는 정치가

무라야마씨는 젊을 때부터 정치가를 지망했던 것은 아니다. 전후의 혼란기, 대학을 졸업하고, 지인에게 권유되는대로 고향으로 돌아와 어촌민주화운동이나 노동운동에 종사하였다. 그 후, 주위의 추천으로 오오이타 시의, 오오이타 현의, 그리고, 중의원의원으로 계단을 올라갔다. 경력이야말로 순조롭지만, 스스로 포스트를 구하여 움직인 것도 아니다.

좌파 우파의 대립이 격렬했던 사회당 내를 건실하게 살아남았으니 틀림없이 이론에 치우치는 사람일거라는 생각이나, 원리주의나 교조주의적인 분위기를 티끌만큼도 느끼게 하지 않는다. 사회당내에서 상시 논쟁의 초점이 돼온 자위대 위헌론이나 일미안보조약의 파기문제에 대하여는 현실적인 생각의 소유자로, 일미안보조약에 대해서는 「국회의원이 된 72년경부터, 일방적으로 파기할 수 있는 것이라고는 생각하고 있지 않았다」고 얘기하고, 이시바시 마사쓰쿠씨의 「자위대위헌합법론」을 「헌법에 위반하여 합법이라는 것이 있을 수 있는가, 이론적으로 이상하다. 그런 것은 통하지 않는다」고 부정하고 있다. 이야기를 듣고 있는 한, 구조개혁론을 주장한 에다 사부로씨에 가까운 인상을 준다.

당연히, 사회주의협회파가 당내에서 큰 세력을 가지고 정책이나 간부인사 등을 사실상 적당히 처리하고 있는데 대해서는 비판적이다. 그렇다고 해서, 당 개혁 등의 깃발을 휘두르는 것 같은 움직임은 하지 않았다. 중의원 사회노동위원회를 중심으로 착실하게 의원활동을 계속하고, 그 후는 예산위원회이사, 당의 국회대책위원장이라는 자민당과의 교섭담당의 업무를 쌓아올림으로써, 사전교섭이나 거래흥정으로 사안을 실현해가는 수단을 터득해 갔다.

그런 의미에서는 무라야마씨는 결코 사회당내에서는 에리트 의원은 아니었다. 당 중추의 파벌항쟁이나 권력투쟁과는 거리를 두고, 국회를 중심으로 묵묵히 의원활동을 계속해온 어느 편인가 하면 소박한 정치가다. 그러나, 드디어 협회파를 에워싼 과격한 노선투쟁 시대가 끝나고, 사회당내에서 현실적인 정책에의 관여가 무게를 증가함에 따라 무라야마씨의 존재감이 증가했다.

무라야마류의 정치수법이 유감없이 발휘된 것은, 물론 94년부터 약 1년 반의 총리대신시절일 거다. 취임직후의 국회에서 자위대합헌이나 일미안보견지 등, 그때까지의 사회당의 정책을 크게 전환시키는 내용의 연설을 하여 당내로부터도 비판을 받았다. 이것도 무라야마씨로서는 총리대신으로서 당연한 일로, 안정적으로 정권운영을 하기 위해서는 불가결하다고 생각하고 있었다. 그 위에, 피폭자원호법, 미나마타병 미인정환자문제, 일미수뇌회담에서의 오키나와 미군기지문제의 제기 등, 사회당정권이 아니면 다루기 힘들었을 과제를 처리해 냈다.

그 피크는 95년 8월의 「전후 50년의 총리담화」다. 여기에서, 일본의 식민지지배나 침략에 대한 책임을 명백히 하여 사죄했다. 특기할 것은 「독선적인 내셔널리즘을 배제하고, 책임있는 국제사회의 일원으로서 국제협조를 촉진」이라고 말하고 있는 것이다. 과거에 대한 언급뿐 아니라, 장래에의 경종을 담은 이 부분에 무라야마씨의 강한 의지가 스며있다.

「무라야마담화」는 그 후의 정권이 자민당으로 이관되어도 그대로 인계되고, 반복해서 내외에 발신되었다. 중국을 비롯한 아시아 제국가와의 외교관계에는 여러 가지 문제가 발생하고 있지만, 이후, 역사문제가 큰 초점으로 되는 일은 거의 없어졌다. 또한, 각료들 사이에서 전전의 역사를 미화하고 정당화하는 발언도 사라졌다. 무라야마담화의 의미는 크다고 할 수 있다.

무라야마정권은 나날의 정권운영과 더불어, 사회당내에서 끓어오르던 「신당문제」에의 대응을 계속 압박받았다. 94년의 정치개혁관련법 성립으로 중의원선거에 새로이 소선거구비례대표병립제가 도입되었다. 사회당 후보자가 소선거구에서 당선될 가능성은 거의 없어지고, 그것이 신당문제를 가속시켰다. 무라야마씨는 차기 총선거의 타이밍을 고려하면서 스스로의 퇴진시기를 계산하여, 1996년 1월에 돌연 사임표명을 하였다. 정권운영에 매듭을 지우고, 다음은 스스로가 주도권을 잡고 신당문제를 결착시키려고 했던 것이다.

그러나, 나가타쵸를 중심으로 하는 시대변화의 격랑은 격심하였다. 총리를 사임한 때, 그것은 이미 무라야마씨의 힘에 버거운 것이었고 사회당은 해체·축소의 내리막길을 굴러 떨어져 갔다.

「신당」을 에워싼 사회당내의 혼란

사회당내에서 「신당론」이 강해진 것은 1993년의 총선거 이후였다. 호소카와정권에서 연립여당의 일원으로 참가하고, 다시 94년에는 무라야마위원장이 총리로 선임되었다. 「만년야당」이라고 야유당하고 있던 사회당으로서는 어떤 의미에서는 절정기이다. 야당시절에는 이룰 수 없던 정책을 실현하고, 국민에게 사회당의 존재를 어필하는 찬스이기도 했다. 그럼에도 불구하고 많은 의원이 왜 신당결성으로 달렸을까.

우선 93년 총선거의 대패가 있다. 이 선거는 자민당의 자멸이 원인이었다. 전년에 자민당의 가네마루 신 부총재가 사가와규빈으로부터 거액의 위법헌금을 받았던 사건이 발각, 그것이 방아쇠가 되어 당내 최대파벌인 다케시타파가 분열하여, 오자와씨 등이 뛰어나갔다. 리크루트사건에 이은 불상사로 자민당내에서는 선거제도개정을 포함하는 정치개혁의 필요성이 제기되었으나, 찬부를 에워싸고 두 조각으로 쪼개져, 결국, 그때의 미야자와 기이치 총리는 소선거구제도도입을 기둥으로 하는 정치개혁법안의 성립을 체념했다. 야당제출의 내각불신임안이 의결되어 총선거가 되었다. 그것을 기회로 다케무라 마사요시씨를 중심으로 하는 그룹이 자민당을 탈당하여 신당사키가케를 결당, 이어서 오자와씨 등도 탈당하여 신생당을 만들었다.

갈래갈래 갈라진 자민당이 상대인 총선거이기 때문에, 사회당에게는 유리할 터이지만, 결과은, 불과 70의석으로, 개선전보다 66의석이나 감소하는 대패였다. 일본신당이나 신생당 등이 크게 의석수를 늘렸고, 자민당이외의 7당1회파가 모여서 호소카와 연립장권을 만들었다. 모두에 소개한 89년 참의원선거가 예외이고, 사회당은 역시 장기저락경향에 제동을 걸지 못할 뿐 아니라, 신당 붐 앞에 해볼 재주가 없었다.

선거만을 보면 그 후도, 95년의 통일지방선거에서도 사회당은 현의나 시정촌의 등 지방의회의 의석을 크게 감소시켰다. 또한 95년의 참의원선거도 16의석이라는 대패를 맛보았다. 선거 때마다 의석수를 감소시키는 쇠퇴정당이 되어버렸던 것이다.

94년 1월에 성립한 정치개혁관련4법도 신당문제에 박차를 가했다. 「55년 체제」아래에서 사회당이 야당 제 일당의 지위를 유지할 수 있었던 것은 중선거구제가 있었기 때문이었다. 정수 3~5명의 선거구에 1~2명의 후보자를 옹립하여 최소한의 의석을 획득할 수 있었다.

이것이 정수 1명의 소선거구가 되면, 사회당은 단독으로 당선시키는 것은 거의 불가능하다. 현직의 의원에 있어서 소선거구 도입은 다음 총선거에서의 낙선을 의미하고 있었다.

소선거구비례대표 병립제도입에 맞추어 오자와 이치로씨는 자민당 탈당자 이외에, 민사당, 공명당 등 여러 세력을 결집하여 「신진당」을 결성하였다. 신제도 도입으로 「55년 체제」라는 낡은 테두리는 붕괴되고, 나가타쵸 질서가 유동화하고 있었다. 그것에 맞추어 사회당의 최대 지지기반인 연합도, 신당결성에 적극적이어서, 「소선거구시대」를 향하여 전체가 격렬하게 움직이고 있었던 것이다.

그런데 이 문제에 대하여 사회당내는 완전히 둘로 나뉘어 있었다. 무라야마씨의 말을 인용한다면, 한편은 무라야마씨를 포함하는 「사민리베럴」그룹. 다른 한편은, 서기장을 맡고 있던 구보 와타루씨 등의 「민주리베럴」그룹으로 된다.

「사민리베럴」그룹은 사회당에 대한 집착이 강하여, 사회당을 중심으로 한 신당결성을 목표로 하고 있었다. 거기에 대하여 구보씨 등에게는 사회당에 대한 집착은 그다지 느끼지 못한다. 호소카와연립정권 시절에는 오자와씨에 접근하여 「비자민」을 주장하고 있었다. 그 후, 오자와씨 등이 사회당을 배제하고 신진당을 결성하니까, 「보수 이대정당에 대항하는 제 3극의 결집」을 주장, 최후에는 하토야마 유키오씨 등이 결성한 민주당으로 뛰어들어 갔다.

이 무렵의 사회당내의 신당문제를 에워싼 움직임은 밖에서 보고 있어서는 알기 힘든 것이었다. 「해당대회를 열어라」「신당에는 전원 결속하여 참가하여야 한다」「당명을 변경해야 한다」는 등등, 일본신당이나 신당사키가케의 등장 때와 같은 신선함과는 다른 움직임이었다. 자기들이 살아남기 위한 신당이 먼저라는 것으로, 조직하는 상대는 누구든 상관이 없었던 것이다. 그랬으니, 당내의 두 그룹 사이에는 과거의 좌파, 우파 대립과 같은 정책이나 노선이라는 차원의 논쟁은 전혀 없었다.

무라야마씨에 의하면, 총리시절, 서기장인 구보씨에게는 「말해도 되는 것과 말해서 안 되는 것을 생각해서, 경계하면서 만나고 있었다」고 한다. 같은 정당에 있으면서 두 그룹의 상호불신은 강하여 충분한 대화조차 없었다. 무라야마씨 등이 정권운영에 급급하고 있을 때에, 다른 한쪽은 정권에 등을 돌리고 신당결성의 상대를 물색하고 있었다. 무라야마정권 당시, 사회당은 정당이라고 할 수 없는 상태에 있었던 것이다.

이용당해버린 정당

당내 상황을 떠나서 당시의 정치전체를 보면, 사회당의 슬픈 역사가 떠오른다. 1993년 총선거 후, 맨 먼저 사회당을 이용하려고 한 것은 오자와 이치로씨였다. 비자민연립정권을 실현하기 위하여 오자와씨는 재빨리 움직여, 먼저 일본신당의 호소카와 모리히로대표의 총리대신 옹립을 서둘렀다. 거기에 사회당을 끌어들이기 위하여 도이 다카고씨의 중의원의장 옹립을 획책한다. 당시, 사회당위원장이던 야마하나 사다오씨는 선듯 이 말을 받아들여 무라야마씨를 이끌고 가서 도이씨의 설득을 하였다. 그런데 오자와씨는 사회당을 정권운영의 장애물로 보고 있었기 때문에 1년도 안돼서 잘라 내버리고, 사회당을 배제한 회파 「개신」, 더 나아가 「신진당」 결당으로 치달았다.

다음에 사회당을 이용한 것은 정권복귀를 이루고 싶었던 자민당이다. 하타정권의 정체를 기회로, 자민당은 사회당에게 공세를 걸어 자사사연립정권을 실현시켰다. 무라야마정권 탄생은 본인에게도 사회당에게도 예상 밖의 사건이었을 것이다. 그러나, 정권복귀를 위한 것이라면 어떠한 수단도 강구하는 자민당의 집념 앞에, 사회당은 여기에서도 상황에 떠밀려 내려갔다. 결과적으로 자사사연립정권이 자민당을 회생시킨 것은 부정할 수 없다. 자민당은 드디어 연립의 파트너를 자유당, 공명당으로 바꿔치우고, 역시 여기에서도 사회당(당시는 사민당으로 변경하고 있었다) 은 헌신짝처럼 버려졌다.

사회당의 쇠퇴를 결정적으로 한 것은 민주당이었다. 96년의 총선거를 앞두고 결당한 민주당은 사민당의원의 수용을 용인하였다. 그러나, 그것은 당전체의 수용은 아니었다. 이른바「배제의 이론」이다. 무라야마씨는 이것에 반발하여, 민주당참가를 개개의 의원의 자주적인 판단에 맡겼다. 그 결과, 사민당은 완전히 자괴, 분열하고 말았다.

이렇게 보면, 오자와, 하토야마씨를 포함, 사회당을 이용하며 괴멸시켜 간 것은 모두 자민당, 혹은 자민당에 적을 두었던 적이 있는 인간뿐이다.「55년 체제」시대, 자민당의 정책을 엄하게 비판하고 있던 사회당은, 권력의 폭주를 억제하는 기능을 수행하고 빛나 보였다. 그러나, 실태는 영구히 정권을 획득할 수 없는 야당세력으로서 자민당정권을 대립하는 입장에서 보완했을 뿐이었다. 그리고, 자민당세력이 약체화하여, 분열하면, 이번에는 각각의 세력에 이용당해 스스로의 힘을 상실해 갔다. 사회당에는 회복할 기회가 두 번은 있었다고 생각한다. 첫째는 호소카와연립정권시절이다. 총리는 호소카와씨였지만 많은 정당의 집합정권으로, 신생당의 오자와씨가 배후에서 움직이는 이중권력 구조였다. 이 정권에서 사회당은 의원수가 가장 많은 제1당이었음에도 불구하고 정권 내에서 리더십을 발휘하는 일은 전혀 없었다. 항상 수

신형으로, 오자와씨가 강요해오는 쌀의 시장개방 등의 난제에 휘둘리고 있었다. 연립여당내의 최대정당의 입장을 살려서, 오자와씨에 거리를 둔 신당사키가케나 민사당과 연계하여 정권운영에 적극적으로 관여하는 것은 가능했을 터인데도, 그런 공기는 전혀 없었다.

다음은 무라야마 내각시절이다. 당수가 총리대신을 맡고 있을 때처럼, 스스로의 정책을 예산화, 법률화하여 현실적인 것으로 하는 좋은 기회는 없다. 차례차례로 사회당의 정책을 실현하여 국민에게 호소하면 사회당에 대한 국민의 평가가 달라졌을지도 모른다. 그러나, 사회당 의원들은 그러한 정권운영에는 거의 흥미를 보이지 않았다. 무라야마씨에 의하면「여당이 되었기 때문에 마음대로 말을 못한다」「야당시절이 좋았다」고 하는 소리가 나왔다고 하니 구제불능이다.

무라야마정권은 한신·아와지 대지진, 지하철사린사건 등을 당하였으나, 그럴 때마다 중심이 되어 대응한 것은 노나카 히로무씨나 가메이 시즈카씨 등 자민당출신의 각료였다. 또한, 무라야마씨 입에서 나온 수상시절의 상담상대는 역시 자민당출신으로 신당사키가케의 다케무라 마사요시씨나 소노다 히로유키씨다. 야당밖에 모르는 의원들 뿐인 사회당이 정권을 담당하는 것은 처음부터 무리였을지도 모른다. 무라야마씨에게는 고통스러운 나날이었을 것이다.

권력에 대한 긴장감이나 책임감이 결핍되어 있다는 사회당의 체질이 문제라는 지적은 새로운 것은 아니다. 구조개혁노선을 주정하다가 막판에 당을 추방당한 에다 사부로씨나,「나리타 3원칙」을 제기한 나리타 도모미 전 위원장에게 반복적으로 지적당해 온 일이다. 그것들을 고치기는커녕 사회당 국회의원들은 90년대, 장기저락경향에 제동을 걸 수 없는 자기들의 정당에 자신감을 상실해버리고, 선거제도개혁도 겹쳐서 구제의 길을 신당에 구하게 되었다.

그러면 「신당」으로 달려간 사회당의원들의 행동이 유별났던 것이냐고 하면, 결코 그런 것은 아니다. 「신당」은 정치가에게 「마물(괴물)」과 같은 것이다. 현실 정치가 정체되면, 유권자에게 호감이 가는 테마를 간판으로 내걸고 인기몰이를 하는 정당·정치 그룹이 반드시 나타난다. 정계의 이합집산은 세상의 상도다. 물론 일본이 직면하는 과제에 대하여 깊은 고찰을 한 위에 실현가능한 길을 제기하고, 성실하게 호소하는 것이라면 환영이다. 그러나, 번번이 일시적인 인기를 얻기 위하여 표면적인 주장을 정서적으로 호소하는 정당이 등장한다.

그러한 반복은 반드시 일본정치전체를 쇠퇴시킨다.

무라야마씨의 증언은, 자신의 의사에 반하여 「사회당쇠망사」로 된 느낌이다. 그러나, 무라야마씨의 자계(自戒)를 담은 증언은, 앞으로의 일본정치에 대한 중대한 경종으로 되어있다.

(도요대학 교수)

연표

연표

연차	경력	일본과 세계의 움직임
1924	3 오오이타현(大分縣)에서 출생	
1931		9 만주사변(滿洲事變)
1932		5 5·15사건
1935		2 천황기관설(天皇機關說)이 문제로
1936		2 2·26사건
1937		7 일중전쟁(日中戰爭)개시
1938	3 오오이타시립고등소학교졸업	
	4 도쿄(東京)로 이전, 고탄다(五反田)골목 공장, 쓰키지(築地) 인쇄공장에서 근무	
	9 도쿄시립상업학교에 입학	
1941		12 태평양전쟁 개시
1942	3 도쿄시립상업학교 졸업	
	4 메이지(明治)대학전문부 정치경제과입학	
1944	8 학도동원으로 미야고노조 구마모토로	
1945	8 구마모토에서 종전, 메이지대학 복학	
		8 천황이 전쟁종결소칙(詔勅)
		11 일본사회당 결당
1946	메이지대학졸업, 귀향, 어촌민주화운동참가	
1947	4 일본사회당 입당	6 사회당 가타야마테츠위원장이 총리취임
1948	4 어촌청년동맹 서기장	
1949	5 사회당 오오이타본부 청년부장	
1950	오오이타현직원노동조합 사무국서기	
1951	4 오오이타시의회선거 낙선	9 샌프란시스코강화회의, 대일강화조약 조인 일미안보조약 조인
		10 대일강화조약 때문에 사회당좌우분열
1952	3 사회당오오인타현연좌우분열, 좌파소속 겐로효(縣勞評)사무국차장, 오르그활동	
1954		6 자위대(自衛隊) 발족
1955	4 오오이타시의회의원(63년까지 2기)	
		10 좌우사회당이 통일, 스즈키모사부로 위원장
		11 자유당과 일본민주당 합당, 자유민주당
1956		12 일본이 국련에 가맹
1957	2 사회당오오이타현본부 조직위원장	
	9 현로평·중앙지구로 사무국	
1960		1 사회당탈당후 니시오스에히로가 민주사회당

연차	경력	일본과 세계의 움직임
		결당
		3 아사누마이나지로씨 사회당위원장
		5 중의원 자민당단독으로 신 안보조약 가결
		6 신안보조약 자연승인
		10 사회당아사누마위원장 히비야공원 시살
1961		3 가와가미죠타로씨 사회당위원장
1962		7 에다사부로씨「에다비젼」발표, 당내논쟁
		11 에다씨 사회당서기장 사임
1963	4 오오이타 현의회 의원(72년까지 3기)	
1965		5 사사키고오조씨 사회당위원장
1967	6 사회당대분현본부 서기장	8 가츠마타세이이치씨 사회당위원장
1968	3 사회당 오오이타현본부 부위원장	
		10 나리타도모미씨 사회당위원장
1971		6 오키나와(沖繩)반환협정 조인
1972		5 오키나와시정권 반환
		7 다나카내각 발족
	12 총선거 오오이타1구에서 첫 당선	
	지치로(自治勞) 중앙본부 특별집행위원	
1973	2 사회당내「새로운 흐름회」참가	
1974	9 사회당오오이타현본부 위원장	
		12 미키(三木)내각 발족
1976	12 총선거당선(2회)	12 후쿠다(福田)내각 발족
	중의원 사회노동위원회 이사	
1977		3 에다사부로씨 사회당 탈당(5월사망)
		12 아스카타이치오씨 사회당위원장
1978		3 사회민주연합 결성
		8 일중평화우호조약 조인
		12 오오히라(大平)내각 발족
1979	10 총선거당선(3회)	
1980	6 중참의원 동일선거 낙선	7 스즈키(鈴木)내각 발족
1982		11 나카소네(中曾根) 내각 발족
1983	12 총선거당선(4회)	9 이시바시마사쓰구씨 사회당위원장
	중의원 사회노동위원회 이사	
1984		2 자위대「위헌합법론」을 사회당운동방침으로
1986	7 총선거당선(5회)	9 도이(土井)다카코씨 사회당위원장

연차	경력	일본과 세계의 움직임
1987	10 사회당대분현본부 고문	
	12 중의원 예산위원회 이사	11 다케시타(竹下)내각 발족
1988		6 리크루트 사건 표면화
1989		1 소화천황 붕어
		5 중의원예산위원회 나카소네전총리중인심문
		6 우노(宇野)내각 발족
		7 참의원선거 사회당 대패
		8 가이후(海部)내각 발족
		12 미소수뇌가 [냉전종결]을 선언
1990	2 총선거당선(6회)	8 이라크침공(항만 위기)
1991	1 중의원물가문제특별위원장 취임	1 항만전쟁
	7 사회당국회대책위원장 취임	7 다나베마코토(田辺誠)씨 사회당위원장
		11 미야자와(宮澤)내각 발족
1992		6 PKO법 성립, 사회당 牛步전술저항
		10 사가와큐빈(佐川急便)사건으로 자민당가네마루(金丸)부총재 의원직 사임
		12 자민당다케시타파 분열, 오자와이차로씨등 탈당
1993		1 야마하나사다오씨 사회당위원장
		6 미야자와 내각 불신임결의 성립 신당사키가케, 신생당 결성
	7 총선거당선(7회)	7 총선거에서 자민당 과반수획득 실패
	9 사회당위원장 취임	8 호소카와연립정권탄생, 도이다카코씨 중의원의장
		11 중의원정치개혁관련법안가결, 사회당반란표 5명
		12 정부 쌀시장 부분개방 각의결정
1994		1 중의원 정치개혁관련법안부결, 사회당반란표 17명. 호소카와총리와 자민당고노요헤이 총재가 수정합의하여 성립
		2 호소카와총리 기자회견에서 「국민복지세」 구상발표, 익일 백지철회
		4 호소카와총리 사의표명, 하타(羽田)정권 발족, 신생당, 일본신당, 민사당등이 중의원 내 회파 「개신」 결성. 사회당이 연립에서 이탈
	6 내각총리대신에 지명	6 하타내각 총사직, 무라야마정권 발족

연차	경력	일본과 세계의 움직임
	7 나폴리 서미트 참석	
	임시국회에서 첫 소신표명연설, 자위대 합헌등 표명	
	한국방문	
	8 동남아4국 방문	8 야마하나씨등이 「신민주연합」 결성
		9 사회당임시당대회, 자위대합헌, 일미안보견지 채택, 연립 여당이 소비세율 5%인상결정
		10 구보와타루서기장이 사민리베럴세력으로 신당결성 제기
		12 피폭자(被爆者)원호법 성립
		신진당 결당
1995	1 워싱톤방문. 일미수뇌회담에서 오키나와 미군기지문제 언급	1 한신·아와지대지진. 고사토사다도시씨를 진재담당상에, 이에 야마하나씨등 24명이 사회당회파이탈계 제출
		3 사회당이 신당문제 검토위원회 설치
		지하철 사린사건
		4 통일지방선거
	5 중국방문	5 사회당임시당대회에서 「95년선언」 채택
	6 캐나다 하리팍스 서미트 출석	6 중의원 전후50년의 국회결의채택
	7 참의원선거패배, 수상사임제기, 정권계속	7 여성을 위한 아시아평화국민기금 창설
		참의원선거에서 자민, 사회당 패배
	8 내각개조	8 고노씨(부수상, 외상) 자민당총재선불출마표명
	전후 50년의 총리담화 발표	9 구보서기장등이 「새로운 정치세력결집호소인회의」 결성, 오키나와에서 소학생 미군병 3명에게 폭행당함
		사회당임시당대회에서 신당결성방침채택
		하시모토류타로씨 자민당총재
		11 「호소인회의」가 「신당결성준비회」 발족
		APEC 오오사카(大阪)대회
		사회당 3역간담회에서 96년 1월 해당대회 개최와 신당결성의 방침에 일치
		12 정부 미나마따병 미인정환자문제에서 최종 해결책 결정, 개정종교법인법성립,
		사회당중앙위원회에서 1월 당대회에서의 신당결성은 연기, 당명변경만 하기로 결정
		주센(住專)에 6,850억円 투입 결정

연차	경력	일본과 세계의 움직임
1996	1 수상퇴진 표명 사민당 초대 당수취임	1 하시모토(橋本)내각 발족 사회당정기당대회, 당명을 사회민주당으로 변경
	9 사민당당수 사임, 특별대표	8 하토야마유키오씨가 다케무라씨등의 신당참가거부를 위한 「배제의 이론」주장 9 사민당상임간사회에서 당소속의원의 민주당 참가방침결정, 민주당측이 자동적참가거부, 사민당은 총선에 사민당으로 싸울 방침결정. 사민당분열로, 민주당결당, 도이다카코씨 사민당당수
	10 총선거당선(8회)	10 소선거구비례대표병립제에 의한 총선거, 사민당 15석으로 격감
1997		12 신진당 해당
1998		6 자사사 3당이 연립 해소 7 참의원선거, 자민당 패배, 하시모토(橋本) 총리사임, 오부치(小淵)내각 발족
1999		1 자자연립정권 발족
	12 초당파 방조단대표 북조선방문	10 자자공연립 합의
2000	2 조일우호의원연맹회장 취임 3 차기 총선거 불출마 표명	4 모리(森)내각 발족
	9「여성을 위한 아시아 평화국민기금」 이사장 취임	
2001		4 고이즈미(小泉)내각 발족
2006		9 아베(安倍)내각 발족
2007		9 후쿠다(福田)내각 발족
2008		9 아소(麻生)내각 발족
2009		9 총선거에서 민주당대승, 하토야마(鳩山)내각 발족
2010		6 간(菅)내각 발족
2011		3 히가시니혼대지진 9 노다(野田)내각 발족

후기

번역자 후기

무라야마 도미이치 전 일본총리와는 어느 모임에서 함께하는 관계지만, 오랜 동안 그의 강연을 통하여, 개인적인 대화를 통하여 평범한 지기처럼 격의없이 친숙한 사이로 되어왔다.

서민으로 태어나 빈곤을 감내하면서 성장하고, 청년기에 농어촌해방운동·노동운동을 하면서 서민을 기반으로 하는 혁신정당에 소속하였으며, 주위의 추천으로 정계에 진출하게 되었지만 그는 서민을 떠난 일이 없다.

파란만장한 정치계에서는 승승장구(乘勝長驅)하여 소속 정당의 수장에 이르고, 드디어는 일국의 국정을 책임지는 총리가 되었지만, 스스로가 회상하듯 자신의 의지와는 무관하게 우연히 돌아오는 운명이라 할까 자연히 부딪치는 운명에 등을 떠밀려 걸어온 인생이었다. 회고록 편저자가 그의 인상을 말하듯, 정쟁이 격한 정당의 중심인물이자 국정의 제일인자였지만 카리스마적이거나 이론을 휘두르거나 원리주의, 교조주의적인 분위기는 티끌만큼도 느끼게 하지 않는 평범한 서민이다.

무라야마 전 총리는 요정출입을 한 일이 없고, 총리시절 고위 공직자나 내외 귀빈을 영접하는 경우에도 관저에서 따님이 마련하는 요리로 접대하고, 정책조정이나 협의를 위하여 정부 요직자등과 밤샘을 하고 조찬을 하는 때에도 관저에서 따님이 준비하는 주먹밥과 된장국에 건어물들로 하였는데 모두들 그것이 제일 맛있다고 기뻐하였다고 한다.

어느 땐가 누군가가 총리시절에 제일 좋았던 일은 무엇이었느냐고 묻자, 용돈이 한 푼도 들지 않았던 일이라고 한다. 출퇴근에서 식사에 이르기까지 어찌된 영문인지 비용이 들지 않았다면서 웃는 것이다. 그러나 총리를 사임하고 귀가할 때에는 택시를 이용하였다고 한다. 정계은퇴 후에는 고향으로 돌아가 부인을 위하여 자전거로 장보러 다니는 검소한 서민생활을 하면서도 평화와 민주주의를 위하는 행보를 계속하고 있다.

무라야마 전 총리는 국정을 담당하거나 의정활동을 하는 사람들은 언제나 국민을 바라보고 있어야 하고 정쟁을 벌이거나 당파싸움을 하는 것은 국민을 외면하는 짓이다. 정치가나 특히 고위 공직자는 24시간 사생활이란 없는 것이니 언행에 책임을 저야 하고, 언제나 형무소의 담장 위를 걷고 있는 것인데, 자칫 발을 헛딛거나 잘못 디디면 반드시 담장안쪽으로 추락하지 담장 밖 국민편으로 떨어지는 일은 없다고 경종을 울린다.

편저자의 의도는 무라야마 전 총리의 회고를 통하여 일본 혁신정당인 사회당의 흥망성쇠의 발자취를 밝히고 싶었던 것인데, 전 총리의 일대기(一代記)적인 회고로 시작되어 정계은퇴에 이르는 한평생의 행적이 진지하게 담겨있다.

회고록이 간행된 얼마 후에 전 총리로부터 서책을 기증 받아 읽고 나서 이 이야기를 우리 국민들에게 전하고 싶은 충동을 느끼게 되었다.

평화와 민주주의에 대한 확고한 신념을 가지고 약자, 서민을 잊지 못하는 솔직하고 양심적인 그의 심정, 인간성에 대한 한국민들의 존경심에 고무되기도 하고 또한 동양뿐 아니라 이미 세계적인 인물로 꼽히고 있는 그에 대한 번역자 자신의 존경심에서 그의 진실한 모습을 전달하고 싶었다.

일본 사회당의 흥망성쇠라고 하지만 일본 정치계나 의회, 정책수행의 살아있는 역사이기도 해서, 정치에 관심을 가지거나 정치입지(立志)를 꿈꾸는 사람들은 물론 의정활동을 하고 있는 사람들에게도 유익한 자료가 되지 않을까 하는 생각을 갖게 되기도 하였다.

특히 과거 일본의 식민지배하에 민족말살적 통치를 자행한 과오에 대하여 깊이 참회하고 솔직한 사죄를 통하여 우리 민족에게 머리를 숙이고, 한일관계 개선의 물고를 트면서 일본외교의 지침을 제시한 "무라야마 담화"의 성립배경들은 우리에게 흥미로운 관심사일 것으로 보았다.

그 이외에도 그 시대의 일본 정계의 동향이나 사회상이 여실히 반영되어 있어, 일본이나 일본인을 이해하는데 도움이 될 수 있을 것으로 생각되었다.

끝으로 출판을 승낙해 주신 한국외국어대학교 지식출판원과 출판을 담당한 여러분에게 심심한 감사의 말씀을 드리는 바이다.

저자 이력

야쿠시지 가쓰유키(薬師寺克行)

1955년 오카야마현(岡山縣)출생. 도요(東洋)대학 사회학부 교수.
도쿄대학 문학부 졸업 후 아사히(朝日)신문사입사. 주로 정치부에서
국내정치나 일본외교를 담당. 무라야마내각당시는 수상관저클럽캡.
정치부차장, 논설위원, 월간지 "론자(論座)"편집장. 정치부장, 편집위원등을
거쳐 2011년에 퇴사하여 현직으로. 그간에 교토(京都)대학객원교수,
가쿠슈인(學習院)대학특별객원교수등을 역임.
저서에는 [外務省](岩波新書), [리베럴로부터의 反擊] ([論座]編輯部編,
朝日新聞社), [90年代의 証言](시리즈 [宮澤喜一][小澤一郎] [野中広務]
[森喜朗]모두 각각공동편저, 朝日新聞社), [菅直人](공동편저, 朝日新聞出版) 등
다수. 전문은 현대정치론, 정치과정론.

박원석(朴元錫)

메이지(明治)대학 법학부 졸업, 동대학원 법학연구과 박사과정수료.
München대학에 유학, 동대학에서 법학박사학위취득.
경기대학, 건국대학교를 거쳐 한국외국어대학교 법과대학교수, 동법과대학
학장 역임. 메이지(明治)대학 한국동창회 회장 역임.

무라야마 도미이치 회고록
(村山富市回顧錄)

초판 인쇄	2015년 12월 23일
초판 발행	2015년 12월 30일
엮은이	야쿠시지 가쓰유키
옮긴이	박원석
발행인	김인철
기 획	권원순 Director, University Press
편집장	신선호 Executive Knowledge Contents Creator
도서편집	김민정 Contents Creator
도서·전자책편집	최인우 e-Contents Creator
마케팅	곽용창 Chief Marketing Creator
재무관리	권미경 Chief Managing Creator
발행처	한국외국어대학교 지식출판원 02450 서울특별시 동대문구 이문로 107 전화 02)2173-2493~7 팩스 02)2173-3363 홈페이지 http://press.hufs.ac.kr 전자우편 press@hufs.ac.kr 출판등록 제6-6호(1969. 4. 30)
디자인 · 편집	(주)이환디앤비 02)2254-4301
인쇄 · 제본	네오프린텍(주) 02)718-3111

ISBN 979-11-5901-037-8 03300 정가 17,000원

*잘못된 책은 교환하여 드립니다.

HU;NE 은 한국외국어대학교 지식출판원의 어학도서, 사회과학도서, 지역학 도서 Sub Brand이다. 한국외대의 영문명인 HUFS, 현명한 국제전문가 양성(International +Intelligent)의 의미를 담고 있으며, 휴인(携引)의 뜻인 '이끌다, 끌고 나가다'라는 의미처럼 출판계를 이끄는 리더로서, 혁신의 이미지를 담고 있다.